Frank Grosse

Reiselust

Band 1

Ein Erfolgskonzept
für Weltreisen

Warum und Wozu?

Die notwendige Bedingung für Erfolg

Das Buch zur frankgrosseworldlist.com

Version 3

Das Werk „Reiselust" widme ich meinem 2021 verstorbenen Lebenspartner

Teodoro L. Murallon, MD

von 2006 bis 2019 mein Reisepartner, mit dem ich höchste Reiselust erlebt habe.

Es ist wahr: Geteilte Freude ist doppelte Freude. Bevor er Deutscher wurde, war er Filipino, ein Volk, das für Anpassungsfähigkeit und Lebensfreude steht. Teo war dafür ein Musterbeispiel. Er setzte aber auch seine eigenen Akzente: Bei unserer zwölftägigen Südpolreise war er allen überlegen. Hier erlebten wir das Wunder: Wir wurden Eins.

Das Glück, einen solchen Reisepartner gehabt zu haben, ist unermesslich und ewig.

Inhaltsverzeichnis

1 Das Erfolgskonzept: Die ganze Welt in 12 Jahren

1.1 Vom Reiseziel zum Reiseerfolg

Drei Gedanken führen zu unserem Erfolgskonzept:

- Diese Welt ist unfassbar schön; die aufschlussreichste Weise, die *Schönheit* in einem Reiseleben *doch* zu erfassen, besteht darin, die ganze Welt zu sehen.
- Dafür braucht es einen starken Antrieb: Die *Freude* ist die stärkste Triebfeder für Reisen zur ganzen Welt.
- Mit einem *Spagat* zwischen Reisequalität und Reiseeffizienz kann man das Ziel, die Schönheit der ganzen Welt in einem Reiseleben mit Freude zu erleben, erreichen.

Der erste Gedanke: Diese Welt ist unfassbar schön

Wer einmal in den Sternenhimmel vielleicht noch mit einem Teleskop in die Weiten des Kosmos geblickt hat und sich über die Ergebnisse der astronomischen Forschung informiert hat und diese mit seinen eigenen Erinnerungen an Reisen vergleicht, der weiß, dass es *nichts Schöneres* gibt als unseren Planeten.

Mehr noch: unser Planet ist *unfassbar* schön, der Regenwald im Morgenlicht, das Panorama vom Großglockner, der Blumenteppich in der Wüste nach einem Regen, der Elch vor dem Denali, der Blick in das Auge eines Gorillas, der Schneeleopard im Wakhan-Korridor, der Blick auf die Pietà im Petersdom, der Flug der Kondore vor dem Aconcagua, der Blick in das Auge eines schwimmenden Buckelwals, einen verschneiten und vereisten Wald im Winter - das sind Anblicke, die überwältigen, die zu Tränen rühren. An dieser Rührung ändern auch Not, Leid und Kriege nichts. Die Schönheit überwiegt bei weitem. Aber durch das Negative werden wir daran erinnert, dass die Schönheit nicht selbstverständlich ist. Die Fragilität und das Immense der Schönheit machen sie unfassbar.

Im Unfassbaren liegt ein Zauber: Wir spüren einen *Mangel*, das Unvermögen, etwas nicht fassen zu können. Und aus dem Wunsch, diesen Mangel zu beseitigen, entsteht das Fortbewegen von einem schönen Ort zum nächsten schönen Ort, gezogen vom Begehren, das Unfassbare doch zu fassen, die Schönheit doch zu begreifen, zu verstehen, zu erleben, sie zu atmen, sie zu fühlen. Aber es ein Ringen mit dem Immensen, denn kaum haben wir etwas gesehen, dann werden wir an das erinnert, was wir noch nicht gesehen haben, und so geht es immer weiter im Sog des Unfassbaren.

So entwickelt sich aus der Fortbewegung ein Ziel, nämlich das Unfassbare fassen zu wollen. Kein Reiseziel, sondern ein Oberziel für alle Reiseziele. Die einzelnen Reiseziele werden durch ein Konzept miteinander verbunden, die alle ein Oberziel verfolgen. Die Intensität nimmt zu, weil aus Neugier Leidenschaft wird, so folgt eine Reise nach der anderen. Eine Leidenschaft, die erst gestillt ist, wenn man *die ganze Welt* gesehen hat. Dann hat man das Unfassbare erfasst, denn mehr gibt es nicht, wenn man Wiederholungen nicht will, sondern nur Einzigartiges. So ist der Wille, das Einzigartige der ganzen Welt zu bereisen, entstanden.

Damit ergeben sich natürlich verschiedene Fragen, von denen wir zwei betonen: Kann man die ganze Welt so definieren, dass es für alle Reisenden gilt und dass man sie in einem Reiseleben sehen kann? Das sind Fragen zur Objektivität und Machbarkeit. Die Antworten prägen unser Reisekonzept.

Der zweite Gedanke: Die stärkste Triebfeder für Reisen zur ganzen Welt ist die Freude

Das Oberziel Reisen *zur ganzen Welt* ist das umfassendste Reiseziel, das viele und schwierige letztlich alle Reiseziele beinhaltet, die in einem Reiseleben möglich sind. Alle nicht im Sinne von jeder m², sondern *alle wesentlichen Ziele*. Sie werden systematisch und ganzheitlich mit Kategorien bestimmt, mit Kategorien aller Erscheinungsformen der Natur, Kultur und der Menschen.

Das Oberziel „ganze Welt" lässt sich nur erreichen, wenn man diesem Ziel ein ganzes Reiseleben widmet. Viele sagen vorschnell, dass das auch in einem Reiseleben nicht möglich sei. Doch, wir haben bewiesen, dass das möglich ist, wenn einige Bedingungen vorliegen und man sich auf das Wesentliche, auf *Highlights,* konzentriert.

Hinsichtlich der Reisezeit steht uns maximal unsere Lebenszeit zur Verfügung, also vielleicht neunzig Jahre. Wenn wir jedoch die Zeit zur Ausbildung und dem Broterwerb und die Zeit für andere Lebensziele abziehen, bleiben für ein *Reiseleben* vielleicht zwanzig bis dreißig Jahre.

Wer in dieser Zeit die ganze Welt bereisen will, macht Reisen zum Inhalt seines Lebens. Es ist nicht mehr wie ein Urlaub eine Nebensache, sondern es wird zur Hauptsache des Weltreisenden, die zur Erfüllung seines Lebens beitragen muss. Dafür braucht er einen höchstmöglichen Antrieb. Hier berufen wir uns auf Friedrich Schiller, der in der *Freude die universelle Triebfeder* sah und in der Ode an die Freude den Weltmaßstab für die Bedeutung der Freude definiert hat.

In unserem Reisekonzept – dem Konzept eines Weltreisenden - streben wir beim Besuch jedes Reiseziels nach Freude: vom Staunen, über die Bewunderung und Begeisterung bis hin zur Ekstase. Das gelingt nicht allein mit Sehen, Fotografieren und Teilen, sondern vor allem mit Wissen, insbesondere Wissen um die Bedeutung des Reiseziels. Unser Reisekonzept zielt auf *Erleben*. Das ist Wahrnehmung mit allen Sinnen: Sehen, Fühlen, Vorstellen und Bewerten. Daraus entsteht Freude.

Spaß entsteht aus oberflächlichen Reizen. Freude geht viel tiefer, tiefer im Empfinden und tiefer im Bewerten. Bewerten ist die Anwendung von Ästhetik, also das Empfinden und Beurteilen von Schönheit, Proportionen, Farben und Formen, um Genuss und Inspiration zu erfahren. Reisen, das die Ästhetik betont, zielt vor allem auf gegenwärtige Freude.

Aber das Bewerten ist auch die Anwendung von Ethik, das Empfinden und Beurteilen von Gefahr, Not und Verfall zum Schutz, zur Hilfe und zum Glück anderer. Das begründet *ethisches Reisen*, das vor allem auf *nachhaltige Freude* zielt und uns ein wesentliches Reiseanliegen ist.

Wir streben nach *nachhaltiger Freude*, nicht nur beim Besuch eines Highlights, sondern bei einer ganzen Reise, bei mehreren Reisen bis hin zum Reiseleben, eine Nachhaltigkeit, die durch Ethik und Ganzheitlichkeit erreicht wird und damit von der Reiselust, dem Verlangen nach Freude, zum Reiseglück führt, also von der höchsten Reiselust zum *höchsten Reiseglück*.

Höchste Freude hat der, der die ganze Welt gesehen hat, weil er die unfassbare Schönheit der Welt erlebt hat und etwas zu ihrem Erhalt oder ihrer Verbesserung beigetragen hat.

In diesem breiten Blickwinkel – ganze Welt, ganzes Reiseleben, Freude, Ethik und Glück – zeigt sich der Charakter unseres Reisekonzepts, ein *Konzept der Extreme*.

Der dritte Gedanke: Ein Spagat zwischen Reisequalität und Reiseeffizienz ist möglich.

Auf der Jagd nach dem Unfassbaren lernen wir: Einerseits wollen wir die Schönheit erleben und tief in sie eintauchen, auf der anderen Seite ist da das Bewusstsein des Immensen und unserer Grenzen: Unsere Leistungsgrenzen und die Zeitgrenzen. Wir begreifen die Gegensätzlichkeit unserer Ziele: Wir erleben die Anfangsschmerzen des Spagats.

Auf der einen Seite wollen wir *Reisequalität*, also Einzigartigkeit und Intensität. Auf der anderen Seite zwingt uns das Oberziel „ganze Welt" dazu, die Zeitgrenzen einzuhalten, mit anderen Worten auf die *Reiseeffizienz* zu achten. Effizienz ist Erlebniswert pro Zeitdauer.

Wir können in einem Ort der Freude nicht beliebig verweilen, wir müssen uns am Plan orientieren. *Zeitdisziplin* ist unser ständiger

Begleiter. Das müssen wir trainieren, am besten vom ersten Tag an auf unserer Reise zur ganzen Welt. Verfehlen wir dauerhaft das Tagesziel um 10%, dann steigt die Gesamtreisezeit von 12 auf über 13 Jahre. Und irgendwo gibt es eine rote Linie, die Gewissheit, die „ganze Welt" nicht erreichen zu können, wenn wir unser Verhalten nicht ändern. Wenn wir über das Ziel, die ganze Welt zu bereisen, vor einer Gruppe von Reisenden reden, haben wir eine beachtliche Fangemeinde; wenn wir aber über die Konsequenzen wie z.B. die Zeitdisziplin sprechen, verlieren wir viele. Aber die Abtrünnigen müssen verstehen: There is no free lunch.

Hier liegen besonders für reisende *Paare* große Herausforderungen, wenn die Werte unterschiedlich sind, wenn die Einstellung zur Zeitdisziplin divergieren: der eine möchte weiter, der andere möchte noch verweilen. Ein wesentlicher Grund für den Reiseerfolg von meinem Reisepartner Teo und mir lag darin, dass wir darüber nahezu nie eine Diskussion führen mussten. Teo setzte mehr auf Tempo als ich, wenn ich aber die Bedeutung des Besuchs gut begründete, respektierte er das.

Wenn wir die Leistungsgrenzen und Zeitgrenzen in unserem Konzept der Extreme mit einbeziehen, dann wird das Konzept realistisch, es wird umsetzbar und der Erfolg wird fundiert; dann wird aus dem Reisekonzept ein *Erfolgskonzept*.

1.2   Der Weg zur höchsten Reiselust

Wir empfehlen einen Weg des Reisens,
- der zum Wesentlichen der ganzen Welt führt
- der diesen Weg mit höchster Reiselust verbindet.

Auf diesem Weg wollen wir die Orte der Welt besuchen, die eine herausragende Bedeutung für die Welt haben, Highlights. Orte, in denen die Schönheit der Welt, das Wirken von Menschen und der Natur begreifbar werden. Orte, die in ihrer Gesamtheit das Wesentliche der Welt am deutlichsten erfassen. Extreme, in denen sich das Wesentliche **als Superlativ, als Einzigartiges oder Typisches** ausdrückt.

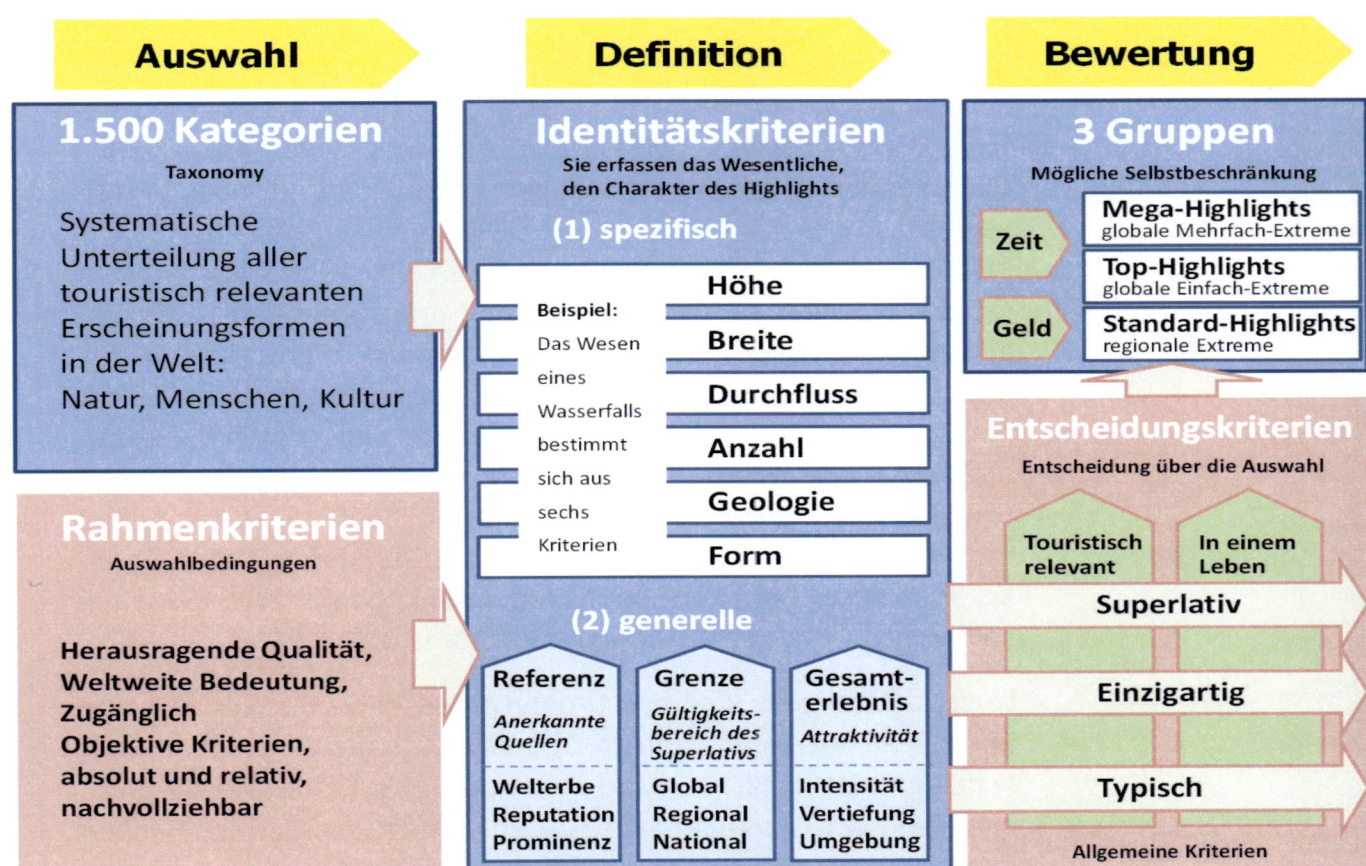

Abb. 1 Definitionsprozess für Welt-Highlights

Der Weg zur höchsten Reiselust beginnt mit der *Definition der Reiseziele* und ihrer Verkettung zu einer Reise. Die Vorarbeit zur Reise ist umfangreich, es sei denn, man verlässt sich auf unsere Highlight-Liste. Der Zeitgewinn wäre enorm. Der Umfang erklärt sich aus dem Ziel, letztlich die ganze Welt zu sehen, daher müssen die Highlights dies berücksichtigen, also ganzheitlich definiert werden.

Ein wichtiger Schritt auf diesem Weg ist die *Kategorisierung*. Sie ist der Schlüssel zur Ganzheitlichkeit. Weil wir mit den Kategorien alle Erscheinungsformen der Welt systematisch erfassen. Es sind etwa 1.500. Wir stellen sicher, dass wir mit den Besten je Kategorie die ganze Welt erfassen, meist sind es zwischen 5 bis 10, oft zwischen 3 bis 20. Das hängt von der Häufigkeit der Erscheinungsformen ab. Die Kategorien sind im Internet unter „frankgrosseworldlist.com" in einer ergänzenden Liste dargestellt.

Wir versuchen, die Highlights möglichst objektiv und ganzheitlich zu definieren. Damit wird der *Definitionsprozess* komplex. Er behandelt systematische und formale Aspekte. Wir werden in Band 2 darauf genau eingehen, wir belassen es zunächst mit zwei Hinweisen:
(1) Abb. 1 zeigt den Definitionsprozess in einer Grafik und
(2) die Highlights sind im Internet unter „frankgrosseworldlist.com" in einer interaktiven Liste dargestellt, bei 6.380 Highlights sind das mit den Grunddaten, eine erläuternde Beschreibung, die das Wesen des Highlights klärt und umfangreichen Reisedaten mit systematischer Lokalisierung, Google-Karten, Routenplan, Orts- und Hotelfotos und vielen Daten zu wichtigen Punkten „in der Nähe" ergibt sich der *Totalumfang von etwa 60.000 Seiten*. Damit ist unser Reisewerk das größte der Welt. Grafik, Systematik, Genauigkeit und Umfang setzen einen neuen Maßstab.

Unsere Reiseziele sind das Ergebnis des Versuchs, die Extreme *objektiv* zu definieren, zumindest dem sehr nahe zu kommen. Entscheidend ist nicht, dass die Reiseziele das Extrem *exakt* erreichen, sondern dass man beim Reisen danach **strebt**. Beim Suchen nach dem objektiven Extrem können Unschärfen bleiben: ist es wirklich das älteste Tor, das beste Restaurant, das beste Fleisch, das höchste Gebäude? Aber schon die Nähe am Extrem ist bereits bedeutend, denn wir haben nur bedeutende Reiseziele ausgewählt. Wir sind auf der *Suche nach Extremen* und dazu entwickeln wir eine zielorientierte Reisephilosophie, die auf das Wesentliche und das Extreme zielt.

Wir weichen dem Extrem nicht auf die übliche Weise aus mit einer Formulierung wie „eine der", wir stellen uns der *Rangfolge* und benennen die Nr. 1, Nr. 2 usw. Der Vergleich je Kategorie ist auf unserer Webseite jetzt schon vollständig vorhanden und das ist einmalig. Aber die numerisch explizite Form steht noch am Anfang; wir wollen die Numerik aber in den nächsten Jahren von den bisher wenigen auf alle Kategorien ausdehnen.

Da für uns *Toleranz* der wohl höchste Wert ist, wissen wir, dass es nicht nur <u>eine</u> Wahrheit gibt. Aber wir haben eine klare Meinung, die wir bestmöglich begründen. Die Gesamtheit der hier ausgewählten Reiseziele soll das Wesentliche der ganzen Welt erfassen und dem *Reiseleben einen Sinn* geben.

Das *Wesentliche* erschließt sich aber nur dem, der mit allen Wahrnehmungsarten und voller Offenheit reist. Daher heben wir das „Sich öffnen" auf unserem Weg besonders hervor. Das unterscheidet unseren Weg von anderen Entwürfen.

Wir haben die *Reisequalität* durch ein *einzigartiges Reiseziel* und durch einen *intensiven Besuch* definiert, kurz Einzigartigkeit und Intensität. Daher ist der folgende Weg im Unterschied zu anderen Wegen, die nur die Zielerreichung verfolgen, auf die Intensität des Besuchs und damit auf die *Freude* ausgerichtet.

Dies sind die **Stufen auf dem Weg zur höchsten Reiselust**:

Reise vorbereiten
Highlights klären. Highlights in das Zentrum der Planung stellen. Sorgfältig vorbereiten, Risiken beurteilen. Gepäck optimieren und Gesundheit absichern.

Besuch vorbereiten
Zugänglichkeit klären. Programm planen und auf Highlights ausrichten. Zeit einteilen. Soziale Kontakte pflegen.

Sich öffnen
Offenheit und Toleranz herausstellen; hinterfragen, aber Kritik zurücknehmen. Mit allen Wahrnehmungsarten besuchen: mit Geist,

Gefühl und Fantasie. Den Gefühlen freien Lauf lassen, Freude ausstrahlen.

Erleben
Im Staunen die Größe erkennen, Ehrfurcht bewahren; die Schönheit genießen, alle Register der Ästhetik ziehen; wenn es nicht um Schönheit geht, die Bedeutung ermessen. Wesentliches erfassen, Lücken durch Fantasie schließen. Das Positive sehen, Freude bis zur Ekstase entfallen.

Reflektieren
Pausen machen, um nachzudenken. Was war wirklich wesentlich? Zusammenhänge erkennen; Werte klären: Ästhetik, Ethik, Spiritualität. Wozu hat der Besuch inspiriert? Ging er „unter die Haut"?

Wer das Wesentliche der Ziele und den Sinn seines Reisens erkennt und mit allen Wahrnehmungen reist, kann auf diesem Weg die höchste Reiselust erleben, die Lust am Extremen.

1.3 Wie viele Highlights? In welcher Zeit?

Wir sind diesen Weg gegangen und haben dabei folgende Erfahrung gemacht:
- Die „ganze Welt" lässt sich in 6.000 Highlights erfassen,
- wenn sie das Wesentliche der Welt in extremer Form verdeutlichen,
- in Superlativen, Einzigartigem und Typischem.
- Sie lassen sich in 12 Jahren bereisen,
- und zwar in herausragender Reisequalität – intensiv und mit Freude.

Man kann unser Reisekonzept auf die Aussage zum Volumen *„6.000 Highlights in 12 Jahren"* reduzieren. Sie wurde quasi zu unserem Markenzeichen. Viele mögen solche Verkürzungen, aber es ist nur ein Rekord, nicht das Wesen unseres Konzepts; dieses ist „die ganze Welt in Freude", es hängt nicht an einer Zahl, wie zu zeigen sein wird. Unser Konzept besteht in dem Fokus auf **Qualität**, die Quantität ist sekundär. Wir liefern sie auch, aber als

15

Nebenprodukt. Wir reisen intensiv. Die *Intensität* ist das Spektaku-läre nicht die Zahl. Besonders in den letzten Jahren nach dem Tod von Teo habe ich das bis zum Extrem ausgetestet. Die Frage war: Kann ich unter schwierigsten Bedingungen auch noch Freude emp-finden? Die Antwort ist ein klares Ja. Auch bei 5,5 Highlights am Tag in Europa, auch bei ständiger Überwachung im Irak, auch bei großer Belastung in den Lavafeldern und Canyons in Saudi-Ara-bien und auf den Flüssen und bei den Yanomami in Venezuela habe ich höchste Reiselust erlebt.

1.4   Der Höchstwert im Literaturvergleich

Wir haben die Zahl 6.000 empirisch ermittelt, durch eigenes Stu-dium und Erleben. Aber inwieweit hat diese Zahl Allgemeingültig-keit? Ein Literaturvergleich gibt hier Aufschluss. Dazu haben wir insgesamt *30 aktuelle Bücher* hinzugezogen, die sehenswerte Orte der ganzen Welt behandeln.

Ein kurzer Blick zurück: Der erste Versuch, die ganze Welt zu er-fassen, stammt von dem damals berühmten Reiseschriftsteller A. E. Johann mit seinem Buch „Farbige Weltreise" aus dem Jahr 1976, und zwar die ganze Welt in 100 Stätten, die damals explizit den Anspruch erhoben, „nichts Bedeutsames…sei …dem von Fernweh besessenen Wanderer entgangen." (AEJ, Weltreise, S. 7) Dies war mein erster Maßstab, noch in den achtziger Jahren. Das haben wir heute weit hinter uns gelassen, denn weder die Antarktis noch Angkor Wat waren enthalten. Damals noch unerreichbar, heute „main stream".

Die meisten Weltdarstellungen stellen die Anzahl der Reiseziele schon im Titel heraus: 1.000 oder 500. Sie hat also eine hohe Be-deutung und entspricht den Wünschen vieler Reisender nach Quantität. Die *Zahl 1.000* ist die wichtigste, eine Zahl mit offensicht-lich hoher Vermarktungskraft, eine fast magische Zahl, mit der sich bei vielen die Vorstellung verbindet, die Welt gesehen zu haben, wenn man sie erreicht hat. Sie entspricht etwa der Welterbeliste (1.223 Stand 2025, März) und den Reiselisten der Reiseclubs

(Most Traveled People 1.500, Nomad-Mania 1.301). Der Durchschnitt diese drei Listen ist 1.341.

Es gibt gegenwärtig vier Cluster:

(1) **7.000 bis 8.000**. Diesen Zahlenbereich erreicht nur National Geographic, und zwar in 6 Büchern über die ganze Welt. Je Buch wird jedoch nur die Zahl 500 im Titel herausgestellt, aber im Buch werden mehr Orte beschrieben. Die 6 Bücher werden unsystematischen Gesichtspunkten zugeordnet (z.B. 500 Heilige Plätze, 500 Geheime Reisen, 500 Destinationen), so dass sich Überschneidungen ergeben. Berücksichtigt man das alles und ermittelt mühsam die Nettoanzahl der Orte, dann ergibt sich etwa der genannte Zahlenbereich.

(2) **1.000 bis 2.000**. Patricia Schultz hat die Zahl 1.000 weltberühmt gemacht, mit ihrem erfolgreichsten Weltreiseführer aller Zeiten, über 4 Mio. verkaufte Exemplare. Aber löst man ihre Zusammenfassungen auf, dann kommt man auf etwa 2.000 Sehenswürdigkeiten.

(3) **Um 1.000**   eine große Gruppe,

(4) **Unter 500**   die größte Gruppe.

Unsere Zahl 6.000 liegt also im Bereich von National Geographic 7.000-8.000. Aber in keinem Titel findet sich eine Zahl, die diesem Bereich entspricht; sie wird also nicht vermarktet, sondern sie wird aufgeteilt.

2014 war der *Standard für „die ganze Welt" die Zahl 1.000*. In diesem Jahr vertraten wir noch eine geringere Zahl: 5.000. Als ich 2014 Harry Mitsidis von „NomadMania, damals „The Best Traveled", unsere Liste von damals noch 5.000 vorschlug, lehnte er diese Zahl als viel zu hoch ab. Heute haben seine Vorschlagslisten von Sehenswürdigkeiten (sie erhielten den zusammenfassenden Begriff „Series") einen *Umfang von über 60.000*. Sie ergibt sich aus den Sehenswürdigkeiten, die je Region vorgeschlagen werden und aus Listen zu bestimmten Kategorien, die für interessant gehalten werden: Moderne Bauten, Heilige Orte, Flughäfen, Airlines (sic), schwierige Grenzen oder Orte usw.

60.000 Reiseziele kann niemand erreichen, es kann also in Summierung der Einzellisten keine Reisezielliste sein. Das sieht auch Mitsidis so. Seine Einzellisten sollen individuelle Wünsche berücksichtigen. Unsere 6.000er Liste ist dagegen machbar; das macht sie einzigartig. Und man kann sie übertreffen, selbst dann, wenn man den Qualitätsanspruch nicht verringert. Wir zeigen wie. Die Ansichten und Möglichkeiten haben sich stark geändert und werden sich weiter ändern. Entscheidend ist neben den geopolitischen Veränderungen, in welchem Alter man anfängt, systematisch mit einem leistungsfähigen Konzept zu reisen.

Die oben erläuterte Literatur siedelt die Anzahl der Reiseziele für die ganze Welt zwischen 500 und 8.000 an. Die Ansichten von National Geographic (7.000) und der von Patricia Schultz (2.000) sind die *erfolgreichsten*. Außerdem wird hier der Anspruch auf die ganze Welt deutlicher geäußert als bei den Veröffentlichungen mit geringeren Anzahlen. Dabei wird in der Literatur noch keine Aussage darüber getroffen, welche Zahl „machbar" ist, denn dazu sind bisher keine Angaben veröffentlicht worden.

Von Alexander von Humboldt erhalten wir keine Hinweise auf die Zahl. Wohl aber zur *Begrenzung der Zahl*: „Der Tendenz endloser Zersplitterung des Erkannten und Gesammelten widerstrebend, soll der ordnende Denker trachten, der Gefahr der empirischen Fülle zu entgehen" (AvH, Kosmos, S. 38 f). Daran denken wir, wenn man argumentieren würde, die Zahl noch höher als 6.000 anzusetzen und wenn man die Machbarkeit aus den Augen verliert.

Im Literaturvergleich ergibt sich eine Bandbreite von 8.000 bis 500. Aber in keinem Buch ergibt sich eine Aussage dafür, bei wieviel der behandelten Sehenswürdigkeiten man „die ganze Welt" gesehen hat. Auch schon bei 500? Das hängt von der Art der Definition nicht allein von der Zahl ab. Wir wollen unseren Höchstwert 6.000 so reduzieren, dass die Sicht auf die ganze Welt erhalten bleibt.

1.5 Die Reduzierung des Höchstwerts

Aus unserer Erfahrung heraus haben wir die ganze Welt als 6.000 Highlights definiert. Mit zwei Gesichtspunkten:

(1) Ganzheitlichkeit: Die Anzahl aller Highlights je Kategorie soll befriedigen. Das ist dann erreicht, wenn bei einer Steigerung der Anzahl Ähnlichkeiten offensichtlich werden. Weitere Highlights wiederholen, ihnen fehlt die Einzigartigkeit, ein Zeichen dafür, dass das Ganze hinreichend erreicht ist. Im Zweifel haben wir bei attraktiven Orten Grenzfälle einbezogen.

(2) Machbarkeit: Mehr haben wir nicht geschafft und niemand hat mehr erreicht. Ein Höchstwert im Vergleich mit anderen Reisenden aber auch eine Obergrenze im Vergleich mit der Reiseliteratur. Eine objektive Obergrenze, die *Grenze des Machbaren*.

Sieht man aber nur die Machbarkeit und will doch noch mehr Vielfalt, dann könnten junge vermögende Reisende, die mit dieser Liste früh anfangen, systematisch und konsequent zu reisen, 2.000 Highlights mehr erreichen. Nur hat das bisher noch niemand gemacht. Wenn man aber die Entwicklung in den letzten 20 Jahren betrachtet, wie schnell die Zahl derer gestiegen ist, die *alle Länder gesehen* haben (2014 waren es 200, 2025 sind es 600) und wie stark die Zahl der gesehenen Welterben gestiegen ist, kann man 8.000 Highlights durchaus für möglich halten. Wenn wir Konflikte, Pandemien und Klimaschutz in den Griff bekommen.

Richtwert: Die Zahl 6000 ist ein Richtwert, die tatsächliche Zahl liegt höher, Anfang 2025 beträgt sie 6380, denn bei etwa 10% sind wir uns über die Objektivität der Highlight-Definition nicht mehr sicher; daher begründet diese Unsicherheit eine Bandbreite für die tatsächliche Zahl gegenüber dem Richtwert von etwa 10%.

Aber auch der Richtwert kann objektiv oder subjektiv zu hoch sein.
• Objektiv: Wenn sich die Transportkapazitäten nachhaltig reduzieren werden und wenn sich der Reisepreis erhöhen sollte, dann werden 6.000 nicht mehr möglich sein. Wenn sich die

Werte wandeln, dann werden 6.000 ethisch nicht mehr vertretbar sein.
* Subjektiv: Viele wollen weniger Geld oder weniger Zeit aufwenden.

Unsere Systematik liefert genaue Anhaltspunkte für die Reduzierung, z.B. je Kategorie ein Highlight weniger. Hierin liegt ihre Stärke, denn sie macht die Auswahl transparent. Wer aber nicht so tief einsteigen will, findet im Folgenden eine nahezu selbsterklärende *Gruppierung nach der Bedeutung der Highlights*. Sie zeigt, dass wir uns keineswegs nur an Leser wenden, die an die Grenze des Machbaren gehen wollen, sondern an alle, die sinnvoll reisen wollen. Unser Konzept ist flexibel, denn die Qualität des Reisens hängt primär nicht davon ab, wie viele Reiseziele man erreicht, sondern <u>wie</u> man sie erreicht.

Wir unterscheiden *drei Gruppen von Highlights*:
(1) **2.000 Mega-Highlights**, globale Mehrfach-Extreme, die man *unbedingt* in seiner Lebenszeit gesehen haben sollte. Ihre Wertschätzung ist ohne jeden Zweifel. Sie begeistern alle.
(2) **2.000 Top-Highlights**, globale Einfach-Extreme, die man auch gesehen haben sollte, aber nicht unbedingt, also nur dann, wenn *bestimmte Bedingungen* erfüllt sind: Kurz: Mehr Geld und/oder mehr Zeit. Ihre Wertschätzung hat unwesentliche Unterschiede. Ihr „global value" ist eindeutig.
(3) **2.000 Standard-Highlights**, regionale Extreme mit globaler Bedeutung, die Sie auch gesehen haben sollten, aber auch hier nicht unbedingt, sondern nur dann, wenn *noch weitere Bedingungen* erfüllt sind. Kurz: Noch mehr Geld und/oder noch mehr Zeit. Ihre Wertschätzung hat wesentliche Unterschiede. Ihr „global value" ist nicht eindeutig, sondern muss erklärt werden. Sie werden primär als regionales Phänomen gesehen, aber sie bringen die Farbe in das Weltgemälde.

2.000 Highlights – die Mega-Highlights - sind das *Minimum für die ganze Welt*. Wie man es auch dreht und wendet, wer eine geringere Zahl von Reisezielen wählt, entscheidet sich damit entweder für Lücken oder eine beginnende Oberflächlichkeit.

Die Zahl jeder Gruppe – 2.000 – ist nicht nur systematisch, sie ist auch gewollt. Aber ihr liegt auch eine Systematik zugrunde: Die Anzahl der Extreme und ihr geografischer Bezugsbereich. Wir haben auch im Hinblick auf die Gesamtzahl 6.000, also das Machbare, die Anzahl der ausgewählten Highlights pro Kategorie begrenzt. Es sind Richtwerte. *Klarheit* war das Ziel bei der Gruppierung (Zahl), Nachvollziehbarkeit bei den Kriterien (Extreme). Bei der Gruppierung gibt es kein klares Richtig oder Falsch. Aber mit dieser Gruppierung kann jeder individuell je nach Veränderung der Reisebedingungen eine entsprechende Auswahl treffen. Sie ist einfach.

Wichtig ist vor allem, dass in jeder der drei Gruppen das Ziel, die ganze Welt zu sehen, erhalten bleibt, die *Ganzheitlichkeit*; verändert werden das Niveau der Gründlichkeit – die Anzahl der Highlights pro Kategorie – und der Grad der globalen Bedeutung, aber der Blick auf die ganze Welt bleibt. Anders formuliert: Auch der, der sich mit den 2.000 Mega-Highlights begnügt, kann sagen, er habe die ganze Welt gesehen, das Wesentliche in der ganzen globalen Breite, aber nicht so gründlich.

In Abb. 2 verdeutlichen wir diesen Gedanken grafisch sehr klar: Die Mega-Highlights sind die *Knoten* der Bänder, die Top-Highlights sind die *Bänder* und die Standard-Highlights sind die Schalensegmente. Alle formen eine Kugel, Ausdruck der Ganzheitlichkeit, Symbol für die ganze Welt. Aber nur zusammen bilden sie die ganze Welt vollständig. Die Schalensegmente tragen am meisten zur ganzen Welt bei, zusammen bilden sie die Kugel vollständiger ab als die Knoten und Bänder, weil das lokale Kolorit zum *Verständnis der Vielfalt* der ganzen Welt wichtig ist.

Wir plädieren immer dafür, bei der Reduzierung die globale Sicht

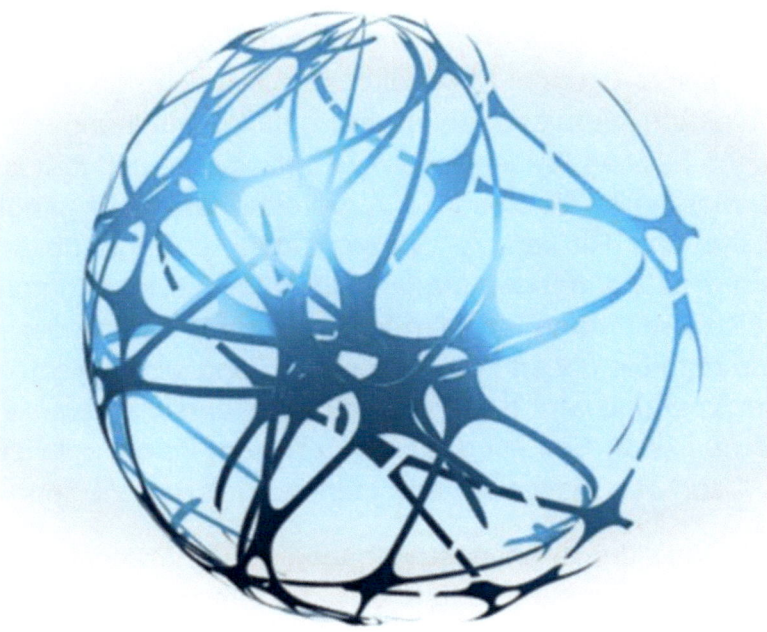

Abb. 2 Symbol der Ganzheitlichkeit

beizubehalten, die Kugel und nicht eine Teilfläche. Je nach den Reisebedingungen variiert die Zahl, aber nicht die Sichtweise. Damit ergibt sich der Bereich für die individuelle Anpassung. Wir hatten ihn schon aus der Literatur abgeleitet und hier aus dem Gedanken der Gruppierung von Highlights. Nochmals: *2.000 Orte sind das Minimum, 6.000 sind der Höchstwert.*

Aus der unterschiedlichen Anzahl von Highlights ergeben sich *unterschiedliche Reisezeiten*, allerdings nehmen diese nicht proportional ab, weil man zeitliche Synergieeffekte verliert: Je mehr Ziele man hat, desto dichter liegen sie zusammen. Bei 2.000 Highlights wird das weltweite Reisen immer punktueller also relativ aufwendiger. Wir können die zeitlichen Effizienzverluste nur schätzen: Für 6.000 Highlights braucht man mindestens 12 Jahre (1,4 Highlights/Tag), für 4.000 etwa 9 Jahre (1,2 H/T), für 2.000 etwa 5,5 Jahre (1,0 H/T). Preise und Umweltbelastung pro Tag steigen, weil günstige Autoreisen relativ stark abnehmen. Man muss mehr fliegen.

Unser Anliegen – die *gründliche Vorbereitung* - ist unabhängig von der Highlight-Gruppe: Man sollte sich Zeit nehmen dafür, die Reiseziele sinnvoll auszuwählen und optimal miteinander zu verbinden, um nicht an *Wesentlichem* vorbeizulaufen und Zeit zu vergeuden. Man sollte die Besuche vorbereiten, um nicht unnötige Zeitverluste und Risiken zu erleben, anstelle ungetrübter Freude. Wenn man erst mit den Mega-Highlights anfängt und später dann erweitern will, dann hat man in der Route viele Wiederholungen. Wenn man die ganze Welt sehen will, dann wird Reisen zu einem Lebensziel und wirft die Frage nach der *entsprechenden Lebensgestaltung* auf. Einfach drauflos zu reisen, ist ein sehr schlechter Rat. Denn eins lässt sich nicht mehr korrigieren: Vergeudete Zeit.

Für die individuelle Anpassung haben wir die *Reisephilosophie* geschrieben, denn sie erläutert eine Systematik, die eine Veränderung der individuellen Schwerpunkte erleichtert. Sie ist der Nährboden für die Lust und das Programm für das mentale Training.

Das ist ganz besonders wichtig für *Paare*. Wenn man zum Stil der Reise unterschiedliche Vorstellungen hat, dann geht bei dieser Belastung die beste Gemeinschaft in die Brüche. Teo und ich sind deshalb so erfolgreich geworden, weil wir fast identische Vorstellungen vom Reisen hatten. Das wurde <u>vorher</u> in einer genauen *Bewertung unserer Lebensziele* geklärt: 20 wurden definiert, gewichtet und bewertet: Wo stehen wir, was wollen wir erreichen? Drei Tabellen für jeden lieferten ein klares Ergebnis: Wir beide wollten weitaus intensiver reisen. Wir hatten dasselbe Ziel. Damit wurde die Grundlage für unseren *intensiven Reisestil* gelegt.

Wir beide hatten nur zur *Bewertung der Reiseziele* geringfügige Differenzen. Bei Ruinen und im Wasser hatte Teo eine geringere Leidenschaft und bei schwindelerregenden Höhen hatte er eine größere Leidenschaft, aber das war es dann auch. Und das kann man sehr leicht durch angepasste Wartezeiten ausgleichen. Bei Ruinen blieb er manchmal im Auto. Bei schwindelerregenden Hängebrücken musste er nur zum Spaß ,rüber laufen und dann zurück. Meine Wartezeit lag im Bereich von Minuten, die ich nutzen konnte. Entscheidend ist, dass man sich über die *Zeitdisziplin* einig ist und nicht ständig darüber diskutiert, ob man hier oder dort länger verweilen soll und ob der Reiseplan einzuhalten ist. Diese Diskussionen sind „tödlich".

Zusammenfassend: Wir zeigen die Stufen auf diesem Weg zur ganzen Welt für alle, die ihn bis zur Grenze des Machbaren gehen wollen, ebenso für die, die nur eine *Abkürzung* wollen, ohne aber den Blick auf das Ganze zu verlieren. Wenn Sie es lockerer angehen lassen wollen, dann zielen Sie auf die *Mega-Highlights*. Das sind 2.000, sie umfassen auch die ganze Welt, die Vielfalt der Welt nicht so gründlich, sie können sie in 5 Jahren schaffen oder sich mehr Zeit lassen oder das einzelne Highlight auch gründlicher besuchen. Es gibt viele Varianten. Wir erläutern mit den „6.000 in 12 Jahren" nur einen *Volumens- bzw. Effizienzmaßstab*, mehr nicht. Jeder muss sein eigenes Maß finden, aber am besten *von Anfang an*.

Für uns war der Maßstab optimal, aber das ist Vergangenheit. 2019 fing Greta Thunberg an zu streiken bis sie sich verirrte, 2020 verbreitete sich ein Virus bis Impfungen ihn besiegten, 2022 überfiel Putin die Ukraine bis er von seinen Träumen abließ, 2023 überfiel die Hamas Israel bis aus den Opfern Täter wurden. Das Bewusstsein, der *Verletzbarkeit* ist geblieben.

Die neue Zahl für die ganze Welt muss sich an neuen Bedingungen orientieren. Aber die Faszination des Ziels „die ganze Welt erleben" wird bleiben. Deshalb geben die drei Highlight-Gruppen einen *Raum von 6.000 bis 2.000*. Man kann diesen Raum als Spanne zwischen „Maximum" und „Minimum" interpretieren oder als eine Breite der Auswahlmöglichkeiten.

1.6   Das Oberziel die ganze Welt

Reiseziele sind für uns die Welthighlights. Sie verfolgen alle ein gemeinsames Oberziel: Das Erlebnis der ganzen Welt. Der Begriff der „ganzen Welt" bedarf noch einer Erklärung. Wir fassen in **dreidimensional**. Alle Länder, alle Highlights, alle Kategorien:

(1) „Alle Länder" sind mindestens alle UN-Länder, auf eine Erweiterungsmöglichkeit werden wir später eingehen.

(2) „Alle Highlights" sind einerseits alle machbaren Highlights mit der Anzahl 6.000 als Richtwert, andererseits alle einzigartigen Highlights, also einer Anzahl ohne offensichtliche Wiederholungen. Um das beurteilen zu können, brauchen wir die dritte Dimension, die Kategorisierung bzw. Taxonomie

(3) „Alle Kategorien" sind alle Kategorien, die in ihrer Gesamtheit die Vielfalt der Welt ausdrücken. Dafür haben wir den Richtwert 1.500 ermittelt. Eine weitere Unterteilung bringt keine neuen wesentlichen Erkenntnisse.

Beide Zahlen sind Richtwerte, die einen kleinen Spielraum lassen für weitere Erkenntnisse. Abb. 3 zeigt das Prinzip der Erfassung der ganzen Welt. Die drei Dimensionen Länder, Highlights und Kategorien sind als drei Achsen dargestellt. Die Zahl der Säulen steht symbolisch für die 1.500. Die Höhe der Säulen und ihre Anteile sind fiktiv, weil wir diese nicht erfassen können und wollen. Entscheidend ist allein, dass unsere Highlights nicht alle abdecken, sondern nur die, die einzigartig und machbar sind. Die verbleibenden Anteile werden erläutert. Auf die Zahl der Highlights werden wir später noch genauer eingehen.

Was ist „die ganze Welt"?

In allen 193 Ländern und über alle 1.500 Kategorien müssen zusammen 6.000 Highlights erlebt sein, dann hat man die ganze Welt erlebt. 6.000 Highlights ist der Richtwert, Länder und Kategorien sind die 2 Nebenbedingungen

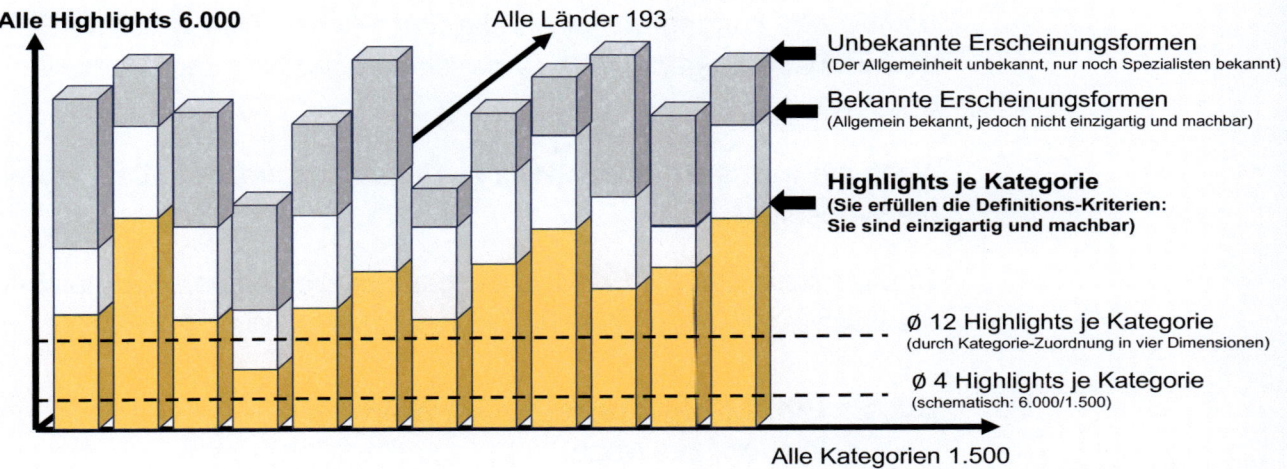

Abb. 3 Die ganze Welt

1.7 Das gesamte Reisewerk „Reiselust"

Das gesamte Reisewerk umfasst in gedruckter Form **fünf Bücher**, jeder Band durchschnittlich 350 Seiten, durchschnittlich 40 Abbildungen. Die Abbildungen sind meist Fotos, in den ersten beiden Bänden auch Grafiken und Tabellen.

Das Hauptprodukt ist die **Webseite** und hier die **Liste der über 6.000 Welthighlights**, eine interaktive Liste in tabellarischer Form mit Daten, Karten und Fotos. Diese Liste bildet unsere *Marke: Frank Grosse World Highlights List*. Sie enthält links daneben ein Logo: 3x3 kleine Kreise. Daher haben alle fünf Buchdeckel in der weißen Kopffläche diese Marke, denn *alle anderen Produkte des Reisewerks dienen dieser Liste*.

Das Menü der Webseite zeigt 6 Punkte: „Definition", „Liste", „Konzept" (Ein kleiner Auszug: Definitorische Erläuterungen, Ziele und Fotos einiger unserer Reisen), „Über Uns" und „Die Bücher", schließlich „Kommentare" mit Bewertungen und Anregungen. Die

Webseite wirft auf das Konzept nur einige Schlaglichter, es wird allein aus den Büchern deutlich.

Die Webseite ist in einer später erläuterten Aufsellung mehr als *dreißig Mal umfangreicher* als die fünf Bücher. Das gesamte Reisewerk hat eine *ganz neue Dimension* gegenüber dem Vorhandenen.

Noch nie wurde die ganze Welt so genau beschrieben. Das leistet die Webseite.

Und noch nie lag das Erlebnis der ganzen Welt so nah. Das leisten die Bücher. 14 Tage Lesezeit für den genauen Weg zum Ziel.

Bd. 1 Ein Erfolgskonzept für Weltreisen -
Warum und Wozu

Das **Reisekonzept**: Diese Welt ist unfassbar schön, und die aufschlussreichste Weise, sie in einem Reiseleben doch zu erfassen, besteht darin, die *ganze Welt* zu sehen. Dafür braucht es den stärksten Antrieb: Die Freude. Sie ist die stärkste Triebfeder für Reisen zur ganzen Welt. Mit einem Spagat zwischen Reisequalität und Reiseeffizienz kann man das Ziel, die Schönheit der ganzen Welt mit Freude zu erleben, erreichen.

Die **Reisephilosophie**: Reisen ist Planen und Besuchen. Unsere Philosophie leitet sich vom Wert Qualität ab. Qualität ist Einzigartigkeit und Intensität. Wir planen Einzigartigkeit und besuchen intensiv. Im Einzigartigen suchen wir das Wesentliche und in der Intensität das Extreme. Unsere Philosophie gibt Anleitungen und Denkanstöße, sich darauf zu konzentrieren. Der Kern des Reisens ist das Erleben. Die Philosophie klärt was und wie; sie fokussiert das Erleben auf das Wesentliche und steigert das intensive Erleben auf das extreme Erlebnis, auf die Grenzerfahrung. Wir finden das *Wesentliche*, wenn sich der Reisende von Freude und Ethik leiten lässt, wenn er bei den besuchten Menschen das Gemeinsame und das Integrierende sucht, nicht das Unterschiedliche und das Trennende. Grenzerfahrungen der Wahrnehmung können in höchster Reiselust, Erleuchtung und Ekstase. Grenzerfahrungen des

Reisenden können in der Selbstverwirklichung, der Selbstbeschränkung, der Hilfe liegen.

Das *Wesen des Reisens* wir durch vier Merkmale erfasst: Reisesinn, Reisegrund, Reiseziel und Reisestil.

In diesem Band behandeln wir schwerpunktmäßig den *Reisesinn*. Wir zeigen die Möglichkeiten auf vom Staunen bis zum Erkennen von Leistungsgrenzen. Wenn man aber das Ziel verfolgt, die ganze Welt in einem ganzen Reiseleben zu bereisen, werden die verschiedene Einzelreisen verschiedene Sinnkategorien haben. Also kann es in einem ganzen Reiseleben nur um ein Gesamt von Sinnkategorien geben. Der Reisende ordnet die Sinnkategorien abhängig von seinen Anforderungen in einem spezifischen *Sinnsystem* zu seinem individuellen *Sinnprofil*.

Da wir Highlights bereisen, steht das *Reiseziel* im Mittelpunkt. Der *Reisegrund*, also warum wir die Highlights besuchen wollen, ergibt es aus dem Oberziel „ganze Welt", die Wege dorthin sind normalerweise bedeutungslos. Der nächste Band behandelt das Wie des Reisens und damit auch den *Reisestil*.

Der *Erfolg des Reisens* ist in unserem Konzept entscheidend. Wir unterscheiden vier Erfolgsmaßstäbe: Qualität, Effizienz, Freude und Glück, die wir unterschiedlich anwenden, für den Besuch des Highlights, für die ganze Reise und schließlich für das gesamte Reiseleben.

Bd. 2   Das Erfolgskonzept umsetzen
   - Wohin und Wie

Wohin?

Jedes Highlight ist für uns ein Reiseziel. Es wird systematisch und möglichst objektiv definiert. Die Identität eines Highlights wird mit den Kriterien definiert, die sein Wesen ausmachen. Es kommen weitere Kriterien hinzu. Außerdem wird das Highlight in ca. 1.500 Kategorien erfasst und hier mit den besten verglichen. Dieser Vergleich bildet eine Rangfolge, letztlich eine numerische Folge der besten. So wird die ganze Welt erfasst, seine Schönheit und seine Bedeutung.

Reiseprogramm: Die Highlights werden zu einer Reise ausgewählt und zu einem Programm verbunden, vor allem regional, aber auch nach Zugänglichkeit und Klima; und nach individuellen Ansprüchen und Begrenzungen.

Wie?

Highlights werden im Besuch erlebt. Der Besuch zielt auf *höchste Intensität* und in besonderen Fällen auf das *Erlebnis von Grenzerfahrungen*. Wir schildern die Grenzerfahrungen systematisch mit extremen Beispielen.

Reisestile erfassen das Typische in der Art des Reisens. Unser Reisestil betont das Systematische und Intensive.

Listen in Internet:

Die *UNESCO-Welterbe-Liste*: Der alte Maßstab, alt, weil die Welterben nicht die ganze Welt erfassen. 1.223 Welterben, die es zu *schützen* gilt. Die anerkannteste Liste der Welt, aber lückenhaft. Sie ist in unserer Liste enthalten, 40% in veränderter Form als Besuchsziele.

Frank Grosse World Highlights List: Der neue Maßstab, neu, weil er die ganze Welt umfasst. 6.000 Orte, die es zu *besuchen* gilt, um die ganze Welt zu erfassen. Diese Liste ist die zentrale Liste unseres Reisewerks, sie ist interaktiv und erlaubt Auswahl, Sortierung und Analyse. Aber sie ist mehr: allein schon wegen des Umfangs ist sie das **Hauptprodukt unseres gesamten Reisewerks**.

Namensliste: Sie enthält dieselben Highlights, beschränkt sich aber auf den Namen des Highlights und seine Zuordnung zu Land, Region und Welterbe. Sie ist statisch und ist eine Ergänzungsliste vor allem für eine schnelle Übersicht pro Land.

Summenliste: Sie erfasst die Summen der Highlights nach Gruppen und die Summen der Welterben in der Definition der UNESCO und in unserer Definition als Besuchsziel. Die Gesamtzahl wird mit der *Zahl der Gesehen* verglichen. Sie ist statisch und eine Ergänzungsliste vor allem für eine schnelle Übersicht pro Land.

Kategorienliste: Sie erfasst systematisch alle Erscheinungsformen der Welt in 1.500 Kategorien; in der abstraktesten Form: Kultur, Natur, Menschliches Leben. Sie wird bei der Definition von Höchstleistungen eine entscheidende Rolle spielen.

Die drei Phasen der Umsetzung:

Planung: Von der Weltliste zur Wunschliste, Rahmenbedingungen, Prioritäten, klimatische Optimierung, Verhandlung mit Agenten. Es gibt meist 3 Arten von Agenten: Der Heimatagent und in den Reiseländern die nationalen Agenten und die regionalen Agenten. Idealerweise arbeiten alle mit derselben Planstruktur, wenn man das durchsetzen kann.

Durchführung: Voraussetzungen, Tagesprogramm, Gewissheit des Zugriffs. Das Sich Öffnen und dann die Entfaltung der Freude. Besuchsdokumentation: Der tägliche Ablauf. Reisedokumentation: Der Reiseverlauf. Die Organisation der Dateien.

Reflexion: Beurteilung des Erfolgs. Die Erkenntnis des Wesentlichen. Der Reisebericht: Attraktiv, Überraschendes und Neues. Ethisches Reisebewertung. Der Reiseeffekt: Verbesserung, Schutz und Hilfe.

Bd. 3 Frank Grosse – Mein Leben, meine Erkenntnisse -   über Reiseekzellenz

Der dritte Band hat autobiografische Teile, die sich zu einem Bogen über mein Leben verbinden. Aber es ist im engeren Sinne keine Autobiografie, die mein Leben ausführlich schildert. **Mein Leben** war dem Reisen gewidmet, aber nicht voll und ganz.

Das lässt sich nur verstehen, wenn man meine **drei Lebensziele** kennt: Lieben, helfen und reisen. Um meine sehr ehrgeizigen Reiseziele zu verstehen, nämlich in einem Reiseleben die ganze Welt zu erleben, muss man mein **Lebensmodell** verstehen, denn nur dann lässt sich zeigen, dass das ehrgeizige Reiseziel „Ganze Welt" auch für viele Reisende erreichbar ist. Meine Autobiografie soll meine **Reiseoberziele** erklären: Ganze Welt, immer in Freude, immer mit ausreichender Qualität und vor allem das ethische Reisen. In einem Reiseleben habe ich eines meiner Oberziele „Erfolg" geändert, es ist sekundär geworden, es ist nicht verschwunden, aber ethisches Reisen ist wichtiger geworden, ein Paradigmenwechsel.

Meine Partnerschaft mit dem kongenialen Freund Teo Murallon erklärt ein kontinuierliches Reisen für etwa 12 Jahre. So kann man das Oberziel „Ganze Welt" erreichen. Nur wenn man vorher erfolgreich einen Beruf ausgeübt hat oder einfach nur Glück gehabt hat, dann kann man die finanziellen Mittel aufbringen, um die ganze Welt zu sehen. Wir definieren sie mit 6.000 Highlights und wir haben dafür etwa 2,6 Mio € aufgewendet. Aber: Das kann man auch anders machen.

Aber sicher ist es aufschlussreich, wenn man konkret erfährt, wie ein Lebensmodell erfolgreich verlaufen kann. Von dieser Linie gibt es beliebige Abweichungen, aber es gibt doch einige **allgemeine Bedingungen**, die unverzichtbar sind. Anders formuliert: Bestimmte Ziele haben Konsequenzen.

Das *erste Ziel* dieses Buches ist es, aus meinem Leben den Reiseerfolg zu erklären

Aber dieses Buch hat noch ein *zweites Ziel*: Es soll meine **Erkenntnisse** zeigen. Diesem Ziel werden wir deutlich mehr Raum geben.

Das Buch beginnt ungewöhnlich: es zeigt, dass es Orte gibt, an denen man die ganze Welt verstehen kann: **Universelle Grenzerfahrungen**, an denen man begreift, wie verschwommen die Grenze zwischen Mensch und Tier ist, dass es Vegetationsgürtel gibt, die sich um die Erde ziehen, dass Freude und auch Probleme universelle und nicht lokale Phänomene sind.

Der Zusammenhang meiner Erkenntnisse wird durch unsere Reisephilosophie dargestellt, die wir in Band 1 und Band 2 erläutert hatten. Von dieser Grundlage gehen wir aus. Hier geht es jedoch nicht mehr um den Zusammenhang, sondern um Einsichten: Wir zeigen **Höhepunkte der Philosophie** und des **Erlebens auf Reisen**.

Wir beschäftigen uns nicht mehr mit dem Konkreten der Organisation wie in Band 2, sondern nur mit den **Höhepunkten des Erlebens**. Wir behandeln nicht mehr Logik und Konsistenz der Philosophie wie in Band 1, sondern Erkenntnisse, die unser Leben bereichern. Wir möchten zeigen, dass es keine schönere Lebensart gibt, um Glück zu finden, als zu reisen, wenn man die anderen Lebensziele, Lieben und Helfen, ausgeschöpft hat. Dann kann man durch Reisen die höchsten Werte der Menschheit verstehen, aber auch das, was unsere Welt ausmacht.

Am Ende zählt, dass der Reiseerfolg einen Sinn gemacht hat, das kann man als Reiseekzellenz bezeichnen.

Bd. 4 Erfahrungen von Vorbildern im Reisen
Von leuchtenden und zerrissenen Vorbildern lernen

Von leuchtenden Vorbildern zu lernen, leuchtet ein. Aber Reiseweltmeister, die historische Rekorde aufstellten, sind nur in wenigen Fällen Leitfiguren, denn die meisten Geschichten eines Rekordes sind ambivalent. Oft ist der ambivalente Charakter des Rekordhalters der Grund, sich gegen ein Lernen von ihm zu sperren.

Band 4 will diese Ambivalenz aufzeigen. Von widersprüchlichen Persönlichkeiten, von umstrittenen Inspiratoren und brüchigen Legenden kann man viel lernen. Zerrissene Vorbilder sind Menschen zwischen Bewunderung und Kritik. In vielen Fällen geht die Bewunderung durch die Kritik unter, weil viele beides nicht trennen können: die guten Eigenschaften von den schlechten. Das aber lohnt sich, wenn in den guten Eigenschaften **Geniales** liegt. Dann geht es darum, das Geniale im Schatten zu entdecken, sich nicht vom Negativen abschrecken zu lassen, sondern das Geniale aufzuspüren und sich von der herausgelösten genialen Tat inspirieren zu lassen. Auch die zerrissenen Vorbilder können starke Inspiratoren sein: Es gilt wie meist, dass man das Positive sehen muss, um das Leuchtende im Verborgenen zu finden. Dazu muss man oft die Kritik beiseiteschieben und sich vor der vorschnellen Verallgemeinerung hüten. Wir werden das mit faszinierenden Beispielen erläutern.

Aber man muss nicht immer die Geschichte und große Persönlichkeiten bemühen. Wir finden Lehrbeispiele auch im Reisealltag. Es gibt Reisende, die betreiben das Abhaken wie einen Fetisch, andere lügen für Spitzenpositionen, andere werden geradezu besessen davon, andere zerreiben sich beim Geldverdienen nebenbei. Sie sind Beispiele dafür, wie man es nicht machen soll, aber auch dafür, rechtzeitig auf diese Gefahren zu achten. Sie sind lebende **Warnschilder** und sie helfen die roten Linien zu definieren.

Wir zeigen Geschichten von 153 Reiseweltmeistern, ein breites Spektrum, das von Alexander von Humboldt bis hin zu Leni Riefenstahl reicht. Genauer: 113 volle Geschichten und 40 kurze Aussagen, Kernaussagen, die unser Konzept verdeutlichen. Nur 13 seien hier genannt. Ferdinand Magellan, James Cook, Alexander von Humboldt, Fridtjof Nansen, Roald Amundsen, Adolf Eric Nordenskiöld, Otto Nordenskjöld, Carl Weyprecht und Julius Payer, Sven Hedin, Reinhold Messner, Hans Saler, Hans Kammerlander, David Lama, Nirmal Purja.

Bd. 5 Das Training zum Reisechampigon
Den Spagat zwischen Qualität und Effizienz trainieren: Training zum Reiseerfolg in 12 Übungen:

Übung 1: Werte klären: Training zum eigenen Erfolg und Training zur Unterstützung des besuchten Landes

Übung 2: Kompetenzen beurteilen: Training der kritischen Kompetenzen

Übung 3: Werte mit Kompetenzen verbinden: Training der sich verstärkenden Verkettung

Übung 4: Mit allen Sinnen und Werten wahrnehmen. Training der vollständigen Wahrnehmung

Übung 5: Alles positiv wahrnehmen: Training der Einstellung zur Reise und zum Besuch

Übung 6: Zeitdisziplin trainieren: Training der Einhaltung

Übung 7: Philosophie trainieren: Training der inhaltlichen Verdichtung und Fokussierung, Training der Steigerung der Intensität

Übung 8: Einen Plan schreiben: Training der Logistik und der kritischen Punkte

Übung 9: Sich beim Besuch öffnen: Vorurteile vergessen, positiv herangehen und Freude ausstrahlen

Übung 10: Richtig dokumentieren: Vom Plan kontinuierlich zum Bericht, Fotodatei, Datei der Kerndaten, Kontinuität im Reiseleben

Übung 11: Reiseerfolg beurteilen: Die Kriterien verinnerlichen

Übung 12: Reiseglück empfinden: Das Positive als Wesentliches sehen

Das ist der Rahmen, nun wieder zum Kern.

1.8 Das Neue des Erfolgskonzepts

Es ist offensichtlich, dass unsere Zielvorstellung, die ganze Welt in 12 Jahren zu erleben, ungewöhnlich ehrgeizig ist. Dieser *Ehrgeiz* hat seinen Preis. Er liegt im Engagement für dieses Ziel und in der Konsequenz in der Umsetzung. **Engagement** bedeutet auch einen erheblichen Mittelaufwand für die Dichte unseres Reisens. **Konsequenz** bedeutet, den Leitlinien zu folgen und die Reisezeit bestmöglich zu nutzen.

Der Grundansatz unseres Reisekonzepts ist die Logik, ein *zweckrationaler Ansatz*, eine einfache Wenn-dann-Überlegung: *Wenn* man die ganze Welt sehen will, *dann* hat das Konsequenzen. Und das wollen wir von Anfang an ganz klar machen, weil wir hier aus breiter Erfahrung sprechen. Wir hatten das schon erwähnt: Fast alle fanden unser Ziel, die ganze Welt sehen zu wollen, „ganz toll". Wenn man aber über die Konsequenzen sprach, vor allem über die zeitlichen Restriktionen, dann fanden das nur noch wenige „ganz toll" und wurden sehr nachdenklich. Und genau bei diesem Nachdenken wollen wir behilflich sein.

Aber wir wollen noch viel mehr, wir wollen nicht nur besichtigen, sondern **erleben** und das von Anfang an **mit Freude**, und das im Extrem, mit höchster Reiselust. Das potenziert den Ehrgeiz. Das rüttelt sogar an der Glaubwürdigkeit.

Die Reisewirklichkeit ist oft nicht durch Lust, sondern durch *Leid* geprägt. Aber das wird nicht zugegeben. Viele Reisende jagen ihrem Traum nach und wollen ihn erfüllen. Sie stehen auf dem Flugplatz oder in der Busstation und reden sich ein, dass das Dagewesen Sein bereits schon Reiseglück sei. Den Gedanken, dass sie sich gar nicht freuen können, weil sie schon an dem nächsten Transport und der nächsten Übernachtung arbeiten, lassen sie oft nicht an sich heran.

Viele ersetzen Erlebnisfreude der Gegenwart durch *Leistungsfreude der Vergangenheit*. Warum wird an den Orten des Heute fast immer über die Orte von Gestern geredet? Und dann der Fokus auf den Transport und nicht auf den Besuch! Wie viele Reisende haben wir getroffen und das Leiden wegen des Transports herausgehört.

In den Reisegeschichten wird das Leid oft kleingeredet und das Erlebte verbrämt. Das Leiden kann in mangelhafter Einstimmung liegen, daran, dass man spontaner Eingebung gefolgt ist. Das kann man machen, aber nicht dann, wenn man die ganze Welt erleben will, und das noch in Freude. Das braucht Training. Das behandeln wir im dritten Band ausführlich, hier nur Grundgedanken.

Freude gedeiht nur auf einem Nährboden und den liefert eine entsprechende **Reisephilosophie**, ein mentales Training, das auf dieses Ziel vorbereitet. Weltmeisterschaft gibt es nicht ohne Training.

Was für den Sport gilt, gilt auch für das Extremreisen. Aber die gute Botschaft ist, dass das Training für das Extremreisen sehr viel leichter ist. Wir plädieren dafür, salopp formuliert, einmal zu Beginn des Unterfangens gründlich nachzudenken, denn das zahlt sich 6.000fach aus.

Damit haben wir eine logische Ableitung dargestellt: *Wenn* wir Freude wollen, *dann* bedingt das eine Philosophie.

Im Folgenden die zweite logische Ableitung: *Wenn* wir die ganze Welt wollen, *dann* bedingt das **Objektivität**.

Wenn wir Subjektivität zulassen würden, dann könnten wir nie die ganze Welt definieren, weil jeder darunter etwas anderes versteht. Wir wollen die ganze Welt in einem Reiseleben. Wir begrenzen die Zahl mit der **Machbarkeit**. Und diese Zahl müssen wir mit einem objektiven Inhalt füllen, und zwar mit **Extremen**. Sie sind der Objektivität relativ leicht zugänglich, weil viele quantifizierbar sind. Der Mount Everest ist der höchste Berg ohne jeden Zweifel.

Wenn man nur die Extreme betrachtet, grenzt man den Kreis der Reiseziele offensichtlich beträchtlich ein. Andererseits wollen wir keine rein formalen Extreme zulassen, die keine Sehenswürdigkeit darstellen, wie den Baum mit der dicksten Borke. Das Guinness Buch der Rekorde ist voll davon, keine Sehenswürdigkeiten, sondern Kuriositäten. Also brauchen wir weitere quantitative Kriterien, die das ausschließen, wie z.B. die Touristenzahl und den Ruf von Bewertungen. So grenzen wir den Extrembegriff ein, und zwar auf das **Wesentliche**.

Andererseits erweitern wir ihn von der eindimensionalen zur mehrdimensionalen Betrachtung: Wir werden Einzigartiges und Typisches einschließen, mehrere Kriterien zulassen und die Bewertung klar machen, so dass sie nachvollziehbar ist. So werden wir absolute Objektivität um *relative Objektivität* erweitern.

Kurz: So wird die Objektivität komplex. Wir werden sie im Einzelnen erläutern, denn sie ist das Hauptreizthema, wie wir aus sehr vielen Diskussionen wissen. Es geht um die Überwindung des Dogmas, dass Objektivität unmöglich sei. Hier zu Beginn geht es uns nur darum festzustellen, dass wir eine logische **Systematik** aufzeigen werden, die eine gewisse Komplexität hat, die wiederum Zeit vor dem Reisebeginn erfordert. Anders formuliert, Komplexität ist der Preis für Objektivität, Systematik ist der Weg zur Objektivität.

Unser Konzept ist unser roter Faden für alle unsere Reisen, ohne jede Ausnahme, aber es hat sich über die Jahre entwickelt und ist immer deutlicher geworden. Wir haben unser Konzept mit *153 anderen Auffassungen* verglichen. Mit positiven Vorbildern wie Alexander der Große, Alexander von Humboldt, Fridtjof Nansen, Hermann Hesse, David Lama, Lewis Pugh, Hans Saler u.a., aber auch negativen Beispielen wie Julius Payer, Robert F. Scott, Leni Riefenstahl u.a. und ambivalenten Beispielen wie Ferdinand Magellan, Charles Darwin, Roald Amundsen, Sven Hedin, Wilfried Thesiger, Reinhold Messner u.a. Wie man auch zu ihren Konzepten und Ideen steht, von allen kann man lernen.

1.9   Unsere Wettbewerbsvorteile

Wir haben vier sehr starke Wettbewerber:
(1)   *National Geographic:* Die Serie „… of a Lifetime"
Die größte geographische Kompetenz, aber kein homogenes Gesamtwerk.
Schwäche: Heterogene Kriterien
(2)   *Patricia Schultz:* 1000 Places to see… Mit 4 Mio verkauften Exemplaren der erfolgreichste Weltreiseführer mit iPad App aber zu geringer Internet-Präsenz.
Schwäche: Unklare Kriterien, Subjektivität
(3)   *Lonely Planet,* einst der erfolgreichste Reisebuchverlag der Welt, nun aber in einer Qualitätskrise.
Schwäche: Heterogene Kriterien, Subjektivität, Fragmente
(4)   *UNESCO* mit der Welterbeliste, die renommierteste Liste der Welt.
Schwäche: 10 generelle Kriterien, kein Besuchskonzept, begrenzte Auswahl - nur Natur und Kultur.

Alle vier Wettbewerber haben jedoch eine gemeinsame Schwäche, sie haben *keine kohärente Reisephilosophie*, sie haben fragmentarische Gedanken zum Reisen aber keine umfassende **Kohärenz und Konsistenz**, unser Wettbewerbsvorteil.

Ist das Internet ein Wettbewerber?

Wenn man über die Highlights der Welt spricht, fragen einige, wozu ein Buch zu diesem Thema, wenn man doch die Informationen zu allen Highlights im Internet lesen könne; außerdem gäbe es dort jede beliebige Liste.

Das Internet ist für uns kein Wettbewerber, weil es nichts Vergleichbares enthält, es ist aber für unsere Webseite eine Ergänzung, die voll genutzt wird. Das Angebot des Internets besteht in verschiedenen Highlight-Listen, für Italien z.B. gibt es die Top 10, die Top 20, die Top 100. Die eine wählt Bauwerke aus, die andere Regionen, jede hat eine andere Auswahllogik, die aber meist nicht transparent gemacht wird, die Auswahl wird behauptet, aber nicht bewiesen, sie ist zufällig, nicht systematisch. Es ist eine Auswahl des Mainstreams, z.B. Besucherzahl. Aber auf den italienischen Listen steht weder Bologna (die Stadt der Türme und Porticos (Welterbe)), Urbino (die Stadt Rafaels), Vigevano (Piazza Ducale von Michelangelo und Bramante). Man kann nun natürlich Bologna eingeben und erhält mal diese, mal jene Liste, mal 22, mal 7 Sehenswürdigkeiten. Der Punkt ist: Man muss selbst auswählen. Würde man sich von Auswahl zu Auswahl tragen lassen, dann würde man vielleicht über 200.000 Sehenswürdigkeiten auf einer möglichen *Endliste für die Welt* haben. Die Auswahl ist immer zufällig, nie ganzheitlich, nie kommt sie zu einer Begründung der ganzen Welt, einer begründeten Vollständigkeit, in unserem Fall einer machbaren Vollständigkeit.

Das Internet sammelt Daten aber *ohne ein Konzept für die Auswahl*. Aber genau darum geht es in diesem Buch, um das Warum und Wie, das Konzept für die Auswahl der Ziele, um die Begründung, um den Sinn der 2.000 und die Machbarkeit der 6.000.

Das Internet ist für uns kein Wettbewerber, sondern ein *Vertriebsweg*, über den wir das weitaus Meiste unserer Arbeit vertreiben, kostenlos. Wir wollen kein Geld, sondern Gedankenaustausch. Reisen ist für uns kein Beruf, sondern Hobby, Interesse, Leidenschaft. Die frankgrosseworldlist.com® ist das Kernprodukt mit seinem Menü: Definition, Liste mit drei Zusatzlisten, Konzept, Über uns, Bücher, Autobiografisches und Kommentare für den Gedankenaustausch. Die Bücher sind das Fundament der Liste. Zusammen bilden sie unser Reisewerk.

In der logischen Ableitung einer *Philosophie zur Freude* und einer *Systematik zur Objektivität* liegt unsere **Wettbewerbsvorteile**.

Aber niemand sollte erwarten, dass es zur Freude und zur Objektivität einfache Schnellrezepte gibt. Aneinanderreihungen von Sehenswürdigkeiten machen nicht die ganze Welt aus und Aneinanderreihungen von Verhaltensempfehlungen führen nicht zur Freude. Das leistet nur ein durchdachtes System. Wir wollen Sie auf die Reisezeit *gründlich vorbereiten,* es geht um möglicherweise 10 bis 15 Jahre Ihres Lebens und dafür ist eine *Investition* sinnvoll.

Die Umsetzung unseres ehrgeizigen Ziels geht nur mit Zeitdisziplin, mit Leidenschaft und Effizienz. Und es geht um *Leitlinien, die die Qualität sichern*. Qualität entscheidet über den Sinn Ihres Reisens. Wenn man das Erlebnispotenzial dieses schönen Planeten ausschöpfen will, dann verlangt das nicht nur Vorbereitung, sondern auch eine Entscheidung über Leitlinien zur Durchführung. Wir wollen diese Leitlinien – die Kernaussagen unserer Reisephilosophie - vermitteln.

Die *Komplexität* ist unser scheinbarer Nachteil gegenüber denen, die einfach drauflosreisen. Aber sie ist nur eine *einmalige Investition* am Anfang des Reiselebens. Eine Investition, die reiche Früchte trägt.

In unserem Literaturvergleich ging es bisher um die Zahl der Reiseziele. Es waren Bücher mit Themen wie: „Die schönsten..., die Traumziele von ..., die besten Getaways usw." Wenn wir uns damit vergleichen, dann stellen wir erhebliche Unklarheiten bei den

Auswahlkriterien und bei der Bestimmung der Rangfolge fest. Das Ausgewählte wird beschrieben, aber die Kriterien bleiben im Dunkeln und der **Vergleich in der Kategorie** fehlt. Die schönste Kirche – und wo steht die zweitschönste? Nur wer die zweitschönste und die Kriterien benennen kann, gewinnt Glaubwürdigkeit für seine Aussage zur schönsten. Und genau das leisten alle anderen Darstellungen nicht. Unser **Alleinstellungsmerkmal**.

Andere Beschreibungen sind oft wortreich, aber arm an Kriterien, die einen *Vergleich* ermöglichen. Vergleicht man die Quellen, dann irritieren die Unterschiede in der Bewertung. Aber auch die *Subjektivität*. Oft genug in nationalistischer Prägung. Englischsprachige Schriftsteller bevorzugen ganz deutlich Sehenswürdigkeiten im englischen Sprachraum. Subjektive Listen aufzustellen, ist nicht schwer. Wer aber eine objektive Liste aufstellen will, muss viel Arbeit leisten und viel vergleichen.

Wer die Objektivität verstehen will, muss sich durch eine *Systematik* durcharbeiten. Objektivität wird erst durch eine Systematik möglich, sie ist nicht selbsterklärend. Wer das vergisst oder überliest, läuft leicht Gefahr, in Missverständnisse zu verfallen, wenn er unsere umfangreiche Systematik sieht. Nochmals: There is no free lunch.

Wir haben ein einheitliches, konsistentes Konzept. Der Besuch der ganzen Welt in einem Reiseleben kann sich nicht durch eine Addition von Reiseführern mit unterschiedlichen Konzepten ergeben. Das Ziel „Die ganze Welt" ergibt sich nicht durch Addition, sondern nur durch eine ganzheitliche Betrachtungsweise, durch ein konsistentes Konzept, das vom Ganzen auf die Teile schließt und nicht umgekehrt, das auf das Reiseleben und nicht nur eine Reise zielt, das vom Streben nach Qualität, über Einzigartigkeit und Intensität auf die Kriterien der Highlights schließt und sie so wählt, dass die Reiseziele in einem Reiseleben machbar sind, dies in einer Liste übersichtlich und in einer Webseite mit allen Daten zeigt und die Umsetzung erläutert und beweist. Diese **Konsistenz** ist unser weiteres **Alleinstellungsmerkmal**.

Wettbewerbsvorteile in der Planung:

In den Zielen:

- Eine Philosophie der Freude
- Systematik der ganzen Welt
- Qualität durch Einzigartigkeit und Intensität

In der *Denkweise:*

- Extreme
- Konsistenz
- Wesentlich

In der *Relevanz der Ergebnisse:*

- Eine Philosophie des Erfolgs und der Höchstleistungen
- Optimierung von Qualität und Effizienz
- Paradigmenwechsel: Vom Erfolg zu Werten
- Vollendung: Von der Freude zum Glück

Diese Vorteile zeigen die Richtung (Driver) und ermöglichen den Weg (Enabler).

Wettbewerbsvorteile in der Umsetzung

- *Die Vollständigkeit der ganzen Welt* – von der Idee über Kategorie, Beschreibung, Lokalisierung, Karten, Fotos und Daten
- *Die Flexibilität im Umfang* – von 2.000 bis 6.000 Highlights
- *Philosophie und Umsetzung in einem Guss* – von den Werten bis zum Reisestil
- *Persönliche Erfahrung eines Reiselebens* - Autobiografie und Lebensmodell, der Beweis, dass das Konzept nicht nur stimmig, sondern auch realistisch ist
- *Eine positive Einstellung*: Von der Gesellschaftspolitik und Ethik zur Freude

- *Eine Auffassung als roter Faden* – aber verglichen mit 153 anderen Auffassungen oder Ideen.

Abb. 4 Höchste Reiselust, Grand Glorieuse, 2018

Diese Vorteile bilden die Leitplanken des Weges (Controller).

Unsere Reisephilosophie ist einzigartig:

Sie zeigt, dass Lust und Effizienz zusammengehen können. Lust ist Kunstwerk, Effizienz ist Handwerk. Wir – Teo und ich – haben das gemacht, 12 Jahre lang. Wir haben zusammen Freudensprünge gemacht, wir haben zusammen gelacht und aus Freude geweint, weil wir so überwältigt waren.

Wir haben sie erlebt, die **Schönheit der Welt** und die **höchste Reiselust** (Abb. 4).

1.10 Die Zielgruppen

Zielgruppe: Alles sehen

Unser Reisekonzept ist ideal für Leser, die in relativ kurzer Zeit alles wollen. Die Musikgruppe Queen brachte unser Konzept auf den Punkt: „I want it all and I want it now." Das „all" legen wir mit der Highlight-Liste vor, zudem in einer Form, die man bearbeiten kann. Die Bücher enthalten den Prozess des Verstehens. Aber zum Verstehen bedarf es einer Zeit von etwa 2 Wochen, der Lesezeit für die ersten beiden Bände. Dann kann es losgehen, dann ist das „now" gegeben, das wir meinen.

Unser Konzept geht auf die volle Breite der Highlights und verzichtet auf die volle Intensität im Besuch: Wir wollen höchste Lust, aber in kurzer Zeit. Wir optimieren. Wir machen Abstriche beim vollen Genuss des Besuchs, wir kosten ihn nicht voll aus, wir verzichten auf volle Gründlichkeit. Das mag einige erstaunen, weil man uns für die gründlichsten Reisenden hält. Aber alles ist relativ. Aus der Sicht von Schnellreisenden und Abhakern sind wir in der Tat sehr gründlich. Aber nicht aus unserer Sicht. Wir sehen noch Raum für Verbesserungen. Hätten wir unsere Liste zu Beginn gehabt, dann hätten wir nicht 90% (siehe dazu die Summenliste im Internet, Kapitel „Über uns", dort auch über die Gründlichkeit), sondern 100% erreicht und das mit noch besserer Qualität. Aber wir mussten uns die Liste erst erarbeiten und das hat Zeit gekostet, die Zeit für die fehlenden 10%.

Zielgruppe: Pensionäre

Unser Reisekonzept ist ideal für Leser, die im Reisen einen wesentlichen Teil ihres Lebens sehen und diesen Teil noch vor sich haben.

Das sind Leser, die im Hinblick auf ihre Pensionierung ein Konzept prüfen, das die Freizeit, die vor ihnen liegt, maximal nutzt, eine mögliche Zeitspanne von 15 bis 20 aktiv nutzbaren Jahren. Wir erläutern, dass man in dieser Zeit die ganze Welt sehen kann und welche Voraussetzungen dafür erfüllt sein müssen.

Zielgruppe: Extrem reisen

Unsere Reisephilosophie zielt auf Extreme und Grenzerfahrungen. Alle Beispiele haben mindestens einen Aspekt im Extremen, denn dieses Buch behandelt nur Extreme. Aber weil wir so viele Beispiele heranziehen, können diese immer nur Teilaspekte des Reisens erfassen. Am ausführlichsten vergleichen wir unsere Auffassung mit denen von Alexander von Humboldt, Fridtjof Nansen und Reinhold Messner.

Zielgruppe: Maßstab finden

Die vier Fassungen zur Highlights-Liste im Internet – interaktive Vollliste, Namensliste, Summenliste und Kategorienliste - wenden sich an Leser, die einen Maßstab für ihre erlebten oder noch geplanten Reiseziele haben möchten. Ein Weltreiseführer für Highlights, die Antwort auf die Frage: Was ist „die ganze Welt", wenn man sie als eine Summe von Orten versteht, vollständig durch das Kriterium des Wesentlichen. Zu ihrem Besuch sind 12 Jahre erforderlich, wenn man sie lustvoll und sinnvoll besichtigen will. Diese Zahl beruht auf unseren Reiseerfahrungen und zahlreichen Quellenstudien während der Vorbereitung und Durchführung der Reisen.

2 Reisephilosophie: Streben nach Qualität

2.1 Kerngedanken der Reisephilosophie

Unsere Reisephilosophie ist zielorientiert: Sie strebt nach *Qualität*, definiert durch Einzigartigkeit und Intensität. Unter Einzigartigkeit

	Kerngedanken	Umsetzung	Ziele
Reise-priorität	Nach höchster Qualität streben	Die ganze Welt in Freude erleben	6000 Highlights in 12 Jahren
Reise-anspruch	Qualität durch Wesentliches, Einzigartiges und Intensität erreichen	Auf Extreme konzentrieren: Superlative, Einzigartiges, Typisches	Intensität des Besuchs bis zur Grenzerfahrung
Wesen des Reisens:	Der Reisesinn bestimmt die Werte	Selbsterfahrung durch Sinnsystem	Harmonie
	Der Reisegrund ist sekundär	Das Ziel bestimmt den Weg	Ein Weg zu Einzigartigem
	Das Reiseziel ist primär	Das Highlight entscheidet das Ziel	Die ganze Welt
	Der Reisestil ist zielorientiert	Intensiv, systematisch, effizient	Intensität
Reise-erfolg	Den Werten müssen die Kompetenzen entsprechen	Der Einsatz für die Werte erfordert Commitment	Reiseerfolg als Beitrag zum Lebensglück
Reise-leben	Ziele richten das Lebensmodell aus	In einem Reiseleben realisieren	Reisen als Lebensziel

Abb. 5 Kerngedanken unserer Reisephilosophie

zielt sie auf das Erleben des *Wesentlichen* und des *Extremen*. Unter Intensität zielt sie auf höchste Reiselust. Damit definiert sie das Oberziel: „Die ganze Welt in Freude erleben". Sie ist der Nährboden für die Entfaltung der Freude. Das ist die inhaltliche Seite.

Sie ist aber auch ein Begriffsgerüst und ein Handwerkszeug, sie besteht aus Denkhilfen und gedanklichen Eckpunkten. Das ist die instrumentelle Seite.

Abb. 5 zeigt die Kerngedanken:

Unsere Grundauffassung: Für uns ist Reisen nicht Lebenskunst, nicht Kontrastprogramm, nicht Rekordsucht, nicht der Weg der Fortbewegung, nicht Flucht oder Zeitvertreib. In unserer Auffassung vom Reisen hat das *Streben nach Qualität* die höchste Priorität. Deshalb muss das Kernkonzept die Frage beantworten, wie wir die ganze Welt in höchster Qualität erleben können.

Das Kernkonzept: *Qualität* wird im Kern durch die (1) *Einzigartigkeit* des Gesehenen und die (2) *Intensität* des Besuchs bestimmt. Einzigartigkeit bezieht sich auf Wesentliches und zeigt sich im Extremen. Intensität zeigt sich in Freude und Grenzerfahrungen. Qualität ist ein Profil von diesen vier und den damit zusammenhängenden Werten. Unser Kernkonzept ist also ein Qualitätsprofil oder anders formuliert ein *Wertesystem*.

Dieses Wertesystem bestimmt *das Wesen unseres Reisens:* Reisesinn, Reisegrund, Reiseziel und Reisestil. Unsere Philosophie unterscheidet sich deutlich von anderen Reisephilosophien. Sie hat ein unverwechselbare Identität.

Da wir ein ganzes Reiseleben mit vielen einzelnen Reisen erfassen, kommen *alle Ausprägungen des Reisesinns* vor: Vielfalt, Erkenntnis, Bildung, Wohlgefühl, Lebensintensität, Leistungsgrenzen, Spiritualität, Selbstverantwortung und Selbsterfahrung. Das ganze Spektrum, weil wir einen erheblichen Teil unseres Lebens mit Reisen verbringen, in unserem Fall 12 gemeinsame Jahre. Für uns erfüllt Reisen jeden erdenklichen Reisesinn, daher halten wir Reisen für sinnvoller als jede andere Freizeithandlung. Eine sehr dezidierte Auffassung, aber konsequent, wenn man Reisen als Lebensziel begreift.

Wenn man unter *Reisegrund* die Frage nach dem Weg versteht, stellt sich für *uns* die Frage nach dem Grund nicht, weil der Weg unerheblich ist. Entscheidend ist das Ziel und nicht auf welchem Wege wir es erreichen. Das gilt meist, aber nicht immer. Der Weg kann zum Verständnis des Ziels beitragen, wie bei der Gorillabeobachtung, wenn man sich durch die Bambuswälder anpirscht, oder er kann psychologisch oder spirituell stimulieren, wie bei Wander- oder Pilgerwegen.

Für uns ist das *Reiseziel* bedeutend: Die ganze Welt in Einzigartigkeiten, in Extremen, im Wesentlichen, kurz: In 6.000 Highlights.

Reisestil: Unser Reisestil wird vom Besuch des Ziels bestimmt. Wir wollen das Ziel so *intensiv* wie möglich erleben, in Freude. Eine positive Grundeinstellung prägt den Stil, eine entscheidende Voraussetzung für Freude. Das Ziel, die ganze Welt erleben, bedingt, dass wir gründlich und systematisch planen, eine entscheidende Voraussetzung für die Effizienz.

Das *Umsetzungskonzept*: Um diese Werte zu erreichen, bedarf es entsprechender Kompetenzen. Wenn der Reisende von seinem Werte- und Sinnsystem überzeugt ist, wird er sich für die Umsetzung voll einsetzen. In seinem *Commitment* verkettet er die Kompetenzen so, dass sie sich im Aufbau verstärken, um das Ziel, die ganze Welt zu sehen, zu erreichen.

Umsetzung von Freude: Manchmal erzeugt das Reiseziel die Freude des Besuchs von sich aus. Es beeindruckt und berührt. In der Mehrzahl muss man aber der Freude auf die Sprünge helfen. Freude ist wie eine Blume: Sie braucht einen *Nährboden*, um zu blühen. Unsere Reisephilosophie lässt sich als Nährboden verstehen, auf dem sich die Freude entfalten kann. Die Bereitschaft, mit allen Wahrnehmungsarten zu reisen, ist der Boden; Gefühlskompetenz, die Fähigkeit, Gefühle zu entfalten, ist der Dünger; Glück und Harmonie sind Werte, die die Freude leiten.

Umsetzung im Leben: Reisen sollte in ein Lebensmodell eingebettet sein, das gilt ganz besonders, wenn Reisen ein Lebensziel ist, dann muss das Reisen einen Beitrag zum *Sinn des Lebens* leisten.

Reiseerfolg: Er wird daran gemessen, inwieweit unsere Philosophie dazu beigetragen hat, dass die Gesamtheit aller Reisen des Reiselebens das Oberziel erreicht hat, die ganze Welt in Freude gesehen zu haben. Bei der Beurteilung des Reiseerfolgs steht auch unsere Reisephilosophie auf dem Prüfstand:

- Hat die Systematik dazu beigetragen, *alle* geplanten Reiseziele oder gleichwertige Ziele erreicht zu haben, war der Nährboden fruchtbar genug, so dass wir höchste Reiselust erlebt haben? Ganzheitliches Erleben, Erkenntnis des Wesentlichen, Überschreitung von Grenzen, Erfüllung von Träumen, Beiträge zum Fortschritt, grenzenlose Begeisterung? Haben wir das in den Reisen *erlebt*?

- Hat die Gesamtheit aller Reisen zu einer Harmonie der Gefühle und unserer Werte geführt und somit einen Beitrag zum *Lebensglück* geleistet?

- Können unsere Reisen vor einer ethischen Bewertung bestehen? Haben wir zur Verbesserung der Gerechtigkeit und des *Gleichgewichts* in der Natur beigetragen?

- Haben wir nicht nur Reisen addiert, sondern hat ihr Gesamt einen zusätzlichen Nutzen gehabt, eine *Synergie*, einen Mehrwert, den wir in verschiedenen Dimensionen fassen können; eine davon könnte das innere Gleichgewicht sein.

2.2   Reisephilosophie des Wesentlichen

Ein Anliegen der Philosophie ist das *Erkennen des Wesentlichen*. Es verläuft in *drei Phasen*: Besuch, Reflexion und Ziel (Abb. 6).

Im Besuch des Reiseziels sehen wir nur die Erscheinungen des Wesentlichen, in der Reflexion klären wir, welche der Erscheinungen wesentlich sind. Dies hängt vom Ziel und vom Sinn- und Wertesystem des Reisenden ab.

Der Reisende will (erste grüne Zeile der Abb. 6) beim Besuch Freude empfinden, jedoch im Rahmen einer Ethik. Das Wesentliche des besuchten Ortes erkennt er aus einer Reflexion mit seinem Sinnsystem und seinem Wertesystem. Wesentlich sind nun alle besuchten Orte, die zu den Zielen Glück und Harmonie führen. Das Sinnsystem bestimmt den Inhalt der Zielüberlegung, die Erfüllung des Sinns führt zu Glück. Das Wertesystem setzt den Rahmen Der Reisende will (erste grüne Zeile der Abb. 6) beim Besuch Freude empfinden, jedoch im Rahmen einer Ethik. Das Wesentliche des besuchten Ortes erkennt er aus einer Reflexion mit seinem

Sinnsystem und seinem Wertesystem. Wesentlich sind nun alle besuchten Orte, die zu den Zielen Glück und Harmonie führen. Das Sinnsystem bestimmt den Inhalt der Zielüberlegung, die Erfüllung des Sinns führt zu Glück. Das Wertesystem setzt den Rahmen für die Zielüberlegung, die Einhaltung des Rahmens führt zur Harmonie.

Abb. 6 Reisephilosophie des Wesentlichen

Die Reiseziele, die Objekte, ergeben sich zweistufig, aus einer zunächst generellen und dann in einer speziellen Auswahl.

Der Reisende trifft zunächst eine generelle Auswahl (zweite blaue Zeile der Abb. 6). Alle Ziele, die er kennt, oder er übernimmt unser Gesamtangebot von 6.000 Highlights, weil ihn unser Begriff von

Wesentlichkeit überzeugt, oder er trifft daraus eine Auswahl, die er für wesentlich hält. Wir nennen unsere generelle Auswahl Highlights und halten diese Auswahl für eine machbare objektive Bestimmung der ganzen Welt. Der Reisende muss nun eine Auswahl derjenigen Highlights treffen, die er aufgrund seines Sinnsystems für wesentlich hält. Sein Besuch sollte nur denjenigen Zielen gelten, die er ihrer Erscheinung nach für bedeutend hält und die für ihn im Hinblick auf seine Ziele machbar sind. In der Reflexion erkennt er das Wesentliche an der Einzigartigkeit und die Einzigartigkeit durch einen Vergleich. Er wird gewichten. Durch Konzentration auf das Einzigartige im Rahmen der Machbarkeit erreicht er sein Ziel, die ganze Welt.

Diese erste Objektebene (zweite blaue Zeile der Abb. 6) ist durch 6 Begriffe charakterisiert, 6 Begriffe die unsere Gedanken zur Auswahl verdichten und den Ablauf des Buches bzw. unseres Reisekonzepts bestimmen. Hier wollen wir nur einen Begriff herausnehmen, den *Vergleich*.

Um Reiseziele miteinander vergleichen zu können, brauchen wir ein gutes Gedächtnis und eine große Vorstellungskraft von Ähnlichem, um diesen Vergleich auch gedanklich durchzuführen. Weltmeister war hier *Alexander von Humboldt*, der geradezu besessen war von Vergleichen. Er hatte alles im Kopf und verglich alles mit allem, um die Wechselwirkung von allem zu erkennen und so das Naturverständnis zu revolutionieren. Der Vergleich ist das wichtigste gedankliche Prinzip, um durch Transparenz das Wesentliche zu erkennen. Aber auch, um das Extrem zu beweisen. Der Vergleich ist die Kernleistung unserer Webseite.

Diese erste Objektebene ist fundamental. Wir klären, bevor wir zu unterschiedlichen Objekten kommen, dass wir uns nicht mit allen Objekten beschäftigen, sondern nur mit wesentlichen, dass wir also auswählen. Die bisher abstrakte Erklärung klingt einfach, hat aber gravierende Auswirkungen: Es ist nicht jeder Quadratmeter Boden der Wüste Gobi, den wir besuchen wollen, sondern nur die Stellen, in denen wir das Wesen dieser Wüste besuchen wollen. Wir haben einen Rang ausgewählt, aber noch kein konkretes Objekt.

Wenn wir die Auswahl der Reiseziele extrem verdichten wollen, dann muss die Reise zumindest zu einem Ziel gehen, dass das *Wesen dieser Wüste* verdeutlicht, nämlich eine Steppenwüste mit Hirtennomaden. Wer nur genau diesen Anspruch stellt, der kann ihn erfüllen dadurch, dass er nur zu <u>einem</u> Ort fährt, der ihm die Steppenwüste mit Hirtennomaden genau vor seiner Jurte erleben lässt. Ein solcher Ort wird auf unserer Liste stehen: Dalanzadgad – Das Tor zur Gobi.

Genau mit dieser Überlegung sind wir von der generellen Auswahl in die spezielle Auswahl eingetreten, die wir erweitern wollen, wenn die bisherige Auswahl – der Fokus auf eins - nicht ausreicht. Diese Auswahl zeigt die untere Hälfte der Abb. 6, die Konkretisierung des Reisezielobjekts.

Sie konkretisiert, was wir alles noch mehr wollen. Wir wollen Menschen besuchen und ihre Gesellschaft verstehen. Wir wollen die Kultur verstehen, ihre Geschichte, die Ästhetik im Zusammenspiel der Ausdrucksformen ihres Lebens bewundern, wir wollen uns von ihrem Leben berühren lassen. Wir wollen aber auch die Natur verstehen, ihren Ursprung, ihre Vielfalt und ihr Erleben genießen. Um hier nun das Wesentliche auszuwählen, brauchen wir Grundgedanken, die die Reflexion leiten, und dann Kriterien für das Ziel. Abb. 6 enthält all diese Begriffe. Sie verdichten Gedanken, die zum Wesentlichen führen. Wir wollen sie nicht im Detail behandeln, denn sie sind weitgehend selbsterklärend. Sie sollen ja nicht eine Gebrauchsanleitung sein, sondern nur Denkanstöße geben.

Es kommt uns hier nicht auf die Vertiefung an, sondern auf das Grundsätzliche der Abb. 6. Sie zeigt unsere Überlegungen, wenn wir ein Reiseprogramm zusammenstellen. Und das funktioniert nicht so, dass wir einfach die Straßen in der Mongolei abfahren wollen, alle Regionen durchfahren und in den wichtigen Städten halten. Das wäre der formalistische Ansatz, das Übliche: Ich war da, ich habe gesehen. Wem das genügt, der braucht die Abb. 6 nicht. Der braucht nur eine Karte.

Wir aber wollen Qualität, und die finden wir nicht auf der Karte und nicht in einem Punktesystem, wir wollen sicherstellen, dass wir mit Hirtennomaden gelebt haben, dass wir das Nomadentum verstehen und dass wir alle Landschaftsformen der Gobi kennenlernen, Berge, Wüsten und Steppen.

Vor allem aber wollen wir den Grund erkennen, warum von hier das *größte Weltreich aller Zeiten* aufgebaut werden konnte. Abb. 6 nennt zum Aspekt Gesellschaft: Tradition, Integration und Fortschritt. Hat Dschingis Khan aus der Überwindung der Clan-*Tradition* durch seine Eroberungen ein Reich *integriert* und *Fortschritt* geschaffen? Was ist in seiner Hauptstadt Karakorum geblieben? Wenn wir ein Reiseprogramm mit hohem Qualitätsanspruch entwerfen wollen, dann sollten sich daraus die Antworten ergeben.

Die Antworten erkennen wir in der historischen Hauptstadt Karakorum, dem heutigen Kharkhorin und in der Kulturlandschaft des Orkhon Tals, aber auch beim Naadam-Fest im Juli und vor der Dschingis-Khan-Statue in Ulan Bator. Die Antwort ist deutlich: Nahezu nichts ist geblieben. Der Besuch dieser Stätten wirft die Frage auf, was braucht ein Weltreich, um eine Führungspersönlichkeit zu überdauern?

Das sind die Treiber der Qualität. Abb. 6 zeigt diese Treiber systematisch.

2.3   Reisephilosophie und Reiseprogramm

Am Beispiel der **Mongolei** wollen wir die Verbindung von Reisephilosophie und Reiseprogramm verdeutlichen. Das Reiseprogramm entsteht nicht aus einer Verbindung von Orten, sondern aus einer Verbindung von Philosophie und dem Verständnis des Zielgebiets. Wir fragen nicht, wie kommen wir von Ulan Bator nach Dalanzadgad, sondern wir fragen, wie wir Menschen, Gesellschaft, Kultur und Natur erleben können. Danach richten wir den Weg aus.

Zum historischen Verständnis der Gesellschaft ist Dschingis Khan der Schlüssel, zum Erleben der Menschen ist *Empathie* der Schlüssel. Ein empathisches Erleben mit einem Hirtenvolk, die Frage nach der *Gemeinsamkeit* mit unserem Leben und die Festigung unserer *Toleranz* mit anderen Lebensformen. Das waren einige Schlüsselbegriffe aus Abb. 6Abb. 5. Mit diesen kommen wir von der Philosophie zum Programm. Grundsätzlicher: Das ist ein Reisen, das *Werte höherstellt als Orte*. Das ist ein fundamental anderer Ansatz als der übliche.

Überspitzt formuliert: Wir wollen so reisen, dass unser Reiseprogramm alle 24 Begriffe der unteren Hälfte der Abb. 6 abdeckt, denn sie verdichten die Leitgedanken zum Reisen, alle sind wichtig für das Ziel, die ganze Welt zu erfahren. Sie begründen Werte. Sie sind *Kriterien für Reisequalität*, sie führen mit systematischen Überlegungen zu den entscheidenden Werten.

Die ganze Welt ist nicht nur eine große Summe aller Orte, sondern eine große Summe von Erlebnissen im Rahmen unserer Reisephilosophie des Wesentlichen.

36 Begriffe verdichten die Leitgedanken für diese Erlebnisse. Die ganze Welt ergibt sich *nicht aus vielen Reisegeschichten* (stories, die Meinung von Mike Spencer Bown, S. 14f), die wir auf dem Wege *zufällig* erlebt haben, sondern aus Erlebnissen, in denen wir – *gezielt* herbeigeführt - das Wesentliche der Welt erfahren haben. 12 Begriffe unserer Philosophie machen einen Vorschlag dafür, was wesentlich ist.

Wir verdichten Reisequalität in zwei Formen. Sie besteht in der Planungsphase im Streben nach Einzigartigkeit und nach Intensität und in der Durchführungsphase im Erleben des Wesentlichen und im Erleben von Reiselust. Dies sind zwei Formen höchster Verdichtung. Sie haben in allen Diskussionen überzeugt, sind aber noch zu abstrakt, um daraus ein Reiseprogramm ableiten zu können. Die Verdichtung der Abb. 6 ist dagegen praktikabel und gleichzeitig übersichtlich, so dass sich daraus ein Reiseprogramm ergeben kann, wie wir in den kurzen Beispielen gezeigt haben.

Bleiben wir bei der Mongolei und wenden das Schema weiterhin an: Wir wollen nicht nur Menschen und Kultur kennenlernen, sondern auch die *Natur*, ihren Ursprung, ihren Organismus und ihren

Charakter als eine Quelle. Nicht einfach nur die Steppe oder die Berge. Abb. 6 zeigt neun Begriffe, die für dieses Verständnis wesentlich sind.

Auf die Mongolei angewandt: Wenn man den Fossilfundort und Dinosaurierfundort Bayanzag, die Flaming Cliffs, den Saksaulwald und die Dinosauriereier besucht, dann bekommen die neun Begriffe Leben: Die Zeile der Abb. 6 ist *Leben, Überleben und Entwicklung*. Wenn man Dinosauriereier sieht, dann versteht man die Begriffe ganz von allein.

Wenn man den Saksaulwald mit seinen 35m langen Wurzeln sieht, wie er sich gegen die tektonische Hebung stemmt, dann versteht man auch die nächste Zeile der Abb. 6: Vielfalt, Zusammenwirken und Synergie. Die Vielfalt der Pflanzen bildet ein Ökosystem, das im Zusammenwirken das Überleben sichert.

Wenn man ins Altaigebirge zwischen der Mongolei und Russland fährt, seine Schönheit erlebt, dann lebt die letzte Zeile der Abb. 6 - Naturgenuss, Naturschutz und Gleichgewicht - und verdichtet sich auf die Frage, was man tun kann, um das Gleichgewicht dieser Natur- und Kulturlandschaft zu erhalten.

Bei den Reisezielen in der Kategorie Natur ordnen wir nach den beiden wichtigsten Naturmodellen: Darwin und Humboldt.

Charles Darwin: „Origin of Species". Das Modell ist der Lebensbaum, die Entwicklung des Lebens. Das ist das, was man sieht, die Erscheinung. Aber das Wesentliche erkennt man im Überleben, letztlich die Entwicklung der Natur, das Fundamentale – die Evolutionstheorie.

Alexander von Humboldt: „Kosmos" und „Ansichten der Natur", das umfassendste Werk, das die Vielfalt, die Biodiversität, ordnet, um das Zusammenwirken zu erkennen und damit den Mehrwert aus dem Zusammenwirken als Ziel zu erkennen, die Synergie. Diesem Denken liegt das *Lebensnetz* zugrunde, das umfassendste Naturmodell überhaupt.

Dies sind die beiden naturwissenschaftlichen Ansätze, die nach Erkenntnissen über die Natur streben. Aber die Natur hat für den Menschen noch eine andere Funktion, nämlich die der Ressource. Auch hier hilft Alexander von Humboldt. Er prägte den Begriff „Naturgenuss". Genau das ist die Sicht fast aller Reisenden, die sich am Grand Canyon, den Pinguinen oder dem Vulkan Yasur auf Tanna ergötzen. Aber beim genaueren Hinsehen ahnt man die Fragilität der Natur und beim Überlegen erkennt man die Bedeutung des *Naturschutzes*. Er zielt letztlich auf das Gleichgewicht in der Natur.

Damit haben wir verdeutlicht, was wir etwas weiter oben noch abstrakter formuliert haben mit: „eine Qualität, die aus systematischen Überlegungen zu den entscheidenden Werten kommt." Darwins Lebensbaum und Humboldts Lebensnetz sind diese „systematischen Überlegungen." Überlegungen zum Wesentlichen.

Damit haben wir den gesamten Bogen der Reisephilosophie des Wesentlichen aufgezeigt. Das genügt nach unserer Auffassung, weil wir nicht für Philosophen, Theologen oder Psychologen schreiben, sondern als Reisender für Reisende und da genügen Eckpunkte, die Überlegungen anstoßen. Aber sie müssen logisch schlüssig sein.

Noch ein Wort zur *Anwendung von* Abb. 6: Die meisten Reisenden reisen nach Ländern. Die Namensliste unserer Welthighlight-Liste im Internet ist nach Ländern geordnet. Die dort vorgestellten Highlights haben bereits alle Gesichtspunkte der Abb. 5 (Kerngedanken) berücksichtigt. Viele wollen aber die Gesichtspunkte nochmals überprüfen, auch deshalb, um ihre persönlichen Akzente zu setzen. Wer z.B. der Natur den Vorzug gibt, sollte die Ziele dahin gehend überprüfen, ob sie das Leben, das Überleben oder die Entwicklung des Lebens zeigen, oder ob sie die Vielfalt, das Zusammenwirken oder das Mehr aus dem Zusammenwirken zeigen.

In allen unseren drei Listen sind die Standard-, die Top- und die Mega-Highlights gekennzeichnet. Damit kann man auswählen, wie gründlich man besichtigen will, mit Hilfe der Abb. 6 kann man die Akzente setzen.

2.4 Reisephilosophie des Extremen

Unsere Reisephilosophie ist die Grundlage für alle unsere Reiseerlebnisse. Sie sichert, dass wir die Reiseziele bestmöglich auswählen, ihren Besuch intensiv erleben und später die Besuche sinnvoll auswerten.

Abb. 7 Die Reisephilosophie des Extremen

Abb. 7 gibt einen Überblick über die Eckpunkte der Reisephilosophie des Extremen, die durch Steigerung der Intensität des Besuchs über das Wesentliche hinaus zum Extremen führt, zur Grenzerfahrung, die wir keineswegs bei jedem Besuch erreichen. Aber wir streben danach und damit ist der Gedanke an Grenzerfahrungen, der Gedanke an höchste Wahrnehmungsintensität, immer gegenwärtig. Wir behandeln zunächst das Erfahren von Extremen, später erläutern wir den Begriff Grenzerfahrung.

Wir unterscheiden 14 Grenzerfahrungen (Abb. 7 rechte Spalte). Ihre Bedeutung ist höchst unterschiedlich: Eine Grenzerfahrung – die Weltharmonie - ist utopisch und eine andere Grenzerfahrung – der Nahtod – wollen wir unbedingt vermeiden. Wir gehen nur bis zum kalkulierten Risiko, das, was mit Freude noch vereinbar ist. Mit allen diesen Grenzerfahrungen haben wir es beim intensiven Reisen *immer* mehr oder weniger zu tun. In Gesprächen, in Gedanken und in Gefühlen. Und zwei Grenzerfahrungen sind zentral: Glück und höchste Reiselust, denn dorthin führt unser Weg des Reisens, den wir in der Abb. 7Abb. 7 philosophisch untermauern.

Abb. 7 zeigt die Eckpunkte, die Denkanstöße, die im Zusammenhang mit Reisen wichtig sind. Es sind Eckpunkte eines Prozesses (grün unterlegte Mitte). Die rechte Hälfte zeigt, wohin der Prozess führt, nämlich zur Stufe der Vollendung des Prozesses, der *Stufe höchster Intensität*. Aber er kann unter bestimmten Bedingungen auch zu einer Grenzerfahrung führen, zum Extrem. Das ist dann der Fall, wenn eine Bedingung zu einem *Auslöser der Grenzerfahrung* führt. Beispiele dafür sind

- der White-out in Polarregionen, der zur völligen Orientierungslosigkeit führt,
- eine spirituelle Erfahrung, die zu einer „Vision" führt,
- die totale Exposition in der Wildnis ohne ein Sicherungsnetz, in der man seine Leistungsgrenze überschreitet,
- die Erleuchtung in einer Meditation, in der das eigene Sein mit dem Sein des Universums verschmilzt,
- der Blick in den Kosmos mit der Sichtung eines Schwarzen Lochs, in dem die Materie verschwindet.

Und das suchen wir, danach streben wir – bedingt – unter der Bedingung des kalkulierten Risikos. Daher sprechen wir von der Reisephilosophie des Extremen. Sie führt zur höchsten Reiselust.

2.5 Reisen und Leben: Der Sinn des Lebens

Die Gesamtreisezeit

Das Ziel, die ganze Welt zu sehen, kann man nicht nebenbei errei-
chen, auch nicht auf lebenslangen Urlaubsreisen. 40 Jahre mal 3
Wochen wäre eine denkbare Konstellation. Das wären etwa zwei
Jahre, wenn man die etwa drei ineffizienten An- und Abreisetage
abzieht. Dieser Zeitumfang von Urlaubsreisen reicht für die ganze
Welt bei weitem nicht aus.

Wir haben versucht, 12 Jahre intensiv und weitgehend kontinuierlich zu reisen. Damit haben wir eine Orientierungsgröße gewonnen,
die wohl immer noch extrem ist. Mehr geht nicht. Nach unserer Erfahrung gilt: Man kann die ganze Welt gründlich sehen, wenn man
12 Jahre *kontinuierlich* reist, etwa 340-350 Tage, 20 Tage für me-
dizinische check-ups und Hauskontrollen u.ä.

Das Lebensmodell

Zunächst muss die Gesamtreisezeit in die Lebenszeit eingeplant
werden. Die Verteilung der Gesamtreisezeit in der Lebenszeit nennen wir das Lebensmodell.

Für die Gestaltung des Lebensmodells bleiben *vier grundsätzliche
Möglichkeiten*,

(1) man reist das ganze Leben ohne Beruf und lebt von Gelegen-
    heitsarbeiten
(2) man reist das ganze Leben und verbindet Reisen mit Beruf
(3) man unterbricht den Beruf mehrfach für mehrere Jahre oder
(4) man reist nach der Berufszeit in der Pensionierung.

Dies sind *Grundmuster*, die je nach individueller Situation – vor allem einer Erbschaft - abgewandelt werden. Teo und ich haben fast
nichts geerbt, sondern mussten alles im Beruf verdienen, daher
blieb vor allem die Pensionszeit.

Die Kernfrage bei der vierten Möglichkeit ist, wann mit dem Eintritt
der Pension gerechnet wird. Eine normale Eintrittszeit könnte im

Alter von 60 Jahren liegen. In den letzten Jahren jedoch sehen wir eine neue Lifestyle-Bewegung: F.I.R.E., *Financial Independence Retirement Early*. Hier propagieren ihre Vertreter die finanzielle Unabhängigkeit in den dreißiger Jahren des Lebens. Andere aber wollen das Pensionsalter um mindestens zehn Jahre gegenüber dem üblichen Rahmen vorziehen.

Drei Grundgedanken sind für *Frühpensionierungsmodelle* ausschlaggebend: Sparsame Lebensweise in der Aufbauzeit, um in zehn Jahren eine Million anzusparen. In dieser Zeit sollte man minimalistisch leben, maximal sparen und auf einen Beruf setzen, in dem man viel Geld verdienen kann. Software-Ingenieur, Unternehmensberater, IT-Banker können Beispiele sein. Angespart wird in Aktien, 50% Welt-ETFs, 50% regional verteilt in dynamischen Regionen in US, Deutschland, China, Japan. Geht man von mindestens 7% Wachstum aus, dann verdoppelt sich das Kapital in 10 Jahren. Eine denkbare, sehr ehrgeizige Zielreihe könnte dann sein: Mit 30 eine Million, mit 40 zwei Millionen, mit 50 vier Millionen. Das hängt wiederum vom Eintrittsalter in den Verdienstprozess und der Wertschätzung einer Familie ab.

Anscheinend haben alle Frühpensionierungsmodelle einen problematischen Denkansatz, dass sie die Familie, also das Aufziehen von Kindern nicht berücksichtigen. Wenn darüber berichtet wird, werden immer unabhängige Ehepartner gezeigt, die ihre Unabhängigkeit über alles stellen und bereits in jungen Jahren ganz konsequent danach streben. Es stellt sich die Frage, welche Werte im Zentrum dieser Lebensmodelle steht: Egoismus und nicht Ethik?

Das klassische Lebensmodell des lebenslangen Arbeitens wird immer mehr in Frage gestellt, und zwar von der ganz jungen Generation. Immer deutlicher wird die Frage gestellt, ob die ältere Generation nicht am Leben vorbei gelebt hat, wenn sie nur nach Werten gestrebt hat, die nicht überzeugen können. Die sogenannte Z-Generation kann im heutigen Arbeitsmarkt die Arbeitsbedingungen mitbestimmen, sie fragt nach der Work-Life-Balance, selbst McKinsey gewährt eine „Take Time", bis zu 2 Monate Freizeit pro Jahr.

Das sind alles persönliche Entscheidungen, auf die wir hier nicht weiter eingehen wollen. Unsere Botschaft ist klar: Wer die ganze Welt sehen will, sollte frühzeitig das *Eintrittsalter in die Pensionierung* planen oder andere Möglichkeiten erwägen und einen Finanzplan erstellen.

Zur Verteilung der Gesamtreisezeit gehört auch die Planung für die *Zeit nach dem Arbeitsleben*. Diese Zeilen richten sich an den älteren Leser, der das planen will, im Gegensatz zu dem jüngeren Leser, der es auf sich zukommen lassen will.

Da ist einmal der monetäre Gesichtspunkt: Reisen zur ganzen Welt kostet ein Vermögen; wie man es auch dreht und wendet, mehr oder weniger. Die Frage stellt sich, wieviel soll für den Lebensabend bleiben, wenn das Reisen vorbei ist? Der gewünschte *Endbetrag zur Absicherung des Lebensabends* bestimmt die Reiseausgaben entscheidend.

Reisen, um die ganze Welt zu sehen, gehört in die Kategorie „Extremreisen". Diejenigen, die dieses Ziel haben, sind wahrscheinlich von dem infiziert, was man den „travel bug, den Reisebazillus" nennt. Diese Infektion ist nicht tödlich, aber gefährlich und dauert meist ein Leben lang. Man läuft Gefahr, die Reiseziele immer höher und weiter zu stecken und die „Vollständigkeit" also „die ganze Welt" immer anspruchsvoller zu definieren. Um das Problem aufzulösen, legen wir die 6.000-Liste vor. Sieht man das anders, ist eine mögliche Konsequenz: *Reisen bis zum Lebensende*. Ist das vernünftig?

Im Lebensmodell sollte man am Lebensende Zeit einplanen, *alle Reisen nochmals zu erleben* und zu durchdenken. Das bereichert das Leben außerordentlich, weil man in kurzer Zeit wahre Schätze hebt, die ohne *Wiederholung* unrettbar verloren wären. Man sagt uns ein sehr gutes Gedächtnis nach. Ich wiederhole täglich, mein Partner Teo nicht; wir sehen am Lebensende, wieviel wir beide schon vergessen haben, aber er deutlich mehr. Die Wiederholung bringt so viel Gewinn! Wir raten daher, diesen Gesichtspunkt rechtzeitig vorzubereiten.

Aber im Lebensmodell ist die zeitliche Verteilung der Gesamtreisezeit nur ein Aspekt. Der andere Aspekt ist die zeitliche *Verteilung der Lebensziele*. Das Reisen muss im *Zusammenhang mit den Lebenszielen gesehen werden.*

Die Lebensziele

Das Gesamtreiseziel, die ganze Welt zu sehen, kann nur erreicht werden, wenn man dem Reisen einen *großen Stellenwert* in seinem Leben einräumt. Und das setzt voraus, dass man über seine Lebensziele nachdenkt, bevor man einfach drauflos reist.

Dabei hilft die *Maslow'sche Bedürfnis-Pyramide*, vereinfacht: Basic needs, social needs und ego-needs = Grundbedürfnisse, soziale Bedürfnisse und Ich-Bedürfnisse.

In Anlehnung an diese drei Bedürfnisse greifen wir *drei Lebensziele* heraus, die wohl breite Anerkennung finden dürften:
(1) Liebe,
(2) Helfen und
(3) Selbstverwirklichung.

Der Dalai Lama (DL, Sinn, S. 10 ff) sieht zwei Grundziele, das erste Ziel genauso, das zweite nennt er Mitgefühl. Aber das geht dem Helfen voraus.

Im Ziel, die ganze Welt zu sehen, sehen wir eine Form der *Selbstverwirklichung*, vor allem dann, wenn es nicht nur beim Sehen bleibt, sondern sich Konsequenzen daraus ergeben.

Das Lebensmodell sollte nun so gestaltet werden, dass man *alle drei Ziele verwirklichen* kann.

Will man die ganze Welt sehen, liegt die Frage nahe, ob man dann sein ganzes Leben diesem Ziel widmen soll oder nicht. Dieses Buch gibt eine Antwort auf diese Frage: *Man braucht dazu nicht das ganze Leben!* Widmet man aber trotzdem sein ganzes Leben dem Reisen, dann würden Liebe und Helfen wahrscheinlich zu kurz kommen, wenn sie überhaupt stattfinden. Ein *Leben mit lebenslangem Reisen* muss sich der Frage stellen, ob es erfüllt sein kann.

Ein ganzes Leben mit Reisen zu verbringen, geht auf Kosten des Berufs. Das kann man sich leisten, wenn man über eine respektable Erbschaft verfügt. Hat man kein großes Startvermögen und vertraut darauf, *nebenbei Geld durch Gelegenheitsarbeiten* zu verdienen, dann wäre dieses Vorgehen unökonomisch, denn mit Gelegenheitsarbeiten lässt sich nur wenig Geld verdienen, es sei denn, man bewertet die Gelegenheitsarbeiten nicht nur monetär, sondern als Gelegenheit, Menschen kennenzulernen und die Sprache zu erlernen. Nur: Diese Zeit muss man von der Besichtigungszeit abziehen, wenn das Gesamtreiseziel darin besteht, die ganze Welt als ein Gesamt von Besichtigungszielen zu sehen. Bei der Frage nach dem Sinn des Reisens werden wir diese Sicht wieder aufnehmen. Wir bleiben noch bei der zeitlichen Verteilung.

Reisen als Lebensziel verlangt Klarheit über sein Lebensmodell, über die *Verfolgung der Lebensziele im Lebenszeitverlauf*. Liebe, Beruf, Geldverdienen, Familie und Reisen müssen im Lebenszeitverlauf in Einklang gebracht werden.

Wenn man die ganze Welt sehen will, dann sollte man nicht der Gefahr verfallen, sein Leben *ausschließlich* dem Reisen zu widmen. Diese Gefahr liegt nahe. Ein Leben, das nur Reisen beinhaltet, sehen wir sehr kritisch, denn Reisen sollte nicht auf Kosten der anderen Lebensziele gehen, sondern im Einklang mit ihnen. Ein Vogel mit einem Flügel kann nicht fliegen.

Ein Lebensmodell sollte zur Harmonie führen. Andererseits sollte es effizient sein. Lebenslanges Reisen ist nicht effizient, wenn es durch Gelegenheitsarbeiten finanziert wird. Wir setzen auf Effizienz, auf das Paradigma: Was man tut, sollte man richtig tun, man sollte vermeiden, nichts Halbes und nichts Ganzes zustande zu bringen. Vor allem sollte man sich selbstkritisch fragen, ob Reisen nicht eine Flucht vor sich selbst ist. Wir werden diesen Faden bei den Reisestilen wieder aufnehmen. Hier geht es um die übergeordneten Ziele im Rahmen eines Lebensmodells.

Wir haben bewiesen, dass man die ganze Welt sehen kann und trotzdem alle wichtigen Lebensziele wie Liebe und Helfen mit der Selbstverwirklichung in Einklang bringen kann.

Wir meinen, dass nun die *Reflexion des Gesehenen* sinnvoller ist als bis zum Lebensende noch den letzten seltenen Orten nachzujagen. Wir meinen, dass der Wert, alle Reisen noch einmal zu erleben, höher ist, als noch seltene Orte hinzuzufügen. Reflexion heißt, das über alle gesehenen Orte gesammelte Material zu sichten und alles noch einmal nachzuerleben.

Wie schon gesagt: Auch dieses Buch ist ein Teil der Reflexion.

Der Sinn des Lebens

Für die *Urlauber* stellt sich beim Reisen die Frage nach dem Sinn des Lebens nicht. Sie unterscheiden sich diametral von *Extremreisenden*. Der Urlauber erlebt die Reisezeit als *Kontrast zum Alltag*. Für den Extremreisenden ist Reisen Alltag. Der Urlauber braucht in seiner kurzen Reisezeit nicht unbedingt über den Sinn des Lebens nachzudenken, für den Extremreisenden ist die Sinnfrage dagegen existenziell, denn für ihn ist Reisen ein erheblicher Teil seines Lebens; er kann es sich nicht leisten, wenn sein Reisen nicht zum Sinn seines Lebens beiträgt. Der Kurzurlauber sucht die Befreiung vom täglichen Leben, für den Extremreisenden ist die Freiheit das tägliche Leben.

Aber eins haben beiden Gruppen gemeinsam: Die Lust. Stellenwert und Dimension sind jedoch verschieden. Vorübergehende Lust und nachhaltige Lust. Oberflächlich empfundene und tief empfundene Lust.

Bei Urlaubern ist die Lust gleichbedeutend mit Spaß. Hier gilt die These, die man häufig hört: Reisen hätten immer etwas mit den „S" zu tun: <u>S</u>un, <u>S</u>and und <u>S</u>ex. Etwas einseitig, trifft aber oft den Kern. Meine Frage, ob es da nicht auch noch ein viertes „s" gäbe, nämlich das für <u>s</u>ight-seeing, gewann meist ein zustimmendes Nicken, aber doch etwas zögerlich. Ein fünftes „s" nämlich „<u>s</u>oul" habe ich nie vorgeschlagen, denn so tief gehen die Diskussionen selten; und die

Zeit reicht nicht. Aber hier habe ich für diesen Vorschlag den erforderlichen Raum: Reisen und Seele.

Die Freizeitindustrie, die das Verhalten von Urlaubern von Geschäfts wegen untersucht, spricht hier von „Reisemotiven" und nennt: Sonne, Natur, Ruhe, Spaß, Kontrast, Freiheit, Kontakt, Komfort und Aktivität. Aber auch: Entspannung, Erholung, Abwechslung und Besinnung, seltener auch: Prestige. Im Kern alles *Kontrastprogramme*. Aber das extreme Programm „die ganze Welt zu sehen" lässt sich nicht als Kontrastprogramm organisieren.

Wenn man dem Reisen eine Größenordnung von 10-15 Jahren einräumen will, also einen erheblichen Teil seines Lebens, dann muss das Reisen noch mehr sein als ein Gesamt von Besichtigungszielen. Dieses Gesamt muss einen Sinn haben, der nicht nur Lebensfreude schenkt, sondern der einen *übergeordneten Sinn* erfüllt. Der Sinn des Reisens muss mit dem *Sinn des Lebens* in Einklang stehen.

Reiselust ist unser Thema. Wir wählen Reiseziele so aus, dass sie einen Beitrag zur *Reiselust* leisten. Wir wollen die Sinnesfreude des Augenblicks und die des Staunens, das Juchzen über das schier unfasslich Schöne dieser Welt, wir wollen uns zu Tränen rühren lassen. All das müssen unsere Highlights leisten. Aber das ist noch nicht genug, wir wollen mehr: Höchste Reiselust.

Die erreichen wir, wenn die Reiselust *nachhaltig* ist. Eine Lust, die über die Lust des Augenblicks und des Besuchs hinausgeht. Reiseziele müssen vor unserem ganzen Leben bestehen können. Sie müssen zu dem *Sinn unseres Lebens* beitragen. Sie müssen mehr sein als Spaß, Unterhaltung, Zeitvertreib und Geselligkeit. Sie müssen uns emporheben, sie müssen unsere Wahrnehmung verändern und *uns selbst bereichern*, nicht nur unser Wissen, sondern auch unser Gefühl und unsere Seele.

Abb. 8 Der Sinn des Lebens

Die Frage nach dem Sinn des Lebens lässt sich generell beantworten. Dazu übernehmen wir den Gedanken von Tendzin Gyatsho, dem 14. Dalai Lama: „Der Sinn des Lebens besteht darin, glücklich zu sein" (Abb. 8). Wir werden den *Weg zum Reiseglück* aufzeigen und betonen, dass der Sinn des Reisens mit dem Sinn des Lebens *im Einklang* stehen sollte. Dazu müssen wir den Gesamtzusammenhang von Wahrnehmung und Spiritualität klären.

2.6 Reisen und Wahrnehmung

In unserer Reisephilosophie steht die Reiselust im Zentrum aller Arten der Wahrnehmung. Lust ist das Verlangen nach Freude. Aber

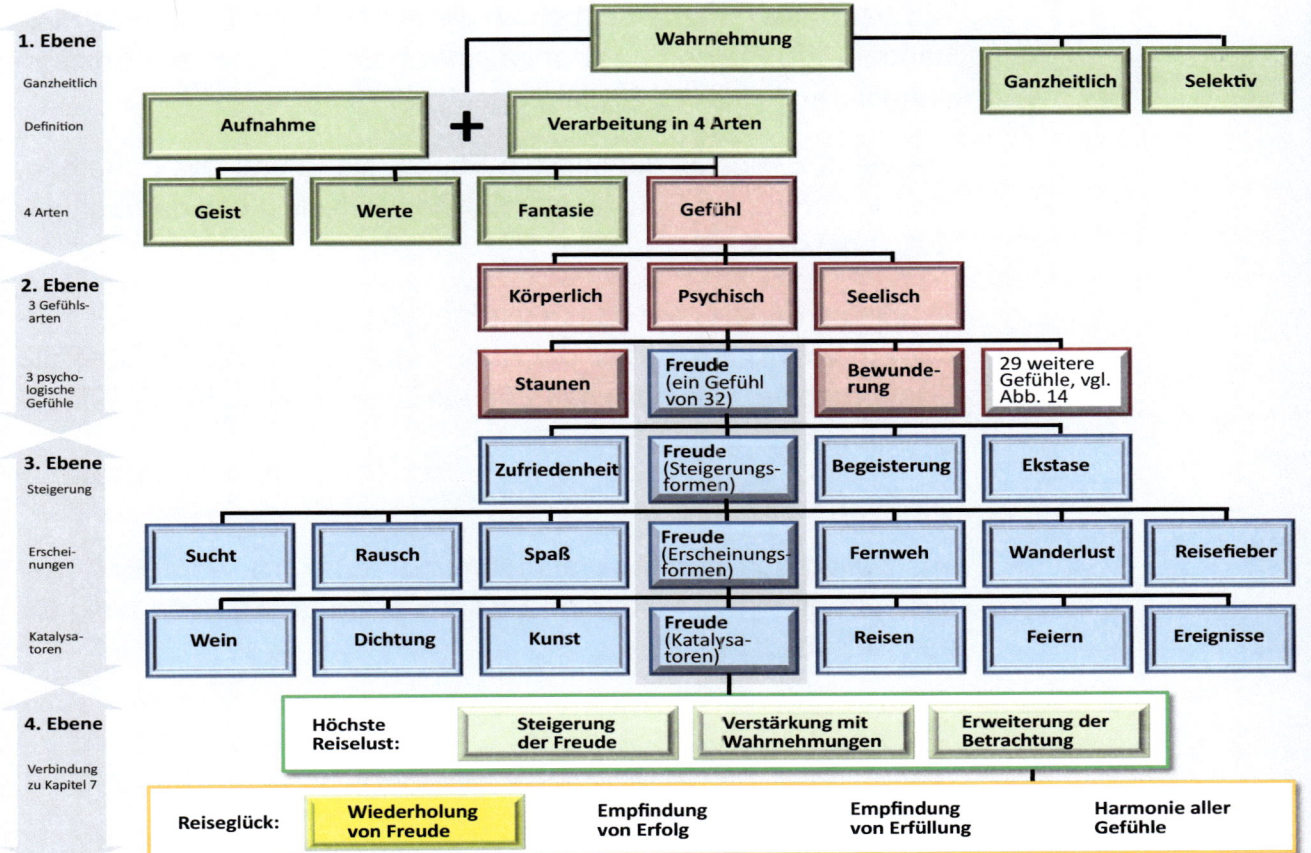

65

manchmal verführt uns das Sprachgefühl auch zu einer Gleichsetzung. Lust kann nur dann zur höchsten Stufe kommen, wenn man sie im *Zusammenhang mit allen Wahrnehmungsarten* sieht. Vor al-

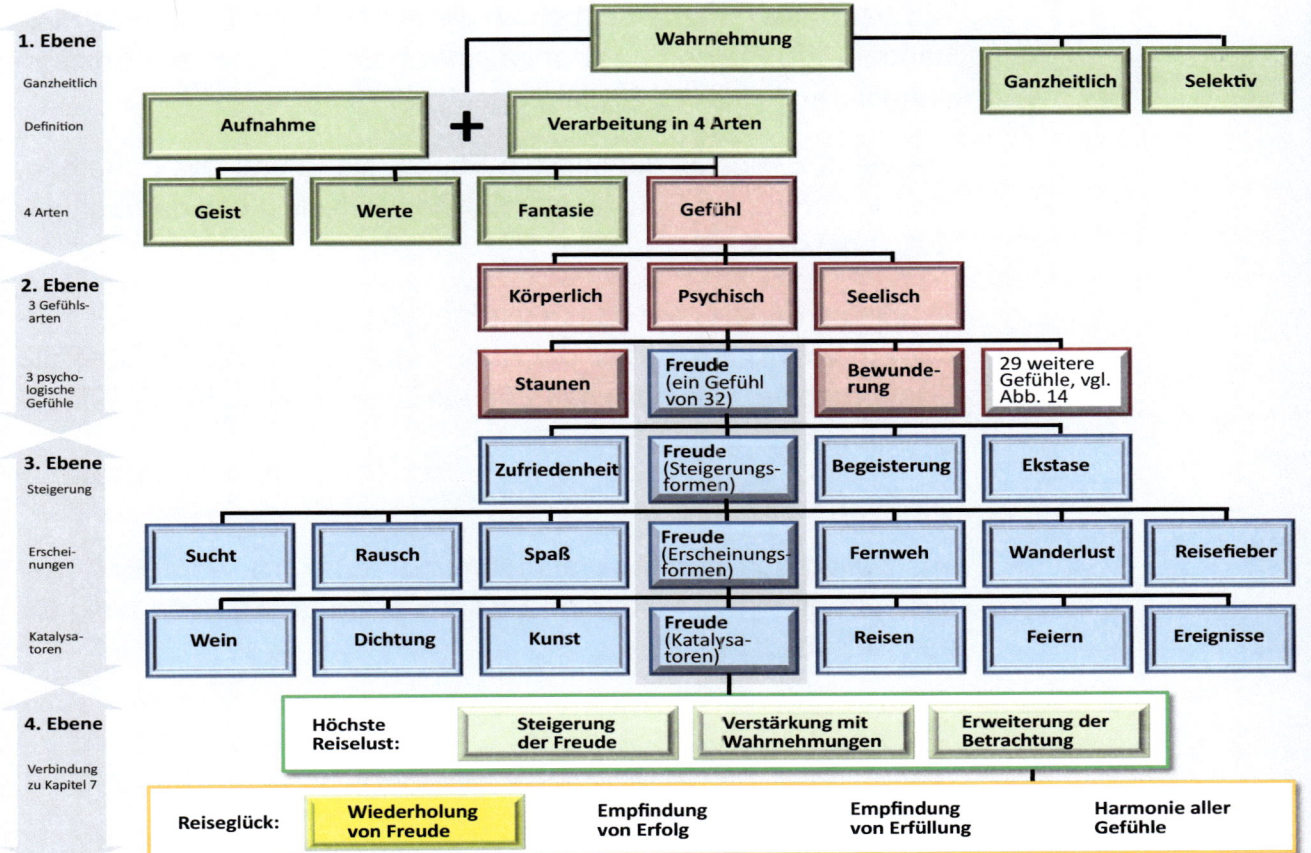

Abb. 9 Freude im System der Wahrnehmung

lem kann sie nur in diesem Zusammenhang nachhaltig werden und sich voll entfalten zu einem Beitrag zum Sinn des Lebens. Daher müssen wir die Lust umfassend betrachten und grundsätzlich ansetzen, und zwar am *Begriff der Wahrnehmung.*

Abb. 9 wird durch dieses Unterkapitel führen. Auf der *ersten Ebene* definieren wir die Wahrnehmung. Wir unterscheiden vier Arten der Verarbeitung und behandeln die Vollständigkeit der Wahrnehmung, also ganzheitliche und selektive Wahrnehmung.

Auf der *zweiten Ebene* fokussieren wir auf das Gefühl, unterscheiden drei Gefühlsarten, fokussieren auf die Psyche und schließlich auf die Freude und sehen sie neben anderen Grundgefühlen.

Auf der *dritten Ebene* betrachten wir nur noch die Freude und behandeln ihre Steigerungsformen, aber auch verschiedene Erscheinungsformen, ihre Katalysatoren.

Die *vierte Ebene* ist die höchste Ebene, die Ebene des Extremen, die Steigerung der Freude zur höchsten Reiselust und darüber hinaus zum Glück.

In diesem Kapitel geht es um die Freude in allen Formen. Wir gliedern gleichordnend, aber die Abb. 9 gibt den Überblick über die Gliederung der *vier logischen Ebenen* unserer Betrachtung. Wir beginnen mit der ersten Ebene.

Die Wahrnehmung – empirisch

Wir wollen den Begriff „Wahrnehmung" zunächst **empirisch** fassen, um an einem konkreten Beispiel seine große Bedeutung für das Reisen zu erläutern.

Das Aktionskünstlerpaar Christo und Jeanne-Claude schuf mit der *Verhüllung des Reichstags* ihr Meisterwerk, das 5 Mio. Besucher faszinierte (Abb. 10). Die Realisierung des Projekts dauerte von 1971 bis 1995. Die Verhüllung selbst dauerte 14 Tage. Sie bezauberte die Berliner; für viele das erste Berliner Sommermärchen, das viele zusammenbrachte.

Abb. 10 Der verhüllte Reichstag (Abb. mit Lizenz)

Die Augen der Besucher sahen große faltige gebundene Flächen anstelle des gewohnten Reichstags; ein Gewebe verpackte den Reichstag, Seile hielten das Gewebe fest, die alte Form war nur an Eckpunkten allenfalls zu ahnen. Das gewohnte Bild war vollständig verschwunden.

Man fragte sich, ob er noch da war, unbeschädigt? Wie hatte er genau ausgesehen? Was stand über dem Eingang? Was war mit der Kuppel geschehen, diesem grandiosen Meisterwerk von Norman Foster? Kein Blick mehr des Volkes von oben auf das arbeitende Parlament! Die Kuppel, kein Symbol, sondern die Realisierung der Transparenz in der Demokratie!

Warum hat man das überhaupt gemacht? Hatte das nicht letztlich Rita Süssmuth durchgesetzt, gegen Widerstände? Man stand davor und staunte. Darf man das überhaupt? Das deutsche Parlament einfach verhüllen? In seiner Arbeit unterbrechen? 14 Tage lang?

Und sah das nun schöner aus? Faltige Tücher? Oder war das in seiner architektonischen Gediegenheit nicht viel schöner gewesen? Wo war der Reiz des Kontrastes zwischen dem Neuem der Kuppel und dem Historischen des Hauptgebäudes geblieben?

Viele Fragen, die zu einem langen *Nachdenken* stimulierten und über die reizvolle Ästhetik weit hinausgehen. Es waren Fragen zur Gegenwart, Vergangenheit und Zukunft. Zur Schwere der jüngsten deutschen Geschichte, die mit dem Reichstagsbrand 1933 eine verhängnisvolle Zäsur erfuhr. Die Verhüllung setzte nun wieder eine *Zäsur*. Damals der Aufstieg der Nationalsozialisten und nun eine vorbildliche Demokratie, die sich von der Geschichte befreit hatte und dabei war, neues Selbstbewusstsein zu gewinnen. 2006 bei der Fußballweltmeisterschaft hatten sie das Selbstbewusstsein augenfällig gewonnen. Dieser Prozess begann 1995 mit der Verhüllung.

Die *Verhüllung markierte einen Wandel:* Die neue Leichtigkeit eines auferstandenen und wiedervereinten Deutschlands und das bewusste Bekenntnis zu demokratischen Werten. *Das größte Kunstereignis deutscher Nachkriegsgeschichte.*

Vor dem verhüllten Reichstag feierten die Menschen, ein Berliner Sommermärchen. Sie hatten erfahren, wie sich ihre *Wahrnehmung vom Reichstag verändert* hatte. Durch die Verhüllung wurde das Gebäude geändert, nicht das Körperliche, sondern die Wahrnehmung dessen. Das Gebäude wurde von der Schwere der Vergangenheit befreit und für eine Gesellschaft geöffnet, die sich über *die neuen Werte* freute. Christo und Jean-Claude haben sich um Deutschland verdient gemacht.

Sie haben nicht den Reichstag verändert, aber dessen Wahrnehmung. Und darum geht es in diesem Buch: Reiseziele bewusst wahrzunehmen und sie ganzheitlich wahrzunehmen, d.h. auch, Reiseziele mit allen Wahrnehmungsarten zu erleben. Daher wollen wir uns mit den verschiedenen *Arten der Wahrnehmung* auseinandersetzen.

Die Wahrnehmung - analytisch

Nach dem empirischen Beispiel nun zur Theorie, der **analytischen Betrachtung**. Sie gehört zum Erfolgskonzept des Reisens wie das Skelett zum Körper.

Wahrnehmung ergibt sich aus der *Aufnahme und der Verarbeitung von Informationen*. Anders formuliert: Perzeption (Wahrnehmung) ist Rezeption (Aufnahme) plus Prozession (Verarbeitung).

Wahrnehmung beruht auf dem Aufnehmen von Informationen mit unseren fünf Sinnen: Sehen, Hören, Schmecken, Tasten und Riechen. Die Rezeption geschieht durch eine funktionierende Sensorik. Die Rezeption erzeugt Sinneseindrücke.

Wahrnehmung vollzieht sich vor allem in der *Verarbeitung* dieser Sinneseindrücke mit dem (1) Geist, unseren (2) Werten, der (3) Fantasie und dem (2) Gefühl zu einer subjektiv sinnvollen Wahrnehmung. Der Sinneseindruck ist nur der Beginn der Wahrnehmung, die Verarbeitung bestimmt das Ergebnis der Wahrnehmung. Auf die Verarbeitung kommt es an. Deshalb sprechen wir von *Wahrnehmungsart*. Weil es aber nicht nur die Verarbeitung ist, sondern auch die Aufnahme, sprechen wir von Wahrnehmungsart und nicht Verarbeitungsart.

Dazu ein Beispiel: Eine Reisegruppe betrachtet die *Brühlsche Terrasse in Dresden*. Alle sehen dasselbe Bild und machen mit ihren Kameras ein ganz ähnliches Bild. Den meisten genügt das und sie wenden sich den Dampfern auf der Elbe zu.

Einer jedoch verweilt und bewundert die *Schönheit* der Terrasse, die Proportionen, die Harmonie in den architektonischen Linien, die Abstufungen, die Perspektiven. Er verarbeitet das Bild mit seinen Werten, hier seiner Ästhetik, seinem Schönheitsempfinden.

Eine Dame lässt ihren Blick auf der Frauenkirche von Dresden ruhen. Sie denkt an den langen Wiederaufbau, die Zerstörung, die Toten der Bombennacht von 1944, die hilflosen Flüchtlinge, die in die Feuersäule hineingezogen wurden. Ihr kommen die Tränen. War das ein Kriegsverbrechen? Sie hat das Bild auch mit ihren *Werten* verarbeitet, aber mit ihrer *Ethik*, dazu mit dem *Geist*, der an Zerstörung und Wiederaufbau dachte und dem *Gefühl* für die Flüchtlinge, aber auch mit der *Fantasie*, weil sie sich die Bombennacht mit der Feuersäule vorstellte. Sie erlebte Dresden mit allen Wahrnehmungsarten und einer individuellen Gewichtung, die das Gefühl betonte. Sie wurde vom Mitgefühl überwältigt.

Wir unterscheiden abhängig von der Verarbeitungsart *vier Wahrnehmungsarten*. Sie bilden die fundamentale Einteilung dafür, wie Reiseziele *erlebt* werden können. Diese Einteilung ist fundamental, umfassend und konsistent.

(1) *Geist*: Wissen (Fakten, Instinkt, Erfahrung) und Denkvermögen (Willen, Konzentration, Logik)

(2) *Werte*: Ästhetik (Schönheitsempfinden) und Ethik (moralisches Empfinden).

(3) *Fantasie*: Ausdruck der Seele (Traum) und Vorstellungskraft des Geistes (Vision)

(4) *Gefühl*: Empfindungen (körperliche, psychische und seelische)

Verarbeitet man einen Sinneseindruck mit dem *Geist*, dann entsteht eine andere Wahrnehmungsart, als wenn man sie mit *Werten* verarbeitet und wieder ein andere, wenn man sie mit *Fantasie* verarbeitet und nochmals eine andere, wenn man sie mit *Gefühl* verarbeitet. Die Verarbeitung wird durch die *Breite* der Wahrnehmungsarten und ihre *Gewichtung* bestimmt.

In dieser Unterscheidung liegt der *Schlüssel für erfolgreiches Reisen*. Die Wahrnehmung von einem besuchten Ort kann sich bei Reisenden sehr unterscheiden. Sie nehmen den Ort verschieden wahr, weil sie sich in ihrer Verarbeitung in der Breite und der Gewichtung sehr unterscheiden. Die *Breite der Wahrnehmungen* macht den Unterschied, denn sie hängt von der Entscheidung des Reisenden ab, die Gewichtung dagegen wird vom *Charakter des besuchten Ortes* bestimmt.

Ein Fundort will mit Geist und Fantasie wahrgenommen werden. Die Kapelle von Ronchamp mit dem Wertesystem des Reisenden, Ästhetik und Ethik. Jeder Besuchsort setzt eine andere Gewichtung. Aber der Reisende trifft die Entscheidung – die vielleicht wichtigste seiner Reise – *alle* seine Wahrnehmungen einzusetzen, die ganze Breite, das volle Spektrum. Wer erfolgreich und lustvoll reisen will, muss diesen Schlüssel umdrehen, den *Schlüssel zum Erfolg.*

Die *Kapelle von Ronchamp* setzt den Akzent auf Werte, das liegt in der Natur der Kapelle, aber diese Kapelle von Le Corbusier ist Ästhetik in Vollendung, reine Ästhetik losgelöst vom Stofflichen, abstrakte Ästhetik - der *Lichteinfall* ist ein Rausch von Gefühlen und Fantasien. Wer sich diesem Rausch in stiller Andacht nicht voll öffnet und den Wechsel des Sonnenlichtes abwartet, hat das Wesen der Kapelle nicht erlebt. Er hat sie gesehen, aber nicht *erlebt.*

Erfolgreiches Reisen beruht auf der *Entscheidung, mit der ganzen Breite der Wahrnehmungsarten* zu reisen.

Einige betonen das Geistige und wollen ihr Wissen erweitern. Sie betonen Fakten. Andere sind nachdenklich und wollen die Prozesse verstehen, die zur Entstehung des besuchten Ortes geführt haben. Sie betonen Gedanken. Andere wollen sich an der Schönheit der Landschaft erfreuen und verzichten auf Fakten. Sie betonen die Ästhetik. Andere sehen die Menschen und ihre Lebensbedingungen. Sie fragen nach der Gerechtigkeit. Sie betonen die Ethik. Andere können sich mit dem, was sie hören und sehen, vorstellen, was gewesen ist oder sein könnte. Sie betonen die Fantasie. Andere wollen sich beim Reisen freuen, Freude in seiner ganzen Breite von der Zufriedenheit bis zur Ausgelassenheit. Sie betonen die Lust.

Die Impressionisten entdeckten die Unterschiedlichkeit der Wahrnehmung für die Kunst. Mit „Impression Sonnenaufgang über dem

Hafen von Le Havre" begründete Claude Monet 1872 den *Impressionismus*. Den Begriff brauchte er nur, um die damals erwartete „Ausmalung" abzuwehren. Trotzdem setzte sich dieser Begriff durch. Die Impressionisten entdeckten die Wahrnehmung, genauer die *Abhängigkeit der Wahrnehmung von den unterschiedlichen Verarbeitungen der Realität*. Vor allem entdeckten sie die Momentaufnahme, die Flüchtigkeit des Moments, und die Einflüsse auf die Verarbeitung, wie das Licht, das Gefühl und die Stimmung.

Ganzheitliche Wahrnehmung

Eine unserer Hauptaussagen ist, wer über die Lust des Augenblicks hinaus zu einer *nachhaltigen Lust* kommen will, zur *höchsten Lust*, der soll *mit allen Wahrnehmungen* reisen, mit allen, in der ganzen Breite. Nochmals: Über die Gewichtung der Wahrnehmungsarten entscheidet der Ort; über die Breite entscheidet der Reisende. Bei einem Fundort kommt es stärker auf das Wissen an, bei einer Skulptur auf die Ästhetik, bei einem Felsen, um den sich Legenden ranken, auf die Fantasie, beim Besuch einer Pinguinkolonie auf das Gefühl.

Der Anblick einer Pinguinkolonie spricht sofort das Gefühl an. Das Niedliche, Possierliche. Wer aber das Balz- und Brutverhalten studiert hat, sieht mehr. Wer auch die Ethik anwendet, will den Pinguinen helfen. Ihr Problem sind die Raubmöwen, die Skuas, die ihre Jungen erbeuten wollen. Verscheucht man sie, dann kann man in der Zuneigung der Pinguine buchstäblich baden. Die Erweiterung der Wahrnehmung von Gefühl, über Geist hin zur Ethik verstärkt die Reiselust.

Die Reiselust entsteht aus unterschiedlichen Quellen der Wahrnehmung, aber die höchste Reiselust entsteht nur aus der *vollen Breite der Wahrnehmungen*. Und diese Breite muss der Reisende zulassen, wenn er nach höchster Reiselust strebt, denn erst die Breite ermöglicht eine *ganzheitliche Wahrnehmung*, die Basis für höchste Reiselust.

Die selektive Wahrnehmung

Hauptproblem bei der Wahrnehmung sind die Filter, die wir setzen, die *Wahrnehmungsfilter*. Ergebnis ist die *selektive Wahrnehmung*. Wenn wir beim Sehen des realen Objekts verliebt sind, sehen wir alles durch die sprichwörtliche „rosa Brille". Regen kann unsere Wahrnehmung trüben. Eine nette Gesellschaft, kann sie verbessern. Denken wir an die vielleicht schreckliche Vergangenheit des realen Objekts, sehen wir es negativ und bedrohlich.

Wenn wir oft darauf hinweisen, mit „allen Wahrnehmungen, genauer mit allen Wahrnehmungsarten" zu reisen, dann meinen wir, den *Wahrnehmungsfilter auszuschalten* und den Eindruck des Gesehenen und Erlebten mit allen vier Arten der Wahrnehmung zu verarbeiten. Der Begriff „mit allen Wahrnehmungen" ist eine Verkürzung, aber eine sehr verständliche, auch ohne, dass man vorher alle Begriffe analytisch genau sortiert hat.

Wer selektiv wahrnimmt, reist mit Vorurteilen. Mit einer Brille, die er vom Wohnort mitnimmt. Wer sie nicht abnimmt, steht sich und dem Reiseerfolg im Wege.

Das berühmteste Zitat hierzu stammt von *Alexander von Humboldt*: „Die gefährlichste aller Weltanschauungen ist die der Leute, welche die Welt nie angeschaut haben."

Der Kern dieses Zitats ist der Superlativ „die gefährlichste". Aus Vorurteilen und Ignoranz entsteht *Intoleranz*. Das sehen wir im Fundamentalismus, im Terrorismus, im Antisemitismus und in Ausländerfeindlichkeit.

Leute, die nie etwas anderes gesehen haben, werden zu intoleranten *Fundamentalisten* und predigen Hassbotschaften, Leute predigen *Judenhass* und kennen überhaupt keine Juden. Als in Deutschland die Mauer fiel, wurden Ostdeutsche mit vielen Ausländern im eigenen Land konfrontiert. Einige steckten Unterkünfte an. Mit zunehmender Kenntnis hat sich vieles gebessert, aber nicht alle haben die Brille ihrer Vorurteile abgelegt, einige wurden angesichts ihrer Erfolgslosigkeit noch radikaler und mordeten.

In ihrer Ignoranz wollen sie Fakten nicht zur Kenntnis nehmen. Obwohl unsere Regierung in der Pandemie gut gearbeitet hat, haben einige das verdrängt. Sie leugneten die *Pandemie*, wie Bolsonaro in Brasilien. Sie demonstrierten gegen eine angebliche Freiheitsberaubung, ohne dass sie etwas über die Zahlen der Infizierten wussten, weil sie es nicht wissen wollten. Sie glaubten falschen Zahlen und gelogenen Behauptungen von sogenannten *Verschwörungstheoretikern*, die ihren populistischen Mist und ihre primitiven Lügen ins Volk schütteten. Immer sind die anderen schuld, schon im Mittelalter waren die Juden die Brunnenvergifter. Einige von ihnen leugnen nicht nur die Pandemie, sie leugnen sogar den Holocaust. Das ist die Gefahr, die Humboldt meinte.

Die Arten der Wahrnehmung

Im Folgenden wollen wir auf die vier Arten der Wahrnehmung eingehen, Geist, Fantasie, Gefühl und Werte.

Die erste Art: Wahrnehmungen, die auf der Verarbeitung von Eindrücken durch den *Geist* beruhen

Wissen ist die Wahrnehmung von Fakten (Zahlen, Wörtern, Gedanken und Bildern) durch eigenes *Denkvermögen*, die Logik. In dieser Sicht lassen sich Wissen und Denken mit einem Speicher und einem Prozessor vergleichen. Aber das ist eine sehr technologische Sicht, die den Fähigkeiten des Menschen nicht gerecht wird.

Über das Wissen von Fakten hinaus umfasst Wissen auch *Instinkt* und *Erfahrung*. Über die Logik hinaus umfasst das Denken auch den *Willen* und die *Konzentration*. Und in diesen vier Eigenschaften liegt der *Schlüssel für Höchstleistungen, für Extreme*. Bei Extremhöhenbergsteigern, die wir noch genauer betrachten werden, kommt es auf die Unterschiede in diesen Eigenschaften an, die zwischen Erfolg und Tod entscheiden. Es sind *geistige Fähigkeiten*, die die absoluten Extremleistungen eines Reinhold Messner, Hans Kammerlander, David Lama oder Nirmal Purja bestimmen.

Integriert das eigene Denken im Wissen auch ein System von Werten, so bezeichnen wir das als *Bildung*, kurz wertbezogenes Wissen.

Zeigt diese Wahrnehmung den Weg zur höchsten Reiselust? Höchste Reiselust gemessen an höchster Bildung? Notwendig, aber nicht hinreichend.

Die *zweite Art*: Wahrnehmungen, die auf der Verarbeitung von Eindrücken durch *Werte* beruhen.

Werte messen den Fakten eine Bedeutung bei. Dieses Beimessen ist nicht nur ein Akt des Geistes, sondern auch der der Fantasie und des Gefühls. Daher ist die Wahrnehmung von Werten eine eigenständige Kategorie. Man kann in ihr die höchste Kategorie sehen, weil das Beimessen von Bedeutung allen Wahrnehmungen übergeordnet ist. Sie ist die Quelle für eine ganzheitliche Betrachtung.

Werte sind entweder ästhetisch oder ethisch. *Ästhetik* ist Wahrnehmung von Schönheit und Harmonie. *Ethik* oder Moral ist die Wahrnehmung von Gerechtigkeit und Sittlichkeit.

Die *Ästhetik* hat bei der Auswahl von Reisezielen in Kunst, Kultur und Natur eine nahezu überragende Rolle. Der schönste Berg, der schönste Ort, der schönste Tempel, der schönste Strand, darum dreht es sich bei vielen. Sie wollen dorthin, wo die Welt am schönsten ist.

Die *dritte Art*: Wahrnehmungen, die auf der Verarbeitung von Eindrücken durch die *Fantasie* beruhen

Fantasie beinhaltet grundsätzlich die *Vorstellungskraft*, die unser Wissen erweitert. Sie bildet die Antriebskraft für viele Reisen, besonders Entdeckungs- und Forschungsreisen. Sie ist *Ausdruck der Seele* und zeigt sich in Träumen. Überspitzt kann man sagen: Alles beginnt mit einem Traum. Der Traum des Bill Gates von einem Volkscomputer, der Traum Alexander des Großen von der weltweiten kulturellen Integration, der Traum vom Seeweg nach Indien, der Traum von der Weltumrundung. Beim Reisen spielen Träume eine wesentliche Rolle. Der Traum von der Ferne. Alle Reisenden haben ihn geträumt.

Fantasie führt auch zu Erkenntnissen, die aber nicht auf Fakten und Wissen beruhen, sondern auf *Vorstellungskraft*. Das ist der Stoff, aus dem die *Visionen* sind, Vorstellungen vom *Fortschritt*.

Fantasie ist auch das *Auge der Seele*, ihr Spiegel; sie macht seelische Zustände sichtbar.

Bleibt man nur in dieser Wahrnehmung, dann wäre die Erfüllung eines Traums die höchste Reiselust - Reiseträume von der Südsee, der Karibik auf dem Traumschiff - so sehen es viele Reiseveranstalter. Sie setzen meist auf Träume. Sie kennen die Fantasien der Kunden, die sich mit Namen verbinden. Die Ernüchterung kommt später.

Die *vierte Art*: Wahrnehmungen, die auf der Verarbeitung von Eindrücken durch *Gefühle* beruhen.

Gefühle oder Empfindungen unterteilen wir in körperliche, psychische und seelische Empfindungen. Auf sie werden wir nach dieser Übersicht im nächsten Abschnitt unserer Betrachtung der Wahrnehmung näher eingehen.

Die vierte Art der Wahrnehmung: Gefühle

Damit kommen wir zur *zweiten Ebene* (vgl. nochmals Abb. 9), der Vertiefung der Gefühle. Wir unterteilen – wie gesagt – Gefühle in körperliche, psychische und seelische.

Körperliche Empfindungen haben mit Verdauung, Klima, Übermüdung und Verletzungen zu tun. Reize der Nerven, vor allem Schmerzen. Obwohl wir die praktische Bedeutung von körperlichen Empfindungen keineswegs unterschätzen wollen, aber hieraus leiten sich keine Erkenntnisse für Reiseziele ab, sondern nur Nebenbedingungen. Reisen soll frei sein von physischen Beeinträchtigungen.

Psychische Empfindungen haben für das Reisen große Bedeutung. Daher werden wir die Gefühle, die für das Reisen eine herausragende Bedeutung haben, aus einer Gesamtübersicht über die Gefühle ableiten. Freude ist das zentrale Thema dieses Buches. Wir werden zeigen, dass auch die bekannteste Darstellung zu Gefühlen die Freude besonders herausstellt, schließlich werden wir Friedrich Schiller hinzuziehen, der Freude als die universelle Triebfeder verstand. Aber wir wollen noch einen Schritt weiter gehen.

Seelische Empfindungen machen nicht nur die Bandbreite der Gefühle vollständig, sondern sie vertiefen die Gefühle ins Transzendente. Diese Gefühle halten wir für so wesentlich, dass wir sie im nächsten Unterkapitel vertiefen wollen.

Zunächst zur Vertiefung der Psyche.

Die Psyche im Zentrum der Gefühle

In der deutschen Umgangssprache nennt man die Psyche das Gemüt. Dieser Begriff birgt aber die Gefahr in sich, enger verstanden zu werden. Plutchiks „*Wheel of Emotions*", Abb. 11, ist ein weltweit anerkanntes Verständnis der Psyche. Besonders die Darstellung als farbiges Rad ist leicht verständlich und eine große Hilfe bei der

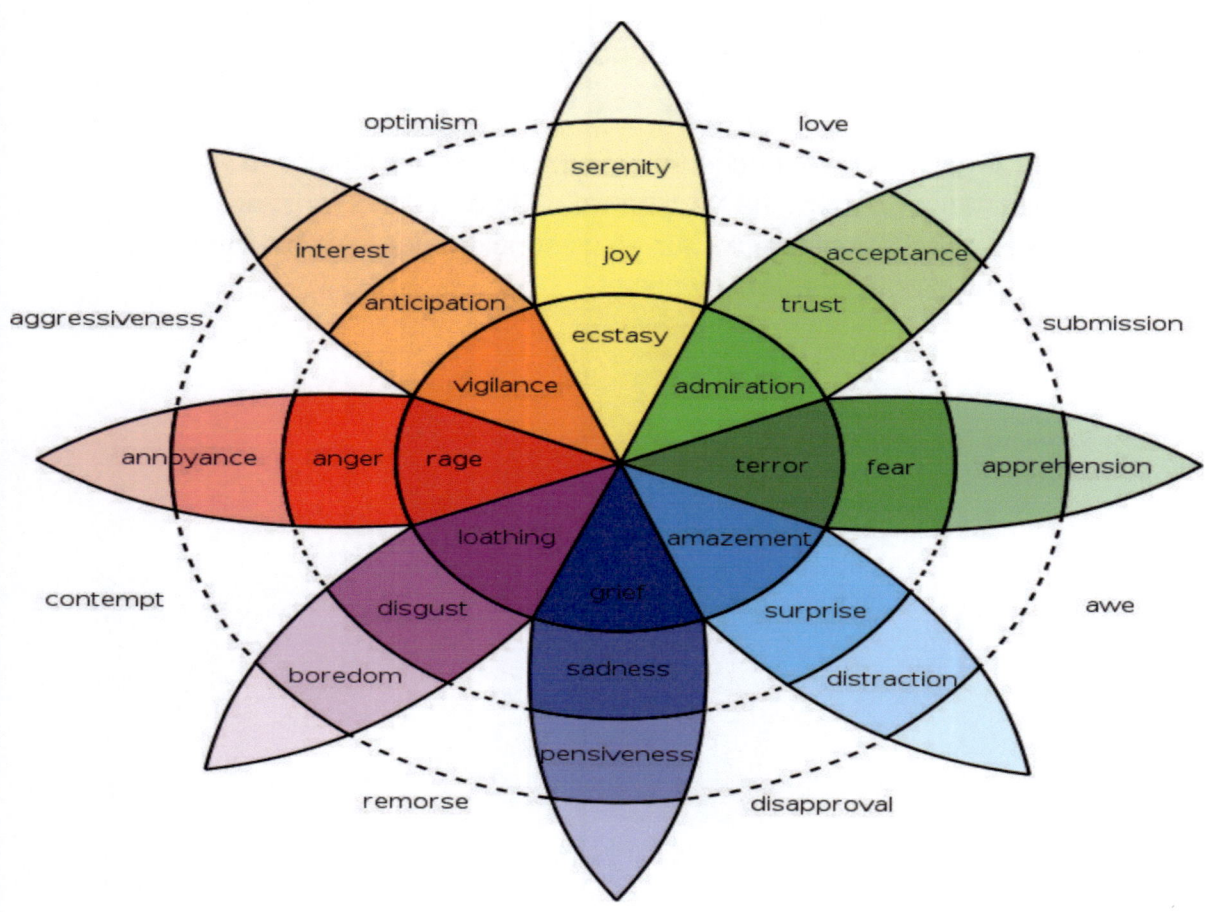

Abb. 11 Das Rad der Gefühle von Robert Plutchik

Darstellung von Gefühlen. Sie stammt aus dem „American Scientist" von 2001. Plutchik postuliert, dass *8 grundlegende Gefühle* Reaktionen aus 8 adaptiven Verhaltensweisen stammen. Wir wollen nicht in die theoretische Diskussion einsteigen, sondern dies nur als Ordnungsschema nutzen. Teo nannte diese Darstellung treffend die „Blume".

Abb. 11 zeigt 8 Grundgefühle, die Freude liegt zentral oben, die Gegensätze liegen einander gegenüber. Jedes Grundgefühl hat drei Intensitätsstufen von außen nach innen intensiver und jeweils 8 Mischgefühle, ein Beispiel: Joy and trust means love. Die Abbildung zeigt 32 Gefühle, 8 Grundgefühle, dazu jeweils 2 abgestufte Gefühle, also 16 weitere Gefühle und schließlich 8 Mischgefühle.

Das Reisen spricht alle Grundgefühle an. Aber für die *Reiselust* kommt es vor allem auf *drei Grundgefühle* an, auf Freude, Überraschung und Vertrauen. Drei Grundgefühle mit jeweils 3 Intensitätsstufen.

Wir heben in den für die Reiselust wichtigen drei Grundgefühlen – Freude, Überraschung und Vertrauen - *die jeweils höchsten Intensitätsstufen* hervor und modifizieren Plutchik, in dem wir zwischen Freude und Ekstase noch eine weitere Intensitätsstufe, nämlich Begeisterung, einschieben:

- Zufriedenheit, **FREUDE**, **Begeisterung** und **Ekstase**
- Abwechslung, Überraschung, **Staunen**
- Akzeptanz, Vertrauen, **Bewunderung**

Damit haben wir eine Ordnung für die Gefühle, um die es beim lustvollen Reisen geht. Diese Gefühle - Freude, Begeisterung, Ekstase, Staunen, Bewunderung - sollte ein Besuch der Highlights mehr oder weniger entfalten. Diese Gefühle wollen wir beim Reisen in allen seinen vielfältigen Formen entfalten.

2.7   Reisen und Freude

Freude im Zentrum der Psyche

Freude ist in Plutchiks „Blume" eines der acht Grundgefühle. Es steht oben. Es hat nach unserer Auffassung vom Reisen die zentrale Bedeutung. Es entwickelt sich aus dem Quell der Lebensfreude. Es keimt als Spaß an der Oberfläche und wird tiefer, wenn wir den Ort voll erleben und seine Ästhetik genießen, noch tiefer, wenn wir das Wesen des Ortes erkennen. Freude ist auch ein Ausdruck über den Besuchserfolg. Wie gesagt, wir gebrauchen Freude und Lust nahezu synonym, denn *Lust ist das Verlangen nach Freude.*

Freude ist ein äußerst umfassendes Gefühl, wie wir noch zeigen werden. Beim Reisen entspringt es oft aus der Erkenntnis des Wesentlichen.

Freude ist ein Gefühl, das sich oft erst *nach dem Besuch* einstellt. Eine Freude über den Besuchserfolg.

Für Bergsteiger ist der „Besuchserfolg" der Gipfelerfolg. *David Lama* hat den klarer beschrieben als andere Bergsteiger. Unter allen Extrembergsteigern der Gegenwart war David Lama der vielleicht talentierteste, nicht nur der schönste, sondern auch der lebensfroheste. Über Nirmal Purja, den man in diesem Zusammenhang auch nennen muss, werden wir noch speziell berichten. Lama war sympathisch, bodenständig, klar und präzise, einer, der einen für das Bergsteigen motivieren kann. Für ihn ist die *Gipfelfreude* allenfalls relativ, denn der Gipfel ist nur die Hälfte des „Projekts". Erst wenn man wieder unten ist, stellt sich Freude ein (DL, David, S. 463). 2019 erfasste ihn eine Lawine. Er war erst 29 Jahre alt. Was hätte aus dem Wunderkind des Könnens und der Freude noch werden können!

Was David Lama beschreibt, gilt für viele abenteuerliche Besuche, also für schwierige, anstrengende und gefährliche Besuche. Die Freude kommt hinterher.

Das *Staunen* beginnt für viele mit einem „Whow", mit aufgerissenen Augen und angehaltenen Atem. Es ist letztlich die Erkenntnis des *Erhabenen*. Es ist typischerweise ein Gefühl, das sich zum *Beginn des Besuchs* einstellt, ein Gefühl oft im Zusammenhang mit Überraschung. Wenn man den Ayers Rock anfliegt und diesen riesigen Monolithen allein in der Wüste sieht, dann stellt sich Staunen ein, man ist überrascht, im flachen Outback plötzlich ein solches riesiges Gebilde zu sehen, wenn man nicht über die Olgas eingeflogen ist, was selten erfolgt.

Die *Bewunderung* ist der gefühlsmäßige Ausdruck, wenn man das Einzigartige erkannt hat, letztlich ein Gefühl der *Ehrfurcht*. Es ist typischerweise ein Gefühl, das sich *während des Besuchs* einstellt, ein Gefühl oft im Zusammenhang mit Interesse, man bewundert das Lächeln der Mona Lisa, das Filigran der Decken in der Alhambra, das Gold der Skyten in der Ermitage.

Immanuel Kant war der wohl scharfsinnigste Denker aller Zeiten. „Die Kritik der reinen Vernunft" wurde zum Maßstab in der Philosophie. Aber er war kein Reisender, im Gegenteil ein Stubenhocker, der jeden Tag auf die Minute genau seinen Spaziergang machte.

Er sagte: „Zwei Dinge erfüllen das Gemüt mit immer neuer und zunehmender Bewunderung und Ehrfurcht, je öfter und anhaltender sich das Nachdenken damit beschäftigt: Der bestirnte Himmel über mir und das moralische Gesetz in mir.

Höchste Bewunderung hatte er für den Sternenhimmel und sein Wertesystem, sein „moralisches Gesetz". Nicht nur Bewunderung, sondern *Ehrfurcht*, also Anerkennung einer höheren Wahrheit, die über der Vernunft stand. Seine Harmonie der Seele, das „Erfüllen des Gemüts mit Bewunderung und Ehrfurcht", erreichte er ohne jegliches Reisen, denn den Sternenhimmel können wir von überall sehen.

Aber nicht das „Kreuz des Südens". Der Anblick des Kosmos ist überwältigend, ohne Frage. Und die besten Möglichkeiten, ihn zu sehen, werden Highlights auf unserer Liste sein. Aber wenn wir wie Kant *nur die Sterne betrachten*, sehen wir nicht den schönsten Planeten im Kosmos, unsere Erde. Und der hat buchstäblich zahllose Orte, deren Bewunderung „unser Gemüt erfüllen" kann, eine Zahl, die selbst Kant nicht einmal erahnen konnte, weil er nicht reiste.

Die Freude im Zentrum der Gefühle

Im Folgenden wollen wir uns auf die Freude konzentrieren und kommen damit zur **dritten Ebene** (vgl. nochmals Abb. 9) in der Betrachtung der Wahrnehmung, zunächst zu den Steigerungsformen der Freude.

Die *Freude* ist das für die Reiselust wichtigste Grundgefühl. In Plutchiks Rad (Blume) steht es ganz oben. Es hat zwei Intensitätsstufen, die niedrigste und die höchste. Im Deutschen wird die höchste Intensität mit „Begeisterung" übersetzt, im englischen Originaltext ist es „Ecstasy". Wir nutzen die sprachliche Differenzierung und unterscheiden „Begeisterung" als hohe Intensität und „Ekstase" als höchstmögliche Intensität. Freude steigert sich bis zur *Begeisterung* und schäumt über bis zur *Ekstase*, zur grenzenlosen Freude. Die Ekstase ist höchste Reiselust.

Die Steigerung der Freude zur Ekstase

Ekstase ist in der Steigerung von Begeisterung und überschäumender Freude die *größtmögliche Reaktion* auf einen Besuch, die nur eine besondere Gruppe von Highlights erreicht. Man kann die Ekstase als ein Gefühl der *Überwältigung* verstehen, ein starkes Gefühl, das man schier nicht mehr bewältigen kann, weil man überwältigt ist.

Da wir – Teo und ich - immer zu zweit reisen – Yin und Yang – erkennen wir, dass wir in der weitaus größten Anzahl der Orte, die ein Potenzial für Ekstase haben, gemeinsam überwältigt waren. Wir nehmen die Highlights ähnlich wahr und erkennen damit auch, dass der Kandidat wahrscheinlich objektiv definiert war. Wer ist nicht überwältigt, wenn er das Taj Mahal zum ersten Mal sieht? Da bleibt einem die Luft weg, das ist das, was „atemberaubend" im wörtlichen Sinne meint. Ich werde den ersten Moment, in dem ich das Taj Mahal sah, nie vergessen. Es war nicht nur die Schönheit dieses Bauwerks, es war meine Reaktion darauf: Der Atem stockte. Das alles fällt unter „Ekstase".

Man kann Highlights unterschiedlich definieren. Uns geht es dabei nicht nur um das Formale, den reinen Superlativ, sondern darum, das Highlight so zu definieren, dass es die *größtmögliche Reaktion in Freude* auslöst. Ein Berg mag formal ein Superlativ sein und qualifiziert sich so für ein einfaches Highlight, aber es kann sein, dass der Berg erst in einem Gebirgspanorama eine überwältigende Reaktion auslöst und sich so für ein Top- oder Mega-Highlight qualifiziert. In vielen Fällen fragen wir bei der Definition des High-lights, ob es *Ekstasepotenzial* hat. Alle Mega-Highlights haben dieses Ekstasepotenzial.

Um das beurteilen zu können, braucht es persönliche Erfahrung, womit hier *Subjektivität* hineinkommt, die wir dann aber auch kenntlich machen. Da wir zu zweit reisen und unterschiedliche Hintergründe mitbringen, haben wir es damit leichter, an die *Objektivität* heranzukommen. Aber auch hier gilt, dass es noch weiterer nachvollziehbarer Kriterien bedarf, um unseren Anforderungen an Objektivität zu genügen.

Wir waren zwar oft gemeinsam überwältigt, aber die Art, mit dieser Überwältigung fertig zu werden, war bei uns oft unterschiedlich. Wir hielten im Felsgarten vom *Ennedi Gebirge* in der Sahara, um unsere Zelte aufzuschlagen. Als Teo aus dem Landcruiser ausstieg und diese Schönheit voll wahrnahm, sprang er in die Höhe und schrie so laut er konnte. Ein Aufschrei der Freude. Ich verblieb beim Staunen, je mehr ich sah, ein Crescendo des Gefühls bis zum grenzenlosen Staunen, auch eine Ekstase, aber introvertiert. Teo ließ es raus, er ist mehr extrovertiert, ich bin mehr introvertiert. Bei mir kommen die Freudentränen.

Nicht an diesem Ort und Tag, aber nur unweit weiter, am Ounianga See war ich von dessen Schönheit so überwältigt, dass ich die Freudentränen nicht halten konnte. Der eine schreit, der andere weint. Das ist höchste Reiselust.

Höchste Reiselust ist *höchste Freude, überschäumende Lebensfreude*. Sicher, das ist das, was alle zunächst erwarten. Aber neben Freude ist es ist auch Staunen, Bewunderung und Begeisterung. Diese sind die vier zentralen Gefühle, um die sich dieses Buch dreht.

Im Folgenden wollen wir das *Verhältnis von Freude zu verwandten Erscheinungsformen* behandeln und Freude davon abgrenzen.

Freude und Spaß

Bemerkenswert ist, dass es bei Plutchik nicht den Begriff „fun" gibt. Warum nicht? Weil „fun" (Spaß) für das oberflächliche Gefühl von Freude steht. Es taugt nicht für die Auswahl von Reisezielen, weil Spaß aus dem Augenblick lebt, aus der situationsbezogenen Ausgelassenheit. Spaß können wir überall auf jeder Party erleben und brauchen dafür kein besonderes Reiseziel. Wenn wir Vergnügungsparks und Volksfeste auswählen, dann zielen wir auf Lebensfreude, die über „fun" hinausgeht und über den Augenblick hinausträgt, nicht auf „fun", sondern auf „joy".

„fun" verhält sich zu „Freude" wie der „job" zur „Berufung". *„fun" ist oberflächlich, „Freude" ist tiefes Empfinden.* Spaß als Situationskomik hat mit Reisezielen nichts zu tun. Reiseziele verlangen Aktionen. Lust ist aktives Verlangen, Freude ist passives Empfinden. Spaß ist in Bezug auf das Aktive und Passive ambivalent - aktiv: Let's have fun, passiv: we had fun. Freude ist laut Plutchik eine Reaktion auf eine adaptive Verhaltensweise. Deshalb kommen bei ihm keine Aktionen vor, weder Lust noch Spaß.

Spaß ist die Camouflage des Reisens. Zu oft haben wir Reisestories von dem „fun" gehört, „we had so much fun in that place, I forgot the name, but the restaurant near the station was awesome". Zu oft haben wir Geschichten gelesen, die alles glorreich verbrämen und die schlechten Seiten unerwähnt lassen. Der Mensch vergisst die schlechten Seiten und behält vorzugsweise die guten Seiten. Wie groß war der Anteil mit „fun" wirklich? Durchwachte Nächte - übermüdetes Warten an der Autobahn. Wieviel Zeit wurde genutzt, wieviel wurde nur vertrieben?

Wir haben oft erlebt, dass bei „fun-Reisenden" der fun-Anteil bei genauerem Hinsehen geringer war als angegeben, dass fun vor allem der Angabe diente, der sozialen Behauptung, dass wenig Nachhaltiges geblieben war. Sie berichteten nahezu *immer über vergangene Reisen* und blieben dadurch in der gegenwärtigen Reise nur an der Oberfläche.

Spaß ist gut, wenn es nicht das Einzige ist, was wir erleben, eine Zutat, eine Garnierung. Spaß ist einerseits eine Vorstufe der Freude in der Steigerung der Intensität, die erste Stufe, andererseits bleibt Spaß flüchtig, spontan, nebenbei, oberflächlich. Freude hat eine dauerhafte Grundlage und geht viel tiefer.

Wir wollen *nachhaltige Freude*, davon möglichst viel, aber wir wollen gleichzeitig auch die kostbare Reisezeit optimal nutzen. Und das ist Freude an der Vielfalt, nicht ausufernde Freude am Einzelnen, die auf Kosten der Vielfalt geht. Und wir wollen eine sich *steigernde Freude:* Spaß – Freude – Begeisterung – Ekstase.

Wir wollen es rauslassen, wir wollen es überschäumen lassen. Aber wir wollen nicht nur die Gefühle im Moment, wir wollen sie auch nachwirken lassen. Dafür braucht es eine tragfähige Grundlage: Die *Erkenntnis des Wesentlichen* oder die *Erkenntnis der Zusammenhänge*. Sieht man Begeisterung als eine Steigerung der Freude, dann sind es diese Erkenntnisse, die Freude zur Begeisterung steigern.

Um die Steigerung der Freude zu erreichen, sollte die *Besuchsdramaturgie* dazu passen. Wer sich stundenlang durch die Wüstenformen der Sahara gequält hat und dann vor Ennedi die Durchfahrt durch die großen Sanddünen gefunden hat und dann die *Schönheit des Ennedi Massivs* sieht, der erlebt den ersten Höhepunkt und einen Tag später über den *Ounianga Seen* den zweiten Höhepunkt, wer dann *in den Seen badet* und den fundamentalen Wandel der Sahara körpernah erlebt, der wird Ekstase erleben, weil die Dramaturgie stimmt, weil sich so die Spannungen entladen, weil die Intensität gesteigert wurde. Hier ist zwischen Sex und Reisen kein Unterschied.

Lust und Sucht

Freude entsteht spontan aber auch geplant. Wenn wir Wissen und Fantasie bemühen, um uns den Wert des Reiseziels vorzustellen, dann machen wir das Reiseziel begehrenswert, so dass ein Verlangen entsteht.

Lust ist aktives Verlangen, eine Kraft, die hinzieht, ein Verlangen nach dem Ziel. Hier: *Reiselust*. Lust ist aktive Bedürfnisbefriedigung, man hat Lust auf etwas, Freude ist passive Bedürfnisbefriedigung, man hat Freude an etwas, Freude an einem Ereignis, an einem Besuch.

Sucht ist übersteigertes Verlangen, aber noch nicht Abhängigkeit, jedoch kann es dazu kommen. Wer einmal den Reisebazillus hat, kommt davon schwer wieder los. Das kann sich nochmals steigern zur Besessenheit, ein Verlangen, das alles überlagert, das eine Person vereinnahmt; ein Verlangen, dem die Person alles unterordnet. Wir geben uns der Sucht hin, dem übersteigerten Verlangen, aber nicht der Abhängigkeit, wir stehen darüber und beherrschen sie. Sucht darf nicht zum Kontrollmangel führen.

Unter *Rausch* verstehen wir einen emotionalen Zustand der Ekstase, also einen Zustand der über die normale Gefühlslage hinaushebt, weil er intensiver ist und den ganzen Körper erfasst, ohne dass dazu Hilfsmittel genommen werden. Wir stellen Wein als Grenzfall bewusst als eine subjektive Ausnahme dar. Wir verstehen ansonsten den Rausch ausschließlich als Wirkung eines Besuchs.

Wir versuchten nicht, die Geheimnisse der Welt und ihre Zusammenhänge vollständig zu verstehen. Wir versuchten nicht zu ergründen, was diese Welt „im Innersten zusammenhält". Es war nicht die ultimative Erkenntnis, die uns antrieb, sondern der Rausch an der Schönheit dieses Planeten und die Erfahrung des Zusammenwirkens allen Lebens auf diesem Planeten. Wir haben den *Rausch im intensiven Erleben* gesucht und gefunden.

Fernweh

Bei mir – wie bei vielen - hat das Reisen mit Fernweh angefangen. Eine Sehnsucht nach der Ferne, nach fernen Reisezielen, nach Exotik, Abenteuer und Neuem.

Auslöser sind alle Gegenstände, die die Aufmerksamkeit auf die Ferne lenken, das Lesen von Abenteuerbüchern oder das Erleben von Filmen. Aber auch das Beobachten abfliegender Flugzeuge oder das Passieren von Schiffen im Hafen. Das Sammeln der Zugvögel vor ihrem Flug nach Süden.

Der Extremfall von Fernweh ist das *Leben von Alexander von Humboldt*, ein Leben mit dem Fernweh. Es gibt keine Biographie in der Welt, die das Fernweh so dramatisch aufzeigt, wie die des Alexander von Humboldt. Die Zeit seines Lebens, in der er sich vor Fernweh fast verzehrt hat, weil ihm die Britische Ostindien-Kompanie nicht gestattete, nach Indien und in den Himalaya zu reisen, ist viel länger als die Zeit seiner beiden Reisen. Ein Leben in Sehnsucht.

Sein Fernweh, seine unfassbaren Erfolge und sein geniales Wirken übertreffen alles Vergleichbare. Das werden wir im Band 4 ausführlich behandeln, denn die Abrundung unseres Reisekonzepts haben wir Alexander von Humboldt zu verdanken.

Fernweh ist eine Sehnsucht, ein unerfüllter Traum, eine *Vorstufe von Reiselust*. Erst die Erfüllung von Fernweh führt zu Reiselust.

Wanderlust

Das deutsche Wort Wanderlust ist im englischen Vokabular fest verankert. In der deutschen Sprache ist der Begriff veraltet und nicht mehr üblich. Er kommt aus der Zeit der Lehr- und Wanderjahre, in der der Geselle Erfahrungen sammeln sollte. Lernen auf Wanderungen, in Werkstätten, die am Wege lagen. Der Begriff hat den englischsprachigen Raum offensichtlich so fasziniert, dass sie diesen deutschen Begriff als Lehnwort ins Englische übernommen haben. Die treffende Übersetzung von Reiselust in „travel lust" wäre möglich, aber nicht ausreichend. Es ist „travel joy". Aber es bleibt im Englischen noch „Wanderlust" statt „travel lust". Da dieses Buch zweisprachig erscheinen wird, verwenden wir nach intensiver Diskussion mit ChatGPT „travel joy".

Im Deutschen verbinden wir mit „Wanderlust" nur das Wandern. Und das passt nicht, weil Reisen weit mehr ist als wandern. Zudem wird dieser Begriff im Deutschen weitgehend durch den Begriff Trekking ersetzt. So ist der Begriff im Deutschen nahezu verloren gegangen. Für Wanderer ist es ein schöner Begriff. Aber man kann die ganze Welt nicht erwandern.

Reisefieber

Reisen beginnt, kurz vor der Abreise, mit einem Gefühl, das man als „Reisefieber" bezeichnet. Das ist weniger eine Lust, als vielmehr eine Krankheit, wie der Name schon sagt. Es resultiert aus *Nervosität*. „Habe ich auch an alles gedacht? Nichts vergessen? Wird morgen auch alles pünktlich sein?" Abhilfe schafft eine gute Planung. Wir werden später darauf eingehen. Hier interessieren nur die Gefühle.

Aber man kann dieses Gefühl auch positiv empfinden, als *Vorfreude*. Sie resultiert aus Wissen und Fantasie. Man weiß ungefähr, was einen erwartet, und man malt gedanklich die noch verschwommenen Umrisse aus. Derjenige, der sich auf die Qualität seiner Planung verlässt, unterdrückt die Nervosität, das eigentliche Fieber, und gibt sich ganz seiner Fantasie hin. Diese gesunde Art des Reisefiebers, die Vorfreude, kann der erste Schritt auf dem Weg zu höchster Reiselust sein.

Man sollte darauf achten, dass die Fantasie nicht mit einem durchgeht und die Erwartungen zu hochschraubt. Wir meinen, dass *Gelassenheit* besser ist als Reisefieber. Wir können uns kaum daran erinnern, jemals Reisefieber gehabt zu haben. Wir vertrauen auf unsere Planung und die Checklisten vor der Abreise und bemühen uns um Gelassenheit. Wir lassen die Freude erst beim Besuch heraus, um das Ziel intensiv zu erleben.

Katalysatoren der Reisefreude: Der Götterfunke

Wir haben damit die Freude in die Wahrnehmungen und die Gefühle eingeordnet. Wir haben die Steigerungs- und Erscheinungsformen betrachtet. Schließlich verbleibt, die *Katalysatoren der Reisefreude* zu betrachten, Formen, die Freude erzeugen, auslösen oder verstärken. Anders formuliert, die *Katalysatoren für den Götterfunken*. Wir hatten schon einen Überblick über mögliche Katalysatoren gegeben (vgl. nochmals Abb. 9); von den sechs

Katalysatoren (Wein, Dichtung, Kunst (Musik), Reisen, Feiern, stimulierende Ereignisse) wollen wir drei herausgreifen, Dichtung und Musik, die Ode an die Freude, und von dieser Dichtung ausgehend werden wir zum Wein kommen. Es ist nur eine Auswahl, aber sie entspricht dem Ziel: Höchste Reiselust.

Niemand hat *Freude und Begeisterung* musikalisch besser umgesetzt als Ludwig van Beethoven mit den Worten von Friedrich Schiller: Die *Ode an die Freude* aus dem Jahr 1785, seit 1985 die Europa-Hymne, eine Musik, die jeder auf der Welt versteht: Die Breakdancer in Medellin, Kolumbien haben eine Theaterform geschaffen, die „Beethoven-Moves", und tanzen mit ansteckender Begeisterung zur Ode. In Osaka singt der Chor der Zehntausend die Ode mit derselben Begeisterung, aber sie haben Tränen in den Augen. Denn alle verstehen *„Diesen Kuss der ganzen Welt", den Götterfunken* (Abb. 12).

Dieser Götterfunke wurde mir als Kind von meinem sehr musikalischen Vater mitgegeben. Ich hatte eine leidlich gute Stimme und wurde schon früh zum Singen animiert. So trug ich dieses Lied bei vielen Gelegenheiten vor. Es begleitete meine Kindheit, obwohl ich den Kern damals nicht verstand: Das Elysium, das *Heiligtum der Freude*, also das Bewusstsein, das uns zur Freude animiert. Heute verstehe ich es und es berührt mich.

Bewusstes, intensives Erleben mit einer positiven und ethischen Haltung mit Blick auf die ganze Welt gibt uns diesen „Götterfunken",
- den Funken zur grenzenlosen Freude,
- den Götterfunken zur höchsten Reiselust,

- in der man die ganze Welt umarmt und küsst.

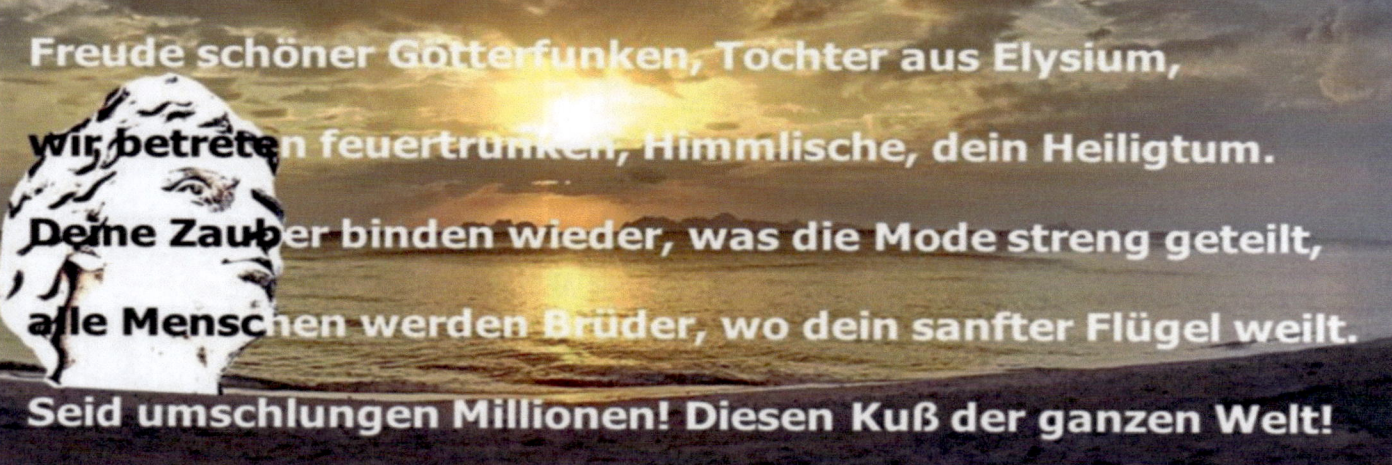

Abb. 12 Der Götterfunke: "Diesen Kuss der ganzen Welt"

In den folgenden zwei Strophen der Ode spricht Schiller nicht nur die Beziehung zwischen Freude und *Ethik* an, sondern auch die *Sinnesfreuden* und ihre Steigerung durch *Wein*. Kann man diesen Schiller'schen Dreiklang noch übertreffen?

Freude heißt die starke Feder
In der ewigen Natur.
Freude, Freude treibt die Räder
In der großen Weltenuhr.
Blumen lockt sie aus den Keimen,
Sonnen aus dem Firmament,
Sphären rollt sie in den Räumen,
Die des Sehers Rohr nicht kennt.

Freude sprudelt in Pokalen,
In der Traube gold'nem Blut
Trinken Sanftmuth Kannibalen,
Die Verzweiflung Heldenmuth – –
Brüder fliegt von euren Sitzen,
Wenn der volle Römer kreist,
Laßt den Schaum zum Himmel spritzen:
Dieses Glas dem guten Geist!

Das versteht man nur im zweiten Anlauf. Trinken Sie vor dem zweiten Anlauf ein Glas Wein, einen guten! Dann verstehen Sie, was

Schiller meint: Wein als *Katalysator* für überschäumende Lebensfreude und für edle Gesinnung – „dieses Glas dem guten Geist", wo Kannibalen sanftmütig werden und Verzweifelte Heldenmut gewinnen. Geht es noch extremer? Noch näher an der Ekstase? Wie gern hätten wir Schiller mit auf die Reise genommen. Wenn wir selbst nicht so gefühlt hätten, hätte er uns schon zur Ekstase getrieben. Wenn das aber nicht geht, dann soll doch die Erinnerung an sein Gedicht helfen.

Schiller, Goethe, Alexander und Wilhem von Humboldt waren eng befreundet, diskutierten lange und tranken gern. Noch vergleicht Schiller die Natur mit einer *Weltenuhr*, dem damaligen Naturverständnis. Noch war sein Freund und Trinkkumpan Alexander nicht gereist. Aber danach sollte keiner mehr dieses Naturverständnis haben. Niemand. Alexanders Reisen - seine Reiseerkenntnisse, seine Reisefreuden und seine Reiseleiden - veränderten die Welt. Das werden wir im Band 4 (Vorbilder) erläutern.

Über die Freude des Augenblicks erkennt Schiller die *Freude als Triebfeder* für die körperliche und die geistige Welt für den Einzelnen und für die Gemeinschaft. Freude ist die große Triebfeder in der ganzen Natur und im Reich des Geistes. Sie belebt – um seinen Strophen zu folgen - den nach Wahrheit Forschenden, den tugendliebenden Dulder, den frommen Glaubenden, den getrost Hoffenden. Freude führt zu edlen Gesinnungen und Gefühlen, wächst mit Herzlichkeit, Großmut und Persönlichkeit.

Die Sprache in den Strophen der Ode wird mancher als abgehoben und pathetisch empfinden - das ist dem 18. Jh. geschuldet und selbst Schiller hat sich kritisch dazu geäußert - aber was hier zum Ausdruck kommt, ist für unsere Reisephilosophie fundamental: Das ist viel mehr als Freude; das ist *Begeisterung, die sich mit Ethik verbindet.*

Diese Schiller'sche Verbindung – die Verbindung von Begeisterung mit Ethik - ist ein zentraler Gedanke unseres Reisekonzepts. Ebenso die Steigerung der Freude manchmal über die Begeisterung hinaus bis hin zur Ekstase. *Die Verbindung der Freude mit der*

Ethik macht die Freude nachhaltig. Deshalb führt die Steigerung einer ethisch verbundenen Freude zur höchsten Reiselust.

Wenn Begeisterung alles durchdringt - Reiselust, Reisefreude und Reiseglück - dann haben wir den Weg zu höchster Reiselust gefunden, das *Elysium*. Die griechischen Felder des Glücks sind ein Symbol für die Bewusstseinsebene, nach der wir streben, die *ganze Welt in Freude* gesehen zu haben. Für diese Bewusstseinsebene übernehmen wir den Begriff aus der griechischen Mythologie: Elysium.

Die Idee von den elysischen Feldern sollten wir im Hinterkopf behalten, wenn wir den Weg zur höchsten Reiselust verfolgen. Dieser Weg hat in unserem Konzept zwei Eigenschaften, ein Weg zur ganzen Welt und ein Weg mit Freude.

Den Weg zur *ganzen Welt* zeigt Alexander von Humboldt auf, den Weg des Forschers. Auch er hätte die ganze Welt sehen wollen, aber die meisten Länder verweigerten die Genehmigungen, trotz seiner erstklassigen Beziehungen. Aber er erhielt sie für Südamerika und Zentralasien von höchster Stelle. Besichtigen mit *Erkennen und Erleben* ist sein Weg, den wir mit geringerer Qualität (im Erkennen) aber weit höherer Quantität (bei Reisezielen) zu Ende gegangen sind. Aber auch die *Ethik bei Reisen* hat hier den Ursprung, denn Humboldt war in dieser Verbindung der Erste.

Schiller zeigt in seiner Ode die Verbreiterung des Humboldt'schen Weges: Die ganze Welt *in Freude* zu erleben. Auch das prägte unser Reisekonzept: Reisen nicht nur, um zu besichtigen, sondern auch um *Sinnesfreuden* auf allen Kontinenten zu erleben und Wein auf allen Kontinenten zu genießen. Wir nennen das den *Schiller'schen Dreiklang*. Verkürzt: Wein, Weib und Freude.

Dieser *Dreiklang* hat in Deutschland Tradition, vor allem im Studentenleben des vorigen Jahrhunderts, bei den „Burschenschaften": Wein, Weib und Gesang. Dies wirkte bis in die Studentenrevolte von 1968 hinein. Eine der Ikonen der damaligen Bewegung war der ehemalige Kommunarde Rainer Langhans. Noch im Alter interpretierte er Wein, Weib und Gesang als alte Ekstaseformel und stellte

dieser die moderne Version entgegen: „Sex, Drugs and Rock n'
Roll". Wenn man zwischen beiden Formeln eine Verbindung ziehen
würde und diese als normale Entwicklung interpretieren würde,
dann würden wir dem entschieden widersprechen, weil diese Mis-
sinterpretation die große Gefahr des Absturzes birgt. Die Beispiele
dafür sind Legion. In der Pop-Musik führte es zu Punk und Krawall.
Zahlreiche Interviews mit den Akteuren belegen, dass das alles
nichts mehr mit Freude zu tun hatte.

Viele wollen ein *intensives Leben* und einige wollen das mit der
Hilfe von Drogen einschließlich Alkohol erreichen. Schauspieler,
besonders Weltstars sind hier gefährdet, denn sie werden für die
Intensität ihrer Darstellung bezahlt und können sich wegen ihres
Reichtums fast alles leisten. Der Ruhm macht sie anfällig für Grö-
ßenwahn und die Sucht nach der ultimativen Intensität. Sie können
nicht maßhalten. Ohne *Selbstbeschränkung* stürzen sie ab, wie
einst Ikarus, der der Sonne zu nahekam. Nicht nur Janis Joplin und
Jim Morrison, auch Marlon Brando und sein Schützling Johnny
Depp haben das erlebt. Ob eine extreme Lebensweise Intensität
schafft, muss jeder selbst beurteilen, wir sehen nur, dass Übertreibungen und Hilfsmittel nur kurzzeitige Effekte mit einem zu hohen
Preis haben, den der Selbstzerstörung. Grenzenlose Freude ja,
grenzenloser Rausch nein.

Die Intensität, die wir meinen, ist nicht nur ein gefühlsmäßiger, sondern auch ein geistiger Prozess. Er beruht auf *Konzentration*. Dafür
sind Meditation und Schreiben übliche Formen. Aber auch die
Freude steigert die Intensität. Auch mit Unterstützung der genannten Katalysatoren. Aber:

Wir wollen Aufstieg und nicht Absturz. Wein und nicht Drugs. Wir
knüpfen am Schiller'schen Dreiklang an:

„Freude": Das hatten wir ausführlich erläutert.

„Weib": Wir finden es angemessen, die Sinnesfreuden als private
Angelegenheit zu werten und es mit diesem Hinweis bewenden zu
lassen.

„Wein": Aber dem Wein wollen wir einige Zeilen widmen, weil wir ihn für einen wichtigen Katalysator halten.

Der wichtige Aspekt in der Anknüpfung bei Schiller liegt in der *Verbindung von Freude und Ethik.* Schiller und Humboldt waren Freunde. Hier schließt sich der Kreis: Erkennen, Erleben und Ethik.

Der Wein

Ich genieße gute Weine. Unsere Bewertung von allen Reisezielen strebt grundsätzlich nach Objektivität. Das gilt auch für die ausgewählten Anbaugebiete von Wein. Aber sie herauszuheben und mit Reiselust konzeptionell zu verbinden, ist ein Stück weit subjektiv. Ich gebe es zu, hier scheint die *subjektive Liebe zum Wein* durch. Aber Schiller stärkt uns den Rücken. Nicht nur er: Wein genießt in der ganzen Welt ein hohes kulturelles Ansehen. Allein in Europa stehen zehn Anbaugebiete auf der *Welterbeliste.* Wir sehen zwischen Wein und Reisefreude einen direkten Zusammenhang.

Und mir liegt daran, dies auszudrücken, weil bei unseren Reisezielen und der Reisedauer der Eindruck entstehen könnte, wir würden durch die Welt hasten. Nein, nein. Zügig ja, intensiv ja, aber mit Pausen zum Meditieren und Genießen.

Für uns gibt es kein Getränk, das die Sinne mehr bereichert; sein Bouquet und sein Charakter - die Vielfalt seiner Aromen – können begeistern. Im Wein wächst das Land. Keine Pflanze veredelt eine Landschaft so wie der Wein. Wer Wein erleben will, sollte im Anbaugebiet übernachten. Für uns war das „Pflicht". Der Weg zur höchsten Reiselust kann an Anbaugebieten nicht vorbeigehen.

Wer das *Gesamterlebnis* „Rotwein" sucht, kann in den folgenden 6 Weingütern den Weinhimmel erleben, die ganze Welt aus der Sicht des Weins, eine Rangfolge der Extreme, hier können Sie Freude bis zur Ekstase erleben:

• Im *Weingut Vik,* bei San Vicente am Colchagua Tal, Chile besticht der Wein „Viña Vik" durch seine extravagante, dunkle Note, ein unglaubliches Blending vom Canemère, das man didaktisch überzeugend demonstriert; Weingut und das integrierte Hotel zeigen Design in Vollendung: Das Dach des Weinguts ist eine Wasserlandschaft, die die Temperatur über den Weinbehältern konstant hält. Das Dach des Hotels aus Titan ahmt die Form der Anden nach und ruht auf Glaswänden inmitten der Weinstöcke. Ein herrliches Gesamterlebnis der Extreme.

(2) Das *Weingut Delaire Graff Estate* bei Stellenbosch demonstriert, wie ein Wein zu den Gängen des Abendessens harmoniert; im Zentrum der vollmundige „Botmaskop" mit Blick auf seine Lagen. Das Gesamterlebnis wird durch das Wohnen dominiert, das durch spektakuläre Skulpturen in der Gartenkulturlandschaft und den Blick in die Weinberge geprägt wird. Das Wandern durch die Weinberge auf dem „Botmanskop Trail" bereitet das Geschmackserlebnis am Abend vor.

(3) Das *Weingut Colomé* in Molinas bei Salta, ist das höchste Weingut der Welt. Hier wächst ein Malbec mit höchster Intensität, weil keiner näher zur Sonne liegt, 3.111m. Mein Lieblingswein. Das Wohnerlebnis wird vom Blick in die Anden und der Nähe zum Museum für den Lichtkünstler James Turrell geprägt.

(4) Das *Château Margaux* im Médoc Margaux ist die Königin der Eleganz: Wein und Stil in Vollendung, voilá la Bordeaux, vielleicht ein Abstecher nach *Saint-Emilion*.

(5) In der *Cavas Wine Lodge* bei Mendoza wohnt man mit Blick auf die Schneekette der Anden im ursprünglichen Anbaugebiet der Malbec-Rebe, also inmitten von Reben. Ein Glas vom Winzer Matias Riccitelli zu unserer Begrüßung begründete meine große Liebe zum Malbec. Er blendet Malbec-Weine mit niedriger und hoher Lage zu einem vollendet harmonischen Genuss.

(6) Im Penfolds Magill Estate in Australiens Barossa Valley ist das Gesamterlebnis durch eine Tour in diesem Tal geprägt, bei Penfolds bekommt man mit dem „Grange" einen der teuersten und meist gesammelten Weine.

Auf der Krim sieht man im ehemaligen Weinkeller der Zaren in Massandra, die ältesten Weine der Welt, aus dem 18. Jh. Ein Superlativ mit sehr begrenztem Gesamterlebnis, aber ein extremer Rückgriff auf die Geschichte. Den aktuellen Zustand können wir nicht beurteilen. Wenn das gegenwärtig nicht sinnvoll ist, wenn man aber den ältesten Wein sucht, empfiehlt sich der Bremer Ratskeller: Rüdesheimer Wein von 1653 und 1727, nur mit besonderen Führungen.

Das schönste Erlebnis des Weinanbaus gibt es in den *Weinbergen von Lavaux* am Genfer See, ein Welterbe. Weinlandschaft in Vollendung.

Natürlich dürfen die „Weißen" nicht fehlen, der deutsche *Riesling* in Neustadt an der Weinstraße oder an der Saar oder der Mosel mit einzigartig fruchtigem Geschmack, die *Gewürztraminer* aus dem Elsass, unterschiedlich belebend und mineralisch, und dann der *Sancerre* von der Loire mit einer rassigen würzigen Tiefe, der vielleicht edelste Weißwein der Welt.

Alle diese Orte stellen eine Verbindung zwischen dem Land, der Region und dem Wein her. Alle diese Orte sind dem Genuss gewidmet und damit letztlich der Freude. Sie gehören unbedingt zu

Abb. 13 Die Weinberge von Lavaux

dem Ziel „die ganze Welt in Freude" dazu, weil man *im Wein das Land schmeckt*. Und wenn man in allen wichtigen Anbaugebieten war, hat man die ganze Welt geschmeckt. In Freude.

Höchste Reiselust durch Verstärkung und Erweiterung

Wir haben Reiselust in den Zusammenhang aller Wahrnehmungen gestellt (vgl. nochmals Abb. 9) und dabei vier Ebenen unterschieden. Bisher haben wir drei Ebenen behandelt. Sie ordnen die Freude als eine Wahrnehmung (erste Ebene) und als ein Gefühl (zweite Ebene) ein und zeigen verschiedene Aspekte der Freude (dritte Ebene). Alle drei Ebenen zeigten die Freude über das *Erleben eines Reiseziels*.

Der Weg zur höchsten Reiselust beginnt mit einer *Steigerung* von der normalen Ausprägung von Staunen, Bewunderung und Freude zur größtmöglichen Ausprägung, also zur Begeisterung bis hin zur Ekstase. Formal betrachtet ist das der Übergang von der dritten Ebene zur vierten Ebene.

Höchste Reiselust braucht eine *Verstärkung dieser fünf Gefühle* (Staunen, Bewunderung, Freude, Begeisterung, Ekstase) durch eine Kompetenz, die wir die *Gefühlskompetenz* nennen. Die Fähigkeit, ungehemmt sein zu können und das Gefühl herauszulassen. Es ist die Fähigkeit, diese Gefühle voll entfalten zu können. Eine positive Grundeinstellung, Selbstsicherheit und Leidenschaft *verstärken* die fünf Gefühle von einer momentanen Regung zu einer *tief empfundenen Erregung*.

Fördernd für die Verstärkung ist das *Zusammenspiel* mit anderen Erscheinungsformen der Freude, z.B. dem Rausch, und anderen Erscheinungsformen der Wahrnehmung, z.B. der Kreativität, und dem Zusammenspiel mit Katalysatoren, z.B. dem Wein, und zwar Formen, die zur Persönlichkeit des Reisenden passen. Immanuel Kant kann man sich kaum als Reisenden vorstellen, *Johann Wolfgang von Goethe*, *Alexander von Humboldt* und *Hermann Hesse* dagegen sind Prototypen für das Reisen, weil diese über das Rauschhafte, das Aufgeschlossene und Leidenschaftliche verfügten, und damit über Eigenschaften für höchste Reiselust. Sie waren empfänglich für den Götterfunken.

Es stellt sich aber die Frage, wie nachhaltig, wie dauerhaft diese „höchste Reiselust" ist, ob wir auf unserem Weg noch einige Schritte weitergehen können. Nachhaltig höchste Reiselust entsteht aus einer *Erweiterung der Betrachtung*, die über das Reiseziel hinausgeht, die die ganze Reise und letztlich das ganze Reiseleben einbezieht. Sie betrachtet den Anteil der freudigen Besuche an der Gesamtzahl der Besuche.

Zusammenfassend: Ein Stück des Weges zur höchsten Reiselust entsteht aus einer *Steigerung* der Freude, einer *Verstärkung* mit weiteren Wahrnehmungen und einer *Erweiterung* der Betrachtung.

Freude und Glück

Glück geht *über die Freude hinaus*, über die Freude eines Besuches. Glück entsteht nicht allein aus vertiefter Freude, sondern aus nachhaltiger und *wiederholter Freude*. Dazu muss der Blick über einen Besuch weit hinausgehen, eine ganze Reise, ein Lebensabschnitt und schließlich das ganze Reiseleben.

Reiseglück entsteht durch einen Prozess, einen geistigen und einen gefühlsmäßigen Prozess. Der *geistige Prozess* führt zu dem Bewusstsein eines *Erfolges*, nämlich ein Ziel erreicht zu haben und dem Bewusstsein, dass dieses Ziel einen persönlichen Wert hat. Der *gefühlsmäßige Prozess* führt zu einer Empfindung von *Erfüllung*, nämlich bereichert worden zu sein, einen Wertzuwachs erlebt zu haben, sinnvoll gelebt zu haben.

Das Ziel, *die ganze Welt* zu sehen, kann zu einem sehr hohen Maß zum Glück betragen, weil bei diesem Ziel noch etwas hinzukommt, weil das Wort *Erfüllung* hier einen besonderen Sinn bekommt. Das Bewusstsein der Erreichung dieses Ziels führt zu einer Empfindung der Erfüllung der besonderen Art, nämlich der Vollständigkeit, und damit nicht nur zur *Bereicherung*, sondern auch dem Gefühl, nichts versäumt zu haben, so dass *kein Mangel* bleibt.

Abwechslung kann auch zur Erfüllung beitragen, wenn die Abwechslung zu einer sinnvollen Dramaturgie des Reiselebens führt. Durch Abwechslung von Planung und Spontaneität, von Erfüllung und Überraschung, durch Steigerung der Intensität, durch Abwechselung der Stile. Vergleicht man das Reiseleben mit einem großen Gebäude, das viele Türen hat, dann entsteht Glück dadurch, dass man durch mehrere und neue Türen geht, dass man dem Leben neue Seiten abgewinnt. Die höchste Erfüllung könnte dann erreicht sein, wenn man schließlich die egoistische Haltung überwindet und an sich *neue altruistische Seiten* entdeckt.

Glück erfordert, dass man immer öfter innehält und in sich hineinhört. Das man immer mehr Saiten zum Klingen bringt und darauf achtet, dass sich alles zu einem Wohlklang formt, dass man seine persönliche Harmonie findet. *Harmonie* im Leben oder in einem

Lebensabschnitt, spirituelle Zufriedenheit, *Freude über das Erreichte*, ein übergreifendes positives Gefühl des Erfüllt Seins, des Einklangs aller Wünsche.

Zusammenhang und Bedeutung der Freude

Glück ist beim Reisen das finale Ziel, das mehr am Ende des Reiselebens steht als bei den Reisen selbst. Hier geht es vor allem um Freude und in Erwartung dessen um Reiselust. Aber das Glück wird vor allem dann erreicht, wenn die Freude über die gegenwärtige Freude hinaus zur nachhaltigen Freude führt und wenn sie ein Fundament hat, ein ethische und spirituelle Fundament hat, wenn sie breiter angelegt ist und auch seelische Gefühle einschließt.

Was bedeutet Freude?

Es gibt gegenwärtige Freude und nachhaltige Freude

Gegenwärtige Freude kommt aus dem Staunen

Nachhaltige Freude kommt aus Wissen und der Seele

Gegenwärtige Freude geht, nachhaltige Freude bleibt

Spaß kommt aus der Wahrnehmung von Reizen

Spaß vertreibt die Zeit, er ist für die Minute

Nachhaltige Freude bereichert, sie ist für die Ewigkeit

Friedrich Schiller sagte es wie kein anderer:

„Freude heißt die starke Feder in der ewigen Natur.

Freude, Freude treibt die Räder in der großen Weltenuhr."

Deshalb ist Freude die stärkste Triebfeder des Reisens

Er verband Freude mit Ethik: „Freude schöner Götterfunken"

Daher wurde seine Ode die Europahymne

Abb. 14 Die Bedeutung der Freude

Abb. 14 zeigt unsere breite Auffassung von Freude, die über die gegenwärtige Freude mit ihrer Steigerung über Begeisterung bis zur Ekstase hinausgeht. Sie ist stark in ihrer *Antriebskraft*, aber auch nachhaltig in ihrer *Verbindung zur Ethik*, sie ist aber auch sanft und einfühlsam in ihrer *Spiritualität*. Wieder denken wir an Schiller: „Wo Dein sanfter Flügel weilt".

2.8 Reisen und Seele: Spiritualität

Wir haben die *Gefühle* unterteilt in körperliche, psychische und seelische Gefühle. Reiselust entspringt aus den genannten fünf psychischen Gefühlen: Staunen, Bewunderung, Freude, Begeisterung, Ekstase. Ein weiteres Gefühl ist „pensiveness, Nachdenklichkeit" (vgl. nochmals das Rad Abb. 11). Dieses Gefühl bildet die Brücke zu den seelischen Gefühlen. Die Brücke kann man sich vorstellen als Fragen, die aus der *Nachdenklichkeit* entstehen: Frage zur Tiefe der Gefühle, ihrer Dauerhaftigkeit und Nachhaltigkeit, vor allem aber Fragen zu den *Arten von seelischen Gefühlen*. Die Antwort erhalten wir, wenn wir uns der Seele bewusst werden.

Das *Bewusstsein der Seele* ist ein wesentlicher Teil unserer Reisephilosophie. Aber auch der schwierigste Teil, weil wir uns hier Fragen zur Metaphysik, zum *Transzendenten*, stellen, also zu dem, was über die Natur und die Vernunft hinausgeht.

Ich kenne keine besseren Hilfen als die *Lichtinstallationen von James Turrell*. Er baut Lichtbrücken zur Seele. Hier die 7 besten im Sinne von inspirierendsten mit Bezug zum Seelenbewusstsein, die Rangfolge von Highlights unserer Kategorie „Erfahrung der Seele": (1) Roden Crater, Arizona; (2) Kapelle auf dem Friedhof Dorotheenstadt, Berlin; (3) James Turrell-Museum, Bodega Colomé, Molinas, Argentinien; (4) Skyplain, Villa 31, Amanzoe Hotel, Argolida, Griechenland; (5) The Ganzfeld, LACMA, Los Angeles (6) Ganzfeld Double Vision, Ekebergpark, Oslo; (7) House of Light, Tokamachi, Japan.

In der Reisephilosophie müssen wir uns damit auseinandersetzen, wenn wir zu Extremen reisen und Grenzerfahrungen erleben wollen. Für unsere Reisephilosophie gilt das umso mehr, weil *Extreme und Grenzerfahrungen den zentralen Teil* unserer Reisephilosophie ausmachen.

In der Religion wird die Seele als unsterblich verstanden, denn sie ist nicht an Materie gebunden, sie ist immateriell, mehr noch, sie geht über das mit der Vernunft Fassbare hinaus. Deshalb gibt es hierzu verschiedene Auffassungen, solche, die diese Überlegungen als *spekulativ* abtun, solche, die diese Fragen als die *höchsten Herausforderungen* menschlichen Geistes verstehen und solche schließlich, die die Antworten in der Religion, in ihrem *Glauben*, finden.

Die Seele

Wir verstehen unter Seele etwas schwer Fassbares, dessen Erleben flüchtig ist, das *zwischen Verstehen und Ahnen* liegt, das sich dem Verstehen immer wieder entzieht. Man glaubt, man habe verstanden und dann kommen Zweifel auf. Aber was dem Flüchtigen bleibt, ist ein *Bewusstsein von der Seele*. Sie ist da, man fühlt es, es sind Gefühle, die schwirren, wirbeln, wechseln. Die Psyche, das Gemüt, ist die *Basis der Seele*, aber noch nicht ihr Wesen. Das liegt in dem *„bestimmenden seelischen Grundgefühl"*.

Daher verstehen wir Seele als einen *Bewusstseinszustand zu psychischen Gefühlen* und unterscheiden drei Bewusstseinszustände mit einem jeweils *bestimmenden seelischen Grundgefühl*. Sie können für den Reisenden wie für alle Menschen große Bedeutung dann gewinnen, wenn sie die Lebensformen des Betreffenden bestimmen, mehr noch, wenn sie ihr **Glück** bestimmen.

(1) *Harmonie*: Im ersten Bewusstseinszustand ist die *Seele Psyche und Harmonie*. Zur Seele wird die Basis Psyche erst dann, wenn sie über die Addition der Gefühle (32 Gefühle laut Plutchik, vgl. wiederum Abb. 11) hinaus, mehr ist, nämlich ein Gleichklang der Gefühle, die Hervorhebung einiger, die Unterdrückung anderer, abstrakt formuliert eine *Gefühlsordnung*, die Harmonie. Diese Ordnung macht die Seele aus, ihr Wesen. Die **Harmonie** ist das bestimmende seelische Grundgefühl.

(2) *Demut*: Im zweiten Bewusstseinszustand ist die *Seele Psyche und Demut,* ein Bewusstsein, das durch Reflexion die *Grenzen des Geistes* bewusst anerkennt, sie öffnet, erweitert und über diese

Grenzen hinausführt zur *Transzendenz* und diese in das Bewusstsein miteinbezieht. Das Wesen der Seele ist hier die Anerkennung des Transzendenten als einen Wert und die Verneigung vor diesem Wert, die **Demut**, das hier bestimmende seelische Grundgefühl.

(3)   *Ehrfurcht*: Im dritten Bewusstseinszustand ist die *Seele Psyche und Ehrfurcht.* Das Bewusstsein geht über die Anerkennung des Transzendenten hinaus und ordnet dem einen *übergeordneten Wert* zu. Der Wert kann eine Kraft, eine Heiligkeit oder ein Gott sein. Der Mensch ordnet sich mit allen Wahrnehmungen unter diese Werte und Kräfte, weil er **Ehrfurcht** empfindet, das hier bestimmende seelische Grundgefühl. Aus der Ehrfurcht heraus findet er so den Sinn seines Daseins und schließlich sein Glück.

Damit haben wir die **drei seelischen Grundgefühle** beschrieben: **Harmonie, Demut und Ehrfurcht**. Wir verwenden bewusst den Begriff „Grundgefühl", um keine weiteren seelischen Gefühle auszuschließen. Aber wir sehen in dem *Grund*gefühl auch das Grundlegende dieser Gefühle, nämlich die grundlegende Beziehung zur Transzendenz.

Auch Plutchik bezieht Demut und Ehrfurcht in seine 32 Gefühle ein, sieht darin also psychische Gefühle, aber wir sehen in diesen Gefühlen vor allem die Beziehung zur Transzendenz und leiten daraus ein verwandtes Gefühl ab, mit einer prinzipiell anderen Dimension, nicht mehr ein psychisches Gefühl, sondern ein seelisches Gefühl. Es hat denselben Namen, aber einen anderen Zusammenhang, vor allem eine höhere Wertigkeit. Sie begründen die **Spiritualität.**

Die Spiritualität

Spiritualität ist das Erleben einer transzendenten Wirklichkeit. Sie umfasst das Bewusstsein der eigenen Seele und der Harmonie der seelischen Gefühle; sie geht aber über das Bewusstsein hinaus und macht die seelischen Grundgefühle zu häufigen bis hin zu täglichem Erleben. Sie umfasst das subjektive Erleben einer sinnlich und rational nicht fassbaren Transzendenz als wirkliches Sein. Aus der Anerkennung einer ordnenden Kraft kann tägliches Handeln werden.

Sie gibt eine *Antwort auf die Sinn- und Wertfragen* des Daseins. Sie beruht auf der Erfahrung der Welt als ein Ganzes. Sie verbindet die eigene Existenz mit einer höchsten Wahrheit. Sie integriert das Heilige als das ethisch Wertvollste.

Wir unterscheiden *drei Arten von Spiritualität* abhängig von dem, was sie umfasst.

(1)   Eine *Spiritualität im Rahmen der Selbsterfahrung*, die nur die höhere Kraft anerkennt, dies aber weder mit Ethik noch mit Religion verbindet. Sie sieht Spiritualität als ein seelisches Phänomen, das auch ohne Religion besteht. Jeder Mensch – ganz gleich, ob mit oder ohne Religion und gleich welcher Religion – ist ein spirituelles Wesen, aber er muss sich diesen seelischen Gefühlen öffnen, sie erweitern und ordnen. Er muss sich dazu inspirieren lassen. Die Inspiration ist ein wichtiger Weg zur Selbsterfahrung, also der Erkenntnis seinen Sinn- und Wertesystems, das die Spiritualität einschließt. Diese Auffassung hat für die klassische Auffassung vom Reisen die größte Bedeutung. Harmonie ist das prägende seelische Gefühl.

(2)   Eine *Spiritualität mit der Verbindung zur Ethik.* Wenn man alle Religionen von ihren Riten befreit und nur den Kern sieht, dann ist dies die Ethik, moralische Grundsätze. Die zehn Gebote sind besonders bekannt geworden. Moses und die Gesetzestafeln, es gibt wohl kaum eine beeindruckendere Inszenierung. Der Sinai, der Mosesberg und das Katharinenkloster sind ein Megahighlight.

Diese Auffassung hat für die moderne Auffassung vom Reisen große Bedeutung. **Demut** ist das prägende seelische Gefühl, daraus entsteht das *Handeln zum Schutz, Bewahren und Helfen,* kurz *zum ethisch motivierten Reisen.*

(3)   Eine *Spiritualität im Rahmen der Religion.* Sie geht über den Kern der Religion – die Ethik – hinaus und sucht das *tägliche Erleben in der religiösen Gemeinschaft.*

Diese Auffassung hat für die generelle Auffassung vom Reisen keine Bedeutung, weil wir weder Leben noch Reisen in einer religiösen Gemeinschaft betrachten.

Die Inspiration

Wir wagen eine Hypothese: Nichts fördert die Selbsterfahrung so wie Reisen, weil der Reisende mehr Lebenssituationen erfährt und mehr Lebensmodelle kennenlernt. Das hatte Augustinus gemeint, als er sagte, wer nicht reist, liest von dem Buch des Lebens nur eine Seite. Wie immer sind Verallgemeinerungen problematisch. Der Reisende wird nur dann zur Selbsterfahrung kommen, wenn er die Reiseerfahrung nutzt und mit einer entsprechenden Einstellung und einem *entsprechenden Reisestil* reist. Und auch Stubenhocker können durch rege Abwechslung in ihrer Orts- und Partnerwahl für viel Farbe sorgen.

Der Reisende muss sich der Selbsterfahrung *öffnen*. Der Schlüssel dazu liegt in der Psyche, im Gefühl *„Nachdenklichkeit"* (vgl. nochmals Plutchik, Abb. 11).

Wir unterscheiden *drei Formen der Meditation*:
(1)   Eine Meditation zum **Bewusstsein der Seele**.
Sie deckt Stärken und Schwächen in der Psyche des Nachdenkenden auf. Ungleichgewichte, die zu Problemen führen, oft Stress, also Kontrollmangel. Achtsamkeitsmeditationen, die zu Stressabbau führen können. Sie können weiterführen, die Seele bewusst machen, um zur inneren Ruhe zu kommen, zur *Harmonie*.

(2)   Eine Meditation zur **spirituellen Entwicklung**.
Sie will den Nachdenkenden weiterentwickeln und noch offene Fragen zur Spiritualität beantworten. Sie zielt auf eine *spirituelle Selbsterfahrung* des Suchenden und entwickelt ihn, wenn sie Antworten findet für seine Sicht auf das Transzendente und seine Bewertung einer ordnenden Kraft.

(3)   Eine Meditation zur **persönlichen Entwicklung**.
Auch sie will den Nachdenkenden weiterentwickeln, aber sie geht von noch offenen Fragen zur Persönlichkeit aus, seinen

Kompetenzen und Chancen. Sie denkt über die Entwicklungspotenziale nach und entwirft Visionen. Sie will die *Identität* des Nachdenkenden finden, das was ihn letztlich ausmacht, sein Wert- und Sinnsystem und sein individuelles Sinnprofil.

In der Meditation geschieht aber noch mehr als das Nachdenken. Sie macht den Suchenden bereit, sich inspirieren zu lassen. Sie ist die *Tür zur Inspiration*.

Wir unterscheiden Reisen *als* Inspiration und Reisen *zur* Inspiration,

Reisen als Inspiration ist losgelöst von spirituellen Orten. Es ist eine *Wahrnehmungsform von Reisen*, losgelöst von Reisezielen. Reisen nicht zu geographischen Zielen, sondern zur *Selbsterfahrung*. Reisen als Inspiration, die Inspiration zur Erfahrung der Transzendenz, der Spiritualität und letztlich der Selbsterfahrung. In diesem Kapitel behandeln wir den Zusammenhang der Inspiration mit der Reisephilosophie; deshalb werden wir hier die grundlegenden Werte erörtern.

Wir werden das im Kapitel Reisesinn wiederaufgreifen und dort die *Inspiration als Reisesinn* erläutern und begründen, warum die Handlung „Reisen" im Besonderen zur Inspiration und zur Selbsterfahrung sinnvoll ist.

Reisen zur Inspiration ist das *Reisen zu spirituellen Orten,* die die Selbsterfahrung fördern. Am bekanntesten wurden die Ashrams in Indien, besonders die in Poona und die in Rishikesh, und hier einer, den die Beatles besuchten und der der Musik in der Zusammenarbeit mit Ravi Shankar einen Innovationsimpuls setzte. Reisen zur Inspiration ist ein *Reisegrund*. Im Kapitel Reisegründe werden wir die Inspiration als Reisegrund und die spirituellen Orte erläutern.

Reisen als Inspiration bedeutet, sich im Erleben von Reisezielen für seine *Spiritualität zu öffnen*, bedeutet Harmonie und Glück als Nährboden für Reiselust zu verstehen, Freude in ihrer ganzen Tiefe zu empfinden und sie *nachhaltig* zu verstehen. Mehr noch: An bestimmten Reisezielen sich für die Selbsterfahrung zu öffnen, um sein *Sinn- und Wertesystem zu erkennen,* um seine Identität zu finden und sich seiner Seele bewusst zu werden. Im Erkennen des Wertesystems ist das *Verhältnis zu einer höheren Ordnung* von zentraler Bedeutung.

Die höhere Ordnung

Die bekannteste Ordnung des Materiellen ist das „*Periodensystem der Elemente*"; es umfasst 118 Elemente - die naturwissenschaftliche Sicht.

Aber stets war die Menschheit auf einer Suche nach einer Erklärung, die über das Sichtbare hinausführte: Die Suche nach einer „höheren Ordnung", die höhere Werte und Kräfte erkennen ließ. So unterschied man im antiken Europa vier Elemente: *Feuer, Luft, Wasser* und *Erde.* Im antiken China fünf Elemente: Feuer, Wasser, Erde, Holz und Metall.

Feuer wurde in vielen Religionen als Gott verehrt oder mit Göttlichem in Verbindung gebracht. In den *Naturreligionen* wurden Naturerscheinungen mit Gottheiten assoziiert, die *Natur wurde als „beseelt" wahrgenommen.* Der *Animismus* wird vom Standpunkt der Weltreligionen oft als gering bewertet, als eine Art Vorstufe zur Religion. Wir sehen das nicht so, sondern wir verstehen die „Allbeseeltheit" als eine universelle, mit Naturerscheinungen verbundene Spiritualität, die mit der Spiritualität der Weltreligionen gleichwertig ist.

Der *Pantheismus* meint, Gott <u>ist</u> alles, der *Panentheismus* meint, Gott ist <u>in</u> allem. Diese beiden Sichtweisen lassen sich auch weniger religiös verstehen: Man sieht in allem das Erhabene.

Wenn man diese Sichtweise einnimmt und versucht, in allem das Erhabene zu sehen, wird man die *Reiselust* nicht nur viel *leichter* erreichen, sondern sie wird *von Dauer* sein. Das Erhabene ist im Grand Canyon offensichtlich und allgegenwärtig, in den Slums von Tondo, Manila ist es auch offensichtlich aber nicht allgegenwärtig, weil es meist von Müll verstellt wird. Aber es lugt hervor, das allgegenwärtige Kinderlachen, auch wenn es nur die ausgelassene Begrüßung von Fremden ist, trotz der Kinderarbeit und

Kinderprostitution. Wenn dies Hilfsmaßnahmen anstößt, kann auch dies zu einer *Selbsterfahrung* führen.

Alle Orte der Natur und Kultur können zur Selbsterfahrung führen. Aber extreme Orte wie die *polaren Regionen*, die Antarktis und die Arktis, und die *Wüsten* eignen sich mehr zur Selbsterfahrung als Städte.

Grenzenlose Reiselust

Das Abstrakte dieser Landschaften und ihre gewaltige Ausdruckskraft lassen keine Ablenkungen aufkommen, sondern reduzieren den Besuch auf das Wesentliche, die Existenz an sich. Es ist die *Grenzerfahrung des Seins*, die Erfahrung des Nichts, anders empfunden, die Erfahrung des Transzendenten. Im Buddhismus spielt diese transzendentale Grenzerfahrung eine zentrale Rolle.

Das Überleben in diesen unwirtlichen Landschaften wird zur Schicksalsfrage, diese Landschaften konfrontieren mit dem Schicksal und stellen die Fragen: Was ist der Grund des Seins? Was ist das Schicksal? Diese Landschaften stellen diese Fragen mit aller *Unerbittlichkeit*.

Wir lieben diese „Landschaften des Nichts" bis zur Verehrung. Im Schnee und im Sand, in Kälte und Hitze, im White-out und im Flimmern, wenn das Auge und der Körper an ihre Grenzen kommen, ohne aber total erschöpft zu sein, wenn die Wellenlinien der Sanddünen sich im Unendlichen verlieren, *da haben wir uns selbst er-*

Abb. 15 Grenzenlose Reiselust, Peter I 2015

fahren, unsere Seele.

Diese „Landschaften des Nichts" sind gleichzeitig *Landschaften der Weite*, einer grenzenlosen Weite. Man erlebt diese Weite in den Landschaften der Pole, im Panorama auf dem Gipfel eines sehr hohen Berges, in den Steppen und in der Prärie; auf dem Meer und in den Wüsten. Das Meer bedeckt 70% und die Wüsten 15% des Planeten. Zusammen machen die Landschaften der Weite 85% aus. *Die Landschaften ohne Grenzen,* die Landschaften des

Ursprungs. Abb. 15 zeigt uns beide in eine dieser Extremlandschaften auf den Gipfel der Insel Peter I, in der Bellingshausen See, in der West Antarktis. Ca. 800 Personen waren 2015 vor uns dort, weniger als damals im All. Wir landeten mit dem Hubschrauber auf dem Gletscher. Der Flug konnte nicht besser sein - über, unter und vor den Wolken auf unberührtem Schnee. Landschaft in Schönheit und unermesslicher Weite. Unsere Reiselust hatte keine Grenzen.

Urlandschaften kann man als schön, erhaben und verehrungswürdig empfinden wegen ihrer Weite, Harmonie und Stille. In gemäßigtem Klima kann man sie erfahren, wenn man sie mit leichtem Übernachtungsgepäck durchwandert, bei gutem Wetter, ungeplant nachts unter freiem Himmel schläft. Wer bereit ist, Abstriche an das Erlebnis der Ursprünglichkeit zu machen und etwas mehr Komfort schätzt und vor allem die Weite sucht, kann in der Mongolei die Gobi, in Kasachstan die gelbe Steppe oder in Usbekistan entlang der Seidenstraße über das Ustjurt-Plateau wandern und sich von Begleitfahrzeug und Koch unterstützen lassen.

Wir kommen beide vom Meer; Teo von den Inseln, ich von der Küste, vom flachen Land. Jacques Brel hat es besungen, „Le Plat Pays". Wir schätzen die Schönheit der Berge, aber wir empfinden dort auch die Enge. Wir lieben die *Weite*. Bei der Auswahl unserer Häuser und Wohnungen war stets der Ausblick entscheidend. Die Weite. Das hat, wo immer möglich, auch für Hotels gegolten. Die Steigerung von Weite ist Grenzenlosigkeit. In den Bergen kann man sie nur auf dem Gipfel erleben. Das ist anstrengend und die Erschöpfung kann die Reflexion behindern, wie fast alle Höhenbergsteiger versichern.

Für uns sind Grenzerfahrungen keine Nahtoderfahrung, kein Wahnsinn bei totaler Erschöpfung, sondern Erfahrungen der Lust an seiner Grenze, *Extremerfahrungen der fünf Gefühle Staunen, Bewunderung, Freude, Begeisterung und Ekstase.*

Diese *Extremerfahrungen* führen zur *höchsten Reiselust.*

In den abstrakten Landschaften des Nichts haben wir sie gefunden, die höchste Reiselust als *grenzenlose, spirituelle Reiselust* (Abb.

15). Die Verbindung zur Spiritualität führt zur *Selbsterfahrung*, zum *Erlebnis der Seele.*

2.9 Reisen und Gesellschaft

Um ein Reiseziel zu *erleben*, sollten wir alle Wahrnehmungsarten einsetzen. Das hatten wir ausführlich erläutert. Um ein Reiseziel zu *verstehen*, sollten zwei weitere Voraussetzungen hinzukommen:
* *Das Denken in Zusammenhängen und*
* *die Konzentration auf das Wesentliche.*

Das wollen wir an der Entwicklung der Gesellschaftsmodelle aufzeigen.

In der *Entwicklung der Menschheit* und ihrer Gesellschaften erkennt man Zusammenhänge, die sich im Reiseziel widerspiegeln. Aus der Entwicklung lassen sich wiederum *Trends* und *Gemeinsamkeiten* erkennen, wichtige Merkmale, die wie Filter wirken, Filter, die das Wesentliche vom Unwesentlichen trennen.

Wir hatten schon einen Trend angedeutet, *Werte werden wichtiger*, Reisen nicht nur zu Orten, sondern auch zu Werten, Reisen, um Gesellschaften zu verstehen, aber auch um seinen ethischen und politischen Standpunkt zu hinterfragen, zu festigen und auch zu vertreten. Reisen zum *Kulturaustausch*. Deshalb werden wir der *gesellschaftspolitischen Entwicklung* einen relativ breiten Raum widmen.

Das ursprüngliche Gesellschaftsmodell: Harmonie

Die Naturvölker verstanden, im Einklang mit der Natur zu leben. Sie entwickelten das erste Gesellschaftsmodell der Menschheit. Ein Modell der *Anarchie*, d.h. eine Ordnung ohne Herrschaft. Die Ordnung kam allein aus dem Streben nach Harmonie, eine Selbstorganisation aber ohne eine staatliche Gewalt. So lange sie in der Isolation blieben, lebten sie nicht nur in Harmonie mit der Natur, sondern auch in Harmonie miteinander. Im *Harmoniestreben* sehen wir den Leitgedanken für die gesellschaftliche Entwicklung, in der Vergangenheit und in der Zukunft.

Der Begriff der Anarchie ist für das Verständnis von Naturvölkern wesentlich. Er bedarf einer Klärung. Der Begriff hat drei verschiedene Definitionen. Die ursprüngliche Form ist die griechische: *Frei von Herrschaft.* Die zweite, die wir verwenden, ist die Form der Anarchisten: *Ordnung ohne Herrschaft.* Die dritte ist die landläufige Form: *Ordnungslosigkeit,* weil es keine Herrschaft gibt. Die dritte Form ist zwar üblich, aber falsch, weil der Begriff hierfür Anomie ist, aber der Begriff ist nicht üblich.

Es gab zwei ursprüngliche Gesellschaftmodelle, ein naturbestimmtes und ein kulturbestimmtes.

Eine Form des *naturbestimmten Gesellschaftsmodells* finden wir in Regenwäldern, vor allem in der Amazonasregion, in Sumatra, in Borneo, in vorgelagerten Inseln Indonesiens und in den Grenzinseln der Andamanischen See. Eine andere Form finden wir in den Wäldern des moderaten Klimas, in dem Tiere migrieren. Landkonflikte ließen diese Ethnien verkümmern. Eine andere Form findet sich in der Arktis, in der das Überleben durch die Kälte kritisch ist. In allen Formen ist die *Natur* so *dominant,* dass sie das Leben der Bewohner bestimmt. Daher kommt es darauf an, *mit der Natur in Harmonie* zu leben.

Wir haben versucht, diese Harmonie in Fotos einzufangen, sind dabei schnell an unsere Grenzen gestoßen. Unsere Fotos von Naturvölkern verblassen gegen die von wirklichen Könnern der Fotografie. Sie drücken aus, was wir meinen. *Sebastião Salgado* hat in seinem berühmten Werk „Genesis" das ursprüngliche, naturbestimmte Gesellschaftsmodell von den Naturvölkern in Amazonien, im Pantanal und im Hochland von Papua-Neuguinea mit ganz außergewöhnlicher Bildkraft dargestellt. Jedoch 2006 und 2008 war die Unberührtheit bereits in Gefahr und in diesem Werk steht das Bild als Kunstwerk im Vordergrund. Ihr Inhalt ist die Ursprünglichkeit des ganzen Planeten. Aber es zeigt auch den *Einklang mit der Natur* und damit die *Harmonie.*

Wir haben diese Naturvölker auch gesehen, aber Salgados Bilder machen uns klar, wieviel tiefer die Wahrnehmung gehen kann und wieviel oberflächlicher die Wahrnehmung eines „Touristen" ist. Wir haben mit vielen Naturvölkern „gelebt", aber fast immer nur für einen Tag. Wir haben nicht wirklich mit ihnen gelebt, sondern wir waren bei ihnen untergebracht. Ihre Riten waren für uns meist „Schaustellungen". Das wirkliche Leben haben wir nicht erfahren und wir glauben, dass es die meisten Reisenden auch nicht erfahren werden. Zukünftig immer weniger.

Und dann gelang es doch, die große Ausnahme mit den **Yanomami**, über die wir in Band 5 berichten werden.

Aber auf unserer Reise in Honduras den *Rio Platano* hinauf, waren wir dem auch schon nahegekommen. Wir haben ein ursprüngliches Gesellschaftsmodell des einheimischen Pech-Stamms erlebt, was Teo „das Gesetz des Flusses" nannte. Die Hilfe für einen Verletzten, den wir mit unserem Boot einen Tag lang transportierten. Wir hielten an mehreren Orten, um zwei weitere Helfer aufzunehmen und wir haben die dankbaren Augen der Bewohner gesehen. Die Dankbarkeit hatte uns für einige Augenblicke vereint. Eine kurze soziale Bindung, die wir nicht erwartet hatten.

Ein Gesellschaftsmodell ist das *sinnvolle Interagieren von Menschen.* Das erlebt man nur, wenn man mit ihnen eine längere Zeit lebt.

Im *kulturbestimmten Gesellschaftsmodell ist die Natur nicht dominant*, in diesem Modell leben die Menschen in *Harmonie miteinander.* Kultur bestimmt ihr Leben: Körperbemalung (Farbe oder Narben), Initiationsriten, Wettkämpfe, Kunst und Totenfeiern.

In den Bildbänden „Die Nuba" (weltweit erschienen 1973, 1974 und 1975) und „Die Nuba von Kau" (weltweit erschienen 1976 und 1997) hat *Leni Riefenstahl* das Leben dieses Naturvolks über viele Jahr hinweg besucht, ihre Sprache erlernt und monatelang mit ihnen in den Jahren 1964 bis 1975 gelebt. Sie hat das Leben eines damals noch unberührten Volkes in den Nuba-Bergen im südöstlichen Sudan einfühlsam und eindringlich festgehalten, so wie niemand vor ihr. Sie lebte insgesamt mehr als ein Jahr mit ihnen und wurde *voll integriert.* Bewunderung von Schönheit ohne jeden

Rassismus. Sie sprach damals von einer „anderen Welt", die sie noch erlebt hatte, die es aber schon bald nach ihr nicht mehr gab. Das macht dieses Werk so einzigartig.

Ihren Einfluss auf unsere Reisekarriere und die Zerrissenheit dieses „Vorbildes" werden wir in Band 4 behandeln.

Hier geht es um die Harmonie und darum, sie auch *unter schwersten Bedingungen* zu finden.

Die *Tiefebene von Danakil* in Äthiopien, auch Afar-Senke genannt, gehört zu einer Landschaft, die Grenzerfahrungen vermittelt. Eine extreme Landschaft, die Mythen und Übertreibungen heraufbeschworen hat: Der heißeste Punkt der Erde, der gefährlichste wegen des Sauerstoffmangels und des Gasgehaltes. Gewiss ein ortskundiger Führer ist unerlässlich, aber mit ihm ist das Reisen fast problemfrei. Die Salzlachen, ein Berg von Schwefelkristallen, die Salz- und Sandwüsten und der Vulkanberg Erta Ale mit seinem Lavasee bilden die Extreme.

Diese unwirtliche, aber höchst faszinierende Landschaft wird von den *Afar* bewohnt. Sie gelten als sehr gefährlich und man kann nur wenige Führer bewegen, einen dorthin zu begleiten. Wir haben die Afar getroffen, aber nicht in ihrem ursprünglichen Gebiet. Grundsätzlich ist das möglich, aber man muss dafür Zeit aufwenden, um die richtigen Beziehungen aufzubauen. Dieses Unterfangen ist höchst riskant. Die Afar haben sich durch ihre Aggressivität selbst geschützt und noch ihre Ursprünglichkeit bewahrt, weil man sie in Ruhe lässt, ein seltener Fall, so wie er sonst nur noch auf den Nikobaren und teilweise Andamanen auftritt.

Carol Beckwith und Angela Fisher ist es gelungen, die richtigen Beziehungen zu den Afar aufzubauen. Ihr großartiges Werk „African Ark – Peoples of the Horn" (erste Auflage London 1990) ist ein *Meilenstein* in dem Verständnis für diese Kultur- und Naturvölker. Bilder der Afar, die tief berühren. Sie zeigen, dass auch die Afar, die als sehr aggressiv gelten, im Einklang miteinander leben.

Bei den Afar und ihrem Umfeld erlebt man Harmonie nur dann, wenn man tiefer wahrnimmt, wenn man unter die Oberfläche schaut. In dieser Tiefebene sieht man so viele Gegensätze, Harmonie und Aggressivität, so viele Extreme, kochende Lava und abweisende Salz- und Sandwüsten, aber auch anziehende Schönheit: Die schönsten Schwefelformationen der Welt, ein ganzer Berg, Dallol, einmalig. Hier erlebt man Gegensätze und damit *Spannungsfelder*, die Intensität erzeugen.

Die *Intensität in der Wahrnehmung* ist ein Grundgedanke, der uns in allen Büchern begleiten wird. Diese Intensität ist eine wichtige *Quelle für höchste Reiselust*. Die Tiefebene von Danakil und das Queen-Maud-Land in der Antarktis sind Gebiete für höchste Intensität des Erlebens.

Weil Naturvölker in *Harmonie mit der Natur* oder in *Harmonie mit sich selbst* lebten, haben sie tausende Jahre überlebt. Solange sie in Isolation lebten. Mit dem Tourismus verkauften sie ihre Körperbemalung und ihre Riten; so verloren sie ihre Unschuld. Sie lernten, für jedes Foto zu schachern. Leni Riefenstahl hat genau diesen Übergang erlebt, den Verlust der Unschuld.

Der Einklang mit der Natur bestimmte das Gesellschaftsmodell über Jahrtausende, es wurde auch über lange Zeit verdrängt und ist wieder ganz aktuell. Es ist das Ziel des Klimaschutzes. Häufige Flug- und auch Schiffsreisen können damit nur schwer vereinbart werden. Wir halten den Einklang mit der Natur für ein übergeordnetes Gebot beim Reisen, obwohl wir bekennen müssen, dagegen immer wieder verstoßen zu haben.

Die Naturvölker erreichten diesen Einklang mit nachhaltigen Jagdmethoden und einem Leben, das der Natur angepasst war. Aber auch durch Riten, die auf eine spirituelle Erfahrung ausgerichtet sind, auf ihr Selbstbewusstsein und ihre ethnische Identität. Ein Leben nicht nur für die Nahrung, sondern für Kunst und Riten, die wichtige Lebensabschnitte zelebrieren, oft die Initiation. Sie hatten ein *geordnetes Gesellschaftsmodell*. Die Ordnung wurde durch den Einklang erreicht.

Beim Besuch von Naturvölkern sieht man jedoch *meist zerstörte Gesellschaftsmodelle*, nur selten trifft man Versuche, diese Lebensformen zu erhalten. Wirtschaftliche Gier vereitelt dies, wie wir das aktuell z.B. in Brasilien sehen. In den Nikobaren und in einigen Inseln der Andamanen verteidigen die Indigenen ihre Gesellschaftsmodelle bis zum Äußersten. Sie töten den, der versucht, an Land zu gehen.

Die Naturvölker können uns jedoch immer noch veranlassen, über unser Gesellschaftsmodell und unser *Wertesystem* nachzudenken: Ob es nicht sinnvoller ist, mit Weniger auszukommen und in Harmonie zu leben. Wir sollten diese Entscheidung über unser Gesellschaftsmodell *bewusst* treffen. Das bildet die Grundlage für das Reisen, als denjenigen Teilaspekt des Lebens, den wir in unseren Büchern behandeln. Unser Anliegen ist, beim Betrachten des Reiselebens nicht den Blick auf das ganze Leben zu verlieren.

Wir sollten uns im Leben wie beim Reisen über unsere *persönlichen Werte* klar werden und unser Reisen bewusst auf unsere Werte ausrichten, besser noch auf eine Harmonie der Werte, letztlich eine *Harmonie der Seele*.

Das geschichtliche Gesellschaftsmodell: Konflikte

Die kleinen Volksgemeinschaften wuchsen aus der Isolation heraus. Sie mussten sich als größere Volksgemeinschaften organisieren. Dazu taugte das anarchische Modell nicht mehr. Herrschaftsstrukturen wurden etabliert und damit traten Machtkonflikte auf, zu denen Konflikte um Ressourcen hinzukamen. Konflikte bestimmten die Geschichte, eine *Geschichte von Disharmonien*.

Der Einklang war allenfalls auf Nationen beschränkt. Aber auch innerhalb der Nationen gab es Bürgerkriege. Die Konflikte waren Unterschiede in den Religionsauffassungen, regionale Kulturen und Konflikte um Rohstoffe und Landbesitz. Das kumulierte im schrecklichen Ende des zweiten Weltkrieges.

117

Da es unendlich viele Quellen zur „Geschichte der Disharmonien"
gibt, bedarf es hier keiner Vertiefung, sondern nur dieses kurzen
Hinweises, der der systematischen Einordnung dient.

Für das Reisen ist jedoch wichtig, darauf hinzuweisen, dass *Ge-
schichtskenntnisse* für die überwiegende Anzahl von Highlights bedeutend sind. Ohne sie lässt sich in der weit überwiegenden Anzahl
die Bedeutung des Ortes nicht erkennen.

Was sagt eine Wiese aus, auf der nur ein Denkmal auf die Bedeutung als Stätte einer entscheidenden Schlacht hinweist? Nur wenige Schlachtfelder sind vor Ort so gut ausgestattet worden wie
Gettysburg, Waterloo, Wolgograd oder Leipzig.

Das 18. Jahrhundert war das Zeitalter der „Aufklärung". In dieser
Zeit wurden die gesellschaftlichen Werte revolutioniert. Man berief
sich auf die *Vernunft* als universelle Urteilsinstanz, mit der man sich
von überholten, tradierten Vorstellungen befreien wollte. Noch
heute sind *Gewaltenteilung und die drei Werte „Freiheit", „Gleichheit" und „Brüderlichkeit" gültige Werte*. Statt von Brüderlichkeit
sprechen wir von *Solidarität*. Gesellschaftspolitisch zielte die Aufklärung auf *Selbstbestimmung*, Bildung, Bürgerrechte, Menschenrechte und das Gemeinwohl als Staatspflicht. Ab 1750 wird der
„Vernunftglauben" kritisiert, vom „Sturm und Drang", von der Rom-
antik und in Goethes Faust - „Da steh' ich nun, ich armer Tor, Und
bin so klug als wie zuvor". Im politischen Konservatismus wurde der
Rationalisierungsprozess von Politik und Gesellschaft zwar unter-
brochen, jedoch gilt die Aufklärung noch heute als das Kennzei-
chen der „Moderne".

Im geschichtlichen Modell gibt es noch keine wirklichen weltpoliti-
schen Ansätze. Im Gegenteil, interstaatliche Bündnisse mündeten
nur in Weltkriegen. Der einzige Versuch in dieser Hinsicht war der
Völkerbund, in Genf gegründet 1920, eine naive interstaatliche Institution, die am Mangel an Handlungsbefugnis scheiterte. Man
wollte eine Weltordnung schaffen, aber es blieb bei einer Idee,
ohne jegliche Bereitschaft zur Tat.

Der Völkerbund löste sich 1946 auf, die UNO entstand und damit das aktuelle Gesellschaftsmodell.

Das aktuelle Gesellschaftsmodell: Werte

Die *„Allgemeine Erklärung der Menschenrechte"* in Paris 1948 gilt als die **größte Leistung der Menschheitsgeschichte**. In 30 Artikeln werden die Menschenrechte definiert. Artikel 1 besagt: „Alle Menschen sind frei und gleich an Würde und Rechten geboren." Der 10. Dezember wird seitdem als Tag der Menschenrechte begangen.

Diese Erklärung beschreibt im Kern das, was wir als das utopische Gesellschaftsmodell bezeichnen. Der einzige Unterschied zwischen Utopie und Wirklichkeit ist die Tatsache, dass die Pariser Erklärung rechtlich nicht bindend ist. Wenn diese Menschenrechte von allen Staaten als rechtsverbindlich anerkannt würden, kontrollierbar und einklagbar wären, dann wäre das utopische Gesellschaftsmodell erreicht. In dem Konjunktiv liegt die Utopie.

In dieser Erklärung finden wir die *gültigen gesellschaftspolitischen Werte.*

Eine andere Form der gesellschaftspolitischen Werte sind die 6 *„Europäischen Werte":*
(1) Humanistisches Denken – der Mensch als Maß aller Dinge,
(2) Rationalität – die Gestaltung durch eigene Vernunft,
(3) Säkularität – die Trennung von Staat und Religion,
(4) Rechtsstaatlichkeit - alle sind vor dem Gesetz gleich,
(5) Demokratie - die Macht geht vom Volk aus,
(6) Menschenrechte - alle Menschen haben gleiche Rechte.

Wir bekennen uns ohne jede Einschränkung zu diesen Werten. Sie machen unsere *gesellschaftspolitische Identität* aus.

Das geschichtliche Modell war durch Kriege geprägt worden, anders formuliert durch Disharmonien. Auch das aktuelle Modell erreicht keine Harmonie. Drei Charakteristika erscheinen wesentlich:

119

Kriegsprävention, Demokratie und Wirtschaft. Das aktuelle Modell ist ein heterogenes Modell.

Kriegsprävention ist eines der drei Charakteristika, denn die *Militärausgaben* sind hoch: Absolut in Mrd $ 2023: USA 916, China 296, Russland 109 (World of Statistics auf X); relativ in % vom BIP, die 3 Spitzenreiter: Ukraine 37%, Südsudan 15%, Algerien 7%). Die Militärausgaben für Europa werden deutlich steigen, ein realistisches Ziel ist 4% vom BIP, nur Polen erreicht schon 2024 dieses Ziel und übertrifft in diesem Maß die USA. Sie gab 2024 3,4% vom BIP aus. Deutschland hatte 2022 nur 1%. Immerhin hat sich der Frieden von 1946 bis 2022 erhalten. Und dann geschah es doch, ein imperialer Drache bleckte die Zähne und biss zu. Dann kam am 28.2.25, fast genau drei Jahre später, nicht nur eine zweite Zeitenwende, sondern der *Epochenbruch*, die Militärausgaben explodierten. Für ein neues Europa stellte Ursula von der Leyen 800 Mrd. € bereit.

Das aktuelle Modell wird auch durch *Demokratie* bestimmt. Diese Staatsform hat sich weitgehend durchgesetzt, weil sie für die Menschen am attraktivsten ist, denn der Wähler bestimmt die Staatsform. Aber die Demokratie ist noch kein globales, sondern *nur ein regionales Modell*. Auch in Europa gilt sie mit erheblichen Unterschieden. Russland und China sind Autokratien und die USA haben seit 2025 ein neues Demokratie-verständnis. ber es finden sich nicht nur erhebliche Gefahren für die Demokratie, sondern auch für den Frieden, vor allem im Gedankengut der extremen schiitischen Mullahs und Putins.

Die *Demokratie* erkennt die Meinungsfreiheit an und lässt allen Meinungen eine Stimme. Sie muss aber da eine Grenze ziehen, wo Antidemokraten dieses Freiheitsrecht ausnutzen, um es einzuschränken oder später gar abzuschaffen, um so eine undemokratische Ordnung aufbauen zu können. Kurz: Die Demokratie kann nicht zulassen, abgeschafft zu werden. Sie muss daher dafür sorgen, dass demokratiehindernde Elemente keinen Einfluss haben. Das ist die demokratische Legitimation der Brandmauer. Im Rat der EU (Fachminister) und im Europäischen Rat (Staats und

Regierungschefs) muss das *Vetorecht durch ein Mehrheitsrecht ersetzt* werden, damit so die Fortentwicklung der freiheitlichen demokratischen Grundordnung nicht blockiert werden kann. Es geht nicht an, dass der ungarische Ministerpräsident Orbán den Zwang zur Einstimmigkeit im Rat mit seinem Vetorecht zur Immunisierung seiner Unrechtsstaatlichkeit ausnutzt. Die EU muss als *Wertegemeinschaft durchgesetzt* werden; wenn sich dies politisch als nicht erreichbar erweist, muss schließlich der juristische Weg zum Europäischen Gerichtshof beschritten werden. Wenn das alles nicht praktikabel ist, hilft nur eine neue europäische Allianz mit einem Präsidenten, der Europa eine neue, kraftvolle Stimme gibt.

Das aktuelle Gesellschaftsmodell wird vor allem durch die Wirtschaft bestimmt, durch ihre Verflechtung und Vernetzung. Internationale Gemeinschaft als *Wirtschaftsgemeinschaft* und sie wiederum als *Interessengemeinschaft*. Das Befriedigen von gemeinsamen Interessen führt aber noch nicht zur Harmonie, sondern nur zum *Interessenausgleich*. Welthandelsketten sind noch Welten entfernt von einer Weltharmonie. Harmonie gibt es nur bei einer *Wertegemeinschaft*.

Das aktuelle Problem: Fehlende Visionen

Die EU sollte sich zu einer *Vision* bekennen, die über den Interessenausgleich hinausgeht. Ein Bekenntnis zu einer Entwicklung vom Interessenausgleich zu einer *Interessengemeinschaft*, in der die gemeinsamen Interessen eine wirtschaftliche und politische *Synergie* bilden. Die *kulturelle Vielfalt* würde Europa zu einer Spitzenstellung verhelfen, wenn sie in gemeinsamen Entwicklungsprogrammen systematisch das *überlegene kreative Potenzial Europas* zu innovativen Höchstleistungen entwickeln würde.

Gerade die kleinen Länder haben ihre *Kreativität* unter Beweis gestellt, z.B. Finnland mit Nokia; dann wurde es durch die Kraft des Volumens von Apple erdrückt. In Estland war es Skype, das dann von Microsoft übernommen wurde, aber dann ständig schlechter wurde. Das geschieht, wenn die Kleinen auf die Großen treffen. Sie werden geschluckt. Also müssen die Kleinen durch sinnvolle Zusammenschlüsse groß werden.

In der Digitalisierung der Medizin ist Estland immer noch führend. Deutschland hinkt in der Digitalisierung 20 Jahre hinterher und tut sich mit dem übertriebenen Faible für Datenschutz schwer, ist aber in BioTech, der Filmkameratechnik und in vielen Bereichen des Maschinenbaus führend.

In der Forbes 2000 Liste, die sinnvollerweise 4 Bewertungskriterien für die *Rangfolge von Unternehmen* verbindet (Umsatz, Gewinn, Vermögen und Marktwert) liegen für 2024 in Deutschland Allianz auf Platz 31 und Volkswagen auf Platz 43. Im gegenwärtigen Gewinn war Siemens 2024 besser, im zukünftigen Gewinn ist SAP besser. Der gewinnt, der bei KI gewinnt. Verlierer ist VW. Die Chinesen waren bei E-Autos viel schneller.

Deutschland muss lernen, sich konsequent nur *mit den Besten zu vergleichen*, sich zu verjüngen, *im Internet Geld* zu verdienen und einen *Risikokapitalmarkt* zu etablieren. Es muss die Wirtschaftspolitik radikal umstellen und ihr wieder höchste Priorität einzuräumen. Aber die Populisten stilisieren die Immigrationsfrage auf die höchste Stelle, weil sie von Wirtschaft nichts verstehen; sie beschädigen so auch den dringend notwendigen Zuzug ausländischer Fachkräfte.

Die Anfangsbewertung der Corona-App brachte es an den Tag: Kanzleramtsminister Braun und Gesundheitsminister Spahn bezeichneten unsere App bei der Einführung als die beste, obwohl sie sich drei Monate später als die schlechteste herausstellte. Nur einen Rekord hatte sie, mit 50 Mio. € die höchsten Entwicklungskosten. Für nichts. Wegen des paranoiden Verhältnisses zum Datenschutz wirkungslos.

Dagegen: *Südkorea* erreichte einen vollen Erfolg durch einen pragmatischen, notfallgerechten Umgang mit den Daten, völlige Zentralisierung, kostenlose Nachverfolgung durch die Bevölkerung und nicht durch teure Gesundheitsämter: Ergebnis: Kaum noch Neuinfizierte. Kosten, die gar nicht erst entstehen.

Dieses *asiatische Denken* – ein Problem gar nicht erst entstehen lassen - habe ich in der Wirtschaft und nun auch in der Politik seit nunmehr 40 Jahren immer wieder gesehen. In der Wirtschaft fing es 1980 mit „Kaizen" an. Es steckte mehr dahinter. Nicht nur „die Kraft der kleinen Schritte", sondern das *Denken in Fließen* (der Produktion) und *in Ursachen* (der Kosten).

Sie denken, dass wir vom Thema „Reiselust" abgekommen sind? Keineswegs. Wir sind bei **nachhaltiger Reiselust.** Und die entsteht, wenn man über das Besichtigen von Orten hinausgeht und das *Denken anderer Länder* verstehen lernt. Das bedeutet Kulturaustausch, das neue Oberziel. Wenn man *nicht Orte vergleicht, sondern Werte.* Und diesen Gedanken wollten wir nicht analytisch, sondern empirisch entwickeln.

Der Vergleich mit anderen Ländern kann national, europäisch oder global sein. Eine *europäische Gemeinsamkeit* ist noch im Entstehen, aber Airbus und erneuerbare Energien sind Beispiele für europäische Weltmarktführer. China hat gezeigt, wie ein politisch koordiniertes Programm zu extremen Synergieleistungen fähig ist. Aber noch herrscht bei Politikern ein additives Denken statt eines *synergistischen Denkens.* Die Addition von Produkten führt nicht zur Weltmarktführerschaft, sondern nur das **Schaffen gemeinsamer Plattformen**.

Noch ist das *aktuelle Gesellschaftsmodell heterogen*. Das resultiert aus den unterschiedlichen Interessen ihrer machtpolitischen Spieler.

Die Rolle der USA

Im Anti-Inflation-Act von 2022 verfolgte die USA drei strategische Ziele: Sie will die Wirtschaft klimaverträglich umbauen, sie will Amerika reindustrialisieren und sie will sich Chinas politischen und technologischen Hegemoniebestrebungen entgegenstellen. Europa befürchtet eine Abwanderung von Unternehmen in die USA, weil die Maßnahmen die Produktion in den USA begünstigen. Ursula von der Leyen hält dagegen. Sie bremst die Zersplitterung Europas.

123

Unter der neuen Regierung wird alles anders. Von Klimaverträglichkeit ist keine Rede mehr. Neues Motto zur Ausnutzung von Ressourcen: „Dig, baby dig" und „Drill, baby drill". Das neue Konzept heißt „Deals". Ein Dealmaker nutzt Chancen aus, aber er gestaltet sie nicht, er schafft keine Erfolgspotentiale, er denkt situativ, nicht strategisch. Er schafft keine substanziellen Wettbewerbsvorteile, sondern nutzt Situationen aus, er setzt auf Macht, Einschüchterung, Drohung. Die neue Zollpolitik ist dafür ein Paradebeispiel. Die Wissenschaft ist sich einig, Zölle bringen nichts. Aber die Wahrheit der Wissenschaft zählt nicht, vor allem die der Klimaforschung nicht. Die eigene Wahrheit zählt. Ein Widerspruch in sich.

Trump verkaufte sich schon vor dem Amtsantritt als Aktionist und lieferte auch. Ein Dekret jagte das andere, ein Weltrekord im Aktionismus. Er schmiss Selenskyj aus dem Oval Office, stellte die Lieferungen an die Ukraine ein, ebenso wie die Hilfslieferungen an die ganze Welt, trat aus Weltorganisationen aus. Regimemitglied Musk verschlankte Regierung und Wissenschaft, Klimaforscher wurden zu Feinden. Kurz: die USA ziehen sich auf das Republikanische, Imperiale und Autoritäre zurück. Trump setzt eigene Interessen und die Landesinteressen gleich. Außenpolitisch lieferte er nichts außer Verstörung. Er wollte Frieden in Ukraine in 24 Stunden erreichen. Nach Monaten ist nichts erreicht. Es geht um Geld und Ressourcen, in der Ukraine, Grönland, Panama.

Wahrheit und Ethik haben keine Konjunktur. Drohungen dagegen haben Hochkonjunktur. Zölle sind die neue Allzweckwaffe. Wer nicht „fair" ist, wird bestraft. USA und Russland verfolgen imperiales Gedankengut, die USA schauen auf China, Russland schaut auf Europa.

Die großen US-Konzerne jedoch haben durchaus eine Strategie. Man kann sie unter den beiden Sammelbegriffen Innovation und Volumen zusammenfassen. Dem müssen wir *Kreativität und Werte entgegenstellen*. Oder es gilt der alte Satz: If you can't beat them, join them. So wurde Linde zusammen mit Praxair das größte deutsch-amerikanische Unternehmen auf Platz 49 (Umsatzliste).

Die russische Machtpolitik geht unverhohlen über Leichen und konzentriert sich auf eine Person und ihre imperiale Zielsetzung, die Zeiten der Sowjetunion zurückzuholen. Die Syrienpolitik zeigte bereits eine Politik ohne Moral. Die Handlungen in Georgien und der Krim ebenso. Und dann kam im Februar 2022 mit dem Überfall auf die Ukraine die *Zeitenwende* und damit eine Veränderung der Werte in Europa. Mit der Machtübernahme Trumps exakt drei Jahre später kumulierte die Zeitenwende zum *Epochenbruch*.

Die Welt sah zu, wie Selenskyj im Oval Office gedemütigt wurde. Man konnte nicht fassen, was man sah. Die russische Sichtweise im Oval Office? Soll die Welt nun unter drei Autokraten aufgeteilt werden? Europa war in seiner Ohnmacht im Februar 2025 nur Zuschauer.

Deutschland riss im März 2025 das Ruder herum und reagierte in wenigen Tagen. Der alte und der neue Bundeskanzler waren sich einig. Die demokratische Mitte stand zusammen. **Europa wird erwachsen**, mit oder ohne „Amerika". Ursula van der Leyen organisierte >800 Mrd. € für Europa, Merz >500 Mrd. € für Deutschland, dabei für die Verteidigung „whatever it takes". Der Begriff Verteidigung wurde der Zeit entsprechend weit gefasst. Merz und Pistorius stehen bereit, Europa in eine neue Epoche zu führen.

Das aktuelle Gesellschaftsmodell: Führungsschwäche

Deutschland wurde in der Merkel-Ära zu einem Vorbild in Demokratie und politischer Moral. Die Anerkennung war groß: John Kampfner im Vereinigten Königreich sprach in der Times von „Germanophilie", ähnlich auch der „Economist", aber auch Julie Ray, Gallup-Institut, ähnlich Italien und Indien. Gallup befragt jedes Jahr Tausende Menschen in 135 Ländern, wem sie die Führung der Welt zutrauen. 2017 bis 2020 war Deutschland auf Platz eins (WW, Gut, Stern 12.12.2020, S. 52). Aber wir müssen auch sehen, dass solche „Hypes" auch Modecharakter haben.

Merkel war ein Integrator aber kein strategischer Visionär. Die Politik des kleinsten Widerstandes führte zum Stillstand überdeckt von einer damals starken Wirtschaft. In der Wirtschaftspolitik gilt es vorauszudenken und hier zeigte sie Führungsschwäche. Ihr Nach-folger Scholz gleicht ihr in dieser Hinsicht. Aus dem Rechtspopulis-mus ist nun Rechtsradikalismus geworden, je nach Land zweit- bzw. drittstärkste politische Kraft.

Von Deutschland verlangt *Boris Pistorius* Wehrhaftigkeit, nach in-nen und außen. Keiner differenziert beim Islam so wie er und han-delt bei islamistischen Gefährdern so schnell und konsequent wie er. Insofern lebt er Werte vor. Neben *Xi Jinping* weltweit die einzige aktive, von Werten geleitete Führungspersönlichkeit, Jinping vom Wert: „Wohlstand der Massen", Pistorius von den Werten: „Men-schenwürde" und „Wehrhaftigkeit".

Aber Deutschland braucht mehr als Wehrhaftigkeit, es braucht eine *strategische Vision*, weil von Deutschland mehr Führung verlangt wird. Führung beginnt mit einer Vision. Aber es gilt auch für das ganze Europa, wirtschaftlich relativ stark, aber militärisch schwach. Auch Europa muss seine geopolitische Vision und Position definie-ren.

Führungspersönlichkeiten

Die folgende Liste zeigt - nach Zeit und Raum ausgewogen - die 10 bedeutendsten Führungspersönlichkeiten aller Zeiten, die für *Führungsstärke, Ethik und weltweite Bedeutung* stehen. Die Liste zeigt Führungsstärke aus unterschiedlicher Sicht und Führungs-persönlichkeiten mit einem hohen *Inspirationspotenzial*:

Antike: Cyrus der Große (Menschenrechte), Konfuzius (Weisheit), Alexander der Große (Integration), Ashoka der Große (Ethik),

Mittelalter: Martin Luther (Reformation),

Moderne: Abraham Lincoln (Sklavenbefreiung), Mahatma Gandhi (Gewaltfreiheit), Nelson Mandela (Verzeihen), Eleanor Roosevelt (Menschenrechte).

Vier Leitgedanken für eine Führungsrolle

(1) *Wirtschaft*: **Integration** in Europa mit **Technologiezentren** für die wichtigsten Schlüsseltechnologien nach dem Vorbild des CERN
(2) *Ethik* als ein **Führungsprinzip**
(3) *Weltpolitik: 2025 wurde endgültig klar, dass Europa keine welt-politische Rolle spielt. Die kann es nur durch **Eigenständigkeit** auf der Basis einer weltpolitisch relevanten Stärke finden,* d.h. auf einer europaeinheitlichen Verteidigung.
(4) *Geopolitik*: Das ist globales Denken und Handeln unter geo-gra-fischen Bedingungen. Die zentrale Lage ist das eine, Nutzung von geistigen Ressourcen ist das andere auf der Basis von **Partnerschaften mit den Besten**.

Führung in Wirtschaftspolitik

Die Integration von Europa ist noch nicht erreicht, wenn alle die gleichen Normen anwenden. Das ist der Integrationsansatz eines Buchhalters. Bei einer strategischen Vision geht es nicht nur um Effizienz, sondern um *andere* oder *höhere* Leistung. Aber dafür brauchen wir in Brüssel nicht überwiegend Beamte, die das Einhal-ten von Vorschriften kontrollieren, sondern Innovatoren, die strate-gisch denken.

Strategisch hat wenig – wie viele denken – mit langfristig zu tun, sondern mit dem Durchsetzen eines Konzepts, mit dem man ge-winnt. *Strategie ist das Konzept eines Siegers.* Europa muss ge-genüber China siegen. Darum geht es. Um nicht mehr und nicht weniger. Von diesem Verständnis waren clowneske Populisten wie Boris Johnson Lichtjahre entfernt.

Man siegt, so lehrt es von Clausewitz, in dem man sich konzentriert und auf den schwächsten Punkt des Gegners zielt. Und der *schwächste Punkt von China* ist die Planwirtschaft. Sie ist schwer-fällig, einer flinken freien kreativen Marktwirtschaft unterlegen. Das können wir aus Deutschland lernen. Die DDR war pleite - moralisch und wirtschaftlich. Allerdings muss man dem *autokratischen Ge-sellschaftsmodell*, mit dem wir konkurrieren, zugestehen, dass große Projekte weit schneller durchgeführt werden können, weil sie keinerlei Rücksichten zu nehmen brauchen. Außerdem können Förderprogramme wie E-Autos und KI sehr effektiv eingesetzt werden.

In der Strategie gibt es nur zwei Ansätze: *Kostenführerschaft* oder *Leistungsdifferenzierung*. Wenden wir das auf die europäische Integration an.

Die Integration ist *nicht die Addition von Ländern*, denn das würde unter entsprechenden Voraussetzungen nur Kostenvorteile durch Volumensvorteile schaffen. Damit können wir nicht gegenüber China gewinnen, denn im Volumen sind sie immer im Vorteil.

Sondern Integration sollte eine Organisation der Zusammenarbeit sein, die *Werte* schafft, strategisch gesehen durch *Leistungsdifferenzierung*, Wertvorteile durch Leistungsvorteile.

Dafür gibt es zwei Strategien: *Komplementarität* oder *Synergie*. Im ersten Fall verteilt sich die Arbeit auf die Länder so, dass jedes Land das macht, was es am besten kann. Die Leistungen werden komplementär verteilt, sie *ergänzen sich*. Im zweiten Fall wird die Arbeit so verteilt, dass sich daraus eine Zusammenarbeit ergibt, in der der eine vom anderen lernt und durch das Lernen mit seinen spezifischen Fähigkeiten daraus einen Mehrwert schafft, eben die Synergie, die Leistungen *verstärken sich*. Dafür müssen die Anreize geschaffen werden.

Die freie Arbeitsplatzwahl in einer freien Marktwirtschaft innerhalb Europas schafft dafür die besten Voraussetzungen. Aber die Politik muss dafür die entsprechenden Rahmenbedingungen schaffen. Das lässt sich nur in *Institutionen* durchsetzen, die *unabhängig von partei- und wahlpolitischen Interessen* sind. Hier liegt die Schwachstelle unseres Systems. Aber Deutschland hat mit seinen starken „Beiräten" dafür bereits gute Ansätze. Aber die Bürokratie ist noch ein viel zu großes Hindernis. Es wurde schon so oft gemacht, aber es wurde nicht durchgegriffen. Musk ist dafür kein Vorbild. Aber wir brauchen für die innovativen Ideen der start-ups einen Risikokapitalmarkt. Da ist uns die USA sehr weit voraus.

Führung in Ethik

Deutschland muss seine Führungsposition in der politischen Ethik ausbauen. Das beginnt mit einem klaren *Bekenntnis für seine Werte.* Wie berührend ist es, wenn man in Berlin an der Spree entlang geht und an einer Mauer den ersten Satz unserer Verfassung liest. „Die Würde des Menschen ist unantastbar". Nie wurde Besseres geschrieben.

Aber unser Problem liegt nicht in der Verfassung, sondern in dem **aktiven Bekenntnis zu unseren Werten**. Der Weckruf kommt aus einer Ecke, aus der man ihn nicht erwartet hätte. Von einem zugewanderten Deutschen. Es ist ein Weckruf, wenn uns *Hamed Abdel-Samad* zurecht vorhält, dass wir zur Verteidigung unserer Werte nicht genügend tun. Er kennzeichnet sein Buch „Aus Liebe zu Deutschland" als einen Warnruf. Ich sehe es als einen *Weckruf.* Er weist darauf hin, dass wir uns unzureichend zu unseren Werten und ihren Wurzeln in der Aufklärung bekennen.

Unsere Mitte ist zu wenig aktiv und wird von den Rändern übertönt. Deutschland muss eine selbstbewusstere Rolle in der Staatengemeinschaft übernehmen, ein Verfechter von Werten und politischem Anstand. Wenn Abdel-Samad auf eine Polarisierung in Deutschland hinweist, dann ist das bedingt richtig. Aber der zentrale Hinweis in seinem Buch, in der politischen Mitte mehr zu tun, „um die Demokratie und die Freiheit zu verteidigen" (HAS, S. 25), ist berechtigt. Ein *Appell an die Mitte.*

Die Stärke der Mitte hat 2022/23 dramatisch abgenommen. Alle Parteien ringen um ihre *Identität,* für das, für das sie stehen, ein Programm *unverwechselbarer Werte.* Außerhalb der Mitte entstehen neue Parteien, jedoch mit eher rückwärts gerichteten Programmen. Die Mitte müsste ihr Profil schärfen und ein zukunftsorientiertes Programm dagegenstellen, deren Inhalte mitreißen. Mit drei Worten war die *Französische Revolution* erfolgreich: Freiheit, Gleichheit, Brüderlichkeit. Das könnten Leitbegriffe sein, die jeweils modern und aktuell ausformuliert werden müssten, statt Freiheit, Verteidigung der Freiheit, statt Brüderlichkeit Solidarität, statt Gleichheit Wachstum. Das Umwelt-Thema müsste neu gedacht, technologisch und visionär interpretiert werden. Eine Vision, die Menschen mitreißt, mehr als „Zuversicht" und „Respekt", Nebenbedingungen, aber keine Vision. Visionen, die den Antidemokraten keine Chance lassen. Wir sind oder waren eine fast perfekte Demokratie und könnten zurecht stolz darauf sein.

Aber erst ein geheimes Treffen der Rechtsradikalen in Potsdam im Jan 2024 schreckte Deutschland auf. Dort waren Deportationspläne für Ausländer beraten worden. Das hatte Signalwirkung und eine Million Menschen ging in ganz Deutschland auf die Straße, die „schweigende Mitte" wurde endlich lautstark. Gelebte Demokratie.

Daraus ergibt sich für Deutschland: Ein hohes Potenzial für eine europäische Führungsrolle, aber auch ein *ungenutztes Potenzial,* um seine Führungsrolle basierend auf Werten zu finden. Es gibt *drei sehr verschiedene Wertsysteme*, die konkurrieren und kooperieren. Das kapitalistisch-amerikanische, das sozial-europäische und das kommunistisch-chinesische Wertsystem, abstrakter: das demokratische und das autokratische Modell. Autokratische Modelle haben die Schwäche, von einer Persönlichkeit abzuhängen. Alexander der Große, ein leuchtendes Vorbild für Führungsstärke, starb zu jung, um ein Staatsmodell schaffen zu können. Was er schuf, war eine Egokratie, die mit ihm unterging.

Führung in Weltpolitik

Weltpolitik ist globales Denken und Handeln. Sie gestaltet die Rollen der handelnden Subjekte.

Die "Zeitenwende" ist mehr als nur der Bruch zwischen Russland und dem Westen. Sie besteht in einem grundsätzlichen *Wandel des internationalen Systems*, weg von der regelbasierten internationalen Ordnung, hin zu einem Wettbewerb der Systeme. Im Wettbewerb zählt vor allem strategisches Denken. Traditionell eine Stärke der Europäer (Alexander, Clausewitz) und Asiaten (Dschingis, Sun Tze)

Wenn sich die USA auf das Republikanische zurückziehen, heraus aus Klimaabkommen, USAid, Ukraine und Europa, dann stellen sich 2025 vor allem zwei Fragen:

- Bieten sie noch eine nukleare Sicherheitsgarantie oder nicht.
- Stehen sie noch zu Verpflichtungen mit Großbritannien.

Die Rüstung keines europäischen Landes ist so mit den USA verbunden wie die britische. Ihre Atom-U-Boote müssen regelmäßig in die USA, wenn nicht, sind sie in kurzer Zeit nichts mehr Wert und es bleibt nur noch Frankreich mit seiner Instabilität.

China ist ein Einparteienstaat, der sich erfolgreich in den globalen Kapitalismus integriert und ihn umstrukturiert, internationale Regeln gestaltet und die Diktatur unter digitalen Bedingungen neu erfindet. China versteht sein System als *kulturelle und ideologische Alternative* zu den Vereinigten Staaten beziehungsweise zur Idee der Demokratie. Es kann dabei auf die Unterstützung Russlands setzen, das sich im Zuge der wachsenden Entfremdung von Europa an Beijing angenähert hat. Als Konsequenz des Krieges in der Ukraine ist Russland noch mehr zum Juniorpartner Chinas geworden.

Die Rivalität zwischen den Großmächten offenbart die *Dysfunktionalität des Sicherheitsrats der UN* als oberster Instanz zur Wahrung des Friedens.

Wenn Europa in der Weltpolitik eine Rolle spielen will, dann kann es das nur auf der Basis militärischer Stärke erreichen. Sowohl China als auch Russland haben sich in den vergangenen Jahren vermehrt nicht-militärischer Mittel der Einflussnahme bedient, um den Westen zu spalten und das europäische Projekt zu torpedieren. Wandel durch Handel war ein Trugschluss. Abhängigkeit von Akteuren wird zum Instrument *hybrider Kriegsführung*. Die Infrastruktur wurde zum Schlachtfeld des 21. Jahrhunderts.

Führung in Geopolitik

Geopolitik ist globales Denken und Handeln unter geografischen Bedingungen. Sie nutzt geografische Bedingungen, um Wettbewerbsvorteile zu erlangen, sie denkt strategisch.

China etabliert sich als die neue *wirtschaftspolitische Supermacht*. China ist der einzige Akteur, der strategisch denkt, der Erfolgspotentiale systematisch aufbaut. Künstliche Intelligenz, Ressourcen, Absatzmärkte, Handelsstraßen. Die Neue Seidenstraße eröffnet nicht nur für China wirtschaftliche Möglichkeiten, eine neue Dimension in der Globalisierung. Den beiden Zielen, den Wohlstand für die Massen zu verbessern und geopolitisch zu führen, wird alles untergeordnet, auch die Menschenrechte. China wandelt sich für Deutschland vom Markt zum Wettbewerber. Im Automobilbau schlagen sie den Takt.

2020 wurde die *Freihandelszone* von China mit 14 Pazifik-Staaten nach 8 Jahren zäher Verhandlung beschlossen: Die RCEP: China, Japan, Südkorea, Australien, Neuseeland und ASEAN, 2,2 Mrd. Menschen, 29% des weltweiten Handelsvolumens. Noch ist die EU mit 33% grösser. China sieht im Multilateralismus den „richtigen Weg". Für 90% der Produkte entfallen die Zölle. Die USA verlieren, mit Zöllen werden sie noch mehr verlieren.

Die *geopolitische Repositionierung* wird heute vor allem unter wirtschaftlichen Gesichtspunkten gesehen, und hierin vor allem unter dem Gesichtspunkt der *Ressourcen*. China kauft radikal und konsequent alles auf, was möglich ist. Ressourcenstärke verbindet China mit der „Neuen Seidenstraße" zum weltweit größten Handelsnetz und dem Ziel der weltweiten Vermarktung. Trump haut in dieselbe Kerbe. Grönland, Panama, die seltenen Erden der Ukraine, aber situativ, nicht strategisch.

Wir wollen aber auch den *kulturellen Aspekt* sehen. Die Identität der Kulturen – ihre Verschiedenartigkeit - sollte erhalten bleiben. Aber man sollte auch die *Gemeinsamkeiten* sehen und darauf aufbauend politische Formen des Nebeneinanderbestehens finden. Diese Formen ermöglichen dann die **Synergie der Kulturen**. Und die wiederum ist ein wichtiger *Treiber der Innovation*. Die Vielfalt ist der Nährboden für Kreativität. Das Nebeneinander der Vielfalt funktioniert nur mit Toleranz. Europa hat nur die Chance, neben China zu bestehen, wenn es auf Stärken setzt, die China nicht in diesem Maße hat: *Werte, Toleranz und Kreativität*.

Die Agentur „China CITS Highlights", ein Ableger der ehemaligen staatlichen Agentur Lüxingshe, und der deutsche Ableger „China Rundreisen" wirbt mit uns als beste Chinareisende. Mein Urteil hat also ein Fundament. Chinas Kaisergräber folgen über Generationen immer demselben Muster. Sie kopieren das vorhergehende. Vergleicht man die *Kunstvielfalt über den Generationenwechsel* in Europa, dann ist der Unterschied frappierend. Man denke nur an die Medici-Gräber und Michelangelo. Die Aussagen zur Kreativität sind evident. Aber natürlich ist das nur ein Ansatz. Die Untermauerung müsste viel breiter sein, denn es ist auch bekannt, dass sich die Patentbilanz von China erheblich verbessert hat.

Stärken erkennt man aus dem Vergleich mit den Besten oder Stärksten. Daraus ergeben sich die *Impulse für die Politik*. Sie muss die Rahmenbedingungen für das *Entfalten von Stärken* schaffen, dafür, dass Europa den Vergleich mit China bestehen kann. Unsere Politiker müssen in ganz anderen Dimensionen denken als in Legislaturperioden. Alexander der Große ist dafür ein Vorbild. Er dachte in Dimensionen des Unvorstellbaren, so dass er nicht nur dafür lebte, sondern sich davor auch fürchtete, die Angst, nicht verstanden zu werden. Einmalig in der Geschichte.

Handelsketten haben alle Nationen so verbunden, dass sich Kriege weitgehend aufgehoben haben. Aber eine moralische Verbindung fehlt. Deshalb hat Wandel durch Handel nichts gebracht.

Man sucht den *Interessenausgleich* statt der Harmonie auf der Grundlage von *gemeinsamen Interessen für eine Synergie*.

Das utopische Gesellschaftsmodell: Harmonie

Das utopische Gesellschaftsmodell realisiert und praktiziert das, was in der „Allgemeinen Erklärung der Menschenrechte" steht. Zusätzlich realisiert es die „6 Europäischen Werte", als einen ersten

Vorschlag, der dann zu einem *Weltwertemodell* modifiziert und universell anerkannt wird.

Die Utopie für dieses Gesellschaftsmodell besteht in zwei fundamentalen Vorstellungen: Der universellen Gültigkeit der *Selbstbestimmung* und der universellen Gültigkeit einer *Weltharmonie*.

Die Selbstbestimmung beruht auf der Selbstaufklärung, die Bestimmung all dessen, was uns bestimmt. Die *Selbstaufklärung* ist die Fähigkeit des Menschen, sich eigene Gedanken machen zu können verbunden mit der gesellschaftlichen Ermutigung, dies zu tun. Wir werden die Schlussfolgerungen im Kapitel zu Reisen und Ethik wieder aufgreifen. Noch bleiben wir bei der Gesellschaft.

Um zu einer universellen Gültigkeit der Weltharmonie zu kommen, lenken wir den Blick auf unsere Wurzeln, die *Naturvölker*. Warum können wir nicht das übernehmen, was über Tausende von Jahren das Leben bestimmte? Die Harmonie mit der Natur und dem Umfeld? Warum nicht das, wenn wir selbstbestimmt sind? Warum können wir nicht das ausschalten, was uns fremdbestimmt? Wenn dies immer wieder inkompetente und unethische Politiker sind, warum können wir nicht eine Kontrolle so etablieren, dass die Harmonie kontrolliert wird, etwa so, wie ein Aufsichtsrat einen Vorstand kontrolliert. Wie können wir sicherstellen, dass die Gewaltenteilung in allen Staaten nicht ausgebremst wird und dass die Verfassungsgerichte effektiv arbeiten?

Es klingt einerseits naiv und andererseits grotesk, aber so ist das mit Utopien. Sie scheinen undenkbar. Aber alles hat mit einem Traum begonnen. Wenn man keine Träume mehr hat, ist das Ende erreicht. Auch Reiselust beginnt mit Träumen. John Lemmon hatte so einen Traum. Imagine. Sein entscheidender Satz: „But I am not the only one."

Die Utopie: Alle Nationen verwirklichen demokratische Grundrechte. Das Modell hat drei Ebenen: Eine *Regierungsebene*, eine *Wirtschaftsebene* und eine *Kommunalebene*, die drei Grundfunktionen eines Staatsmodells: Leiten, Wirtschaften und Verwalten.

In dem Modell entsteht eine Weltdemokratie mit einer *Weltregierung*. Das Ziel der Regierung ist die Weltharmonie.

Auf der zweiten Ebene, der Wirtschaftsebene, gibt es *Handelsblöcke*, ähnlich wie sie schon früher im Einflussgebiet Venedigs oder der Hanse bestanden. Wirtschaftliche Zweckmäßigkeit schafft diese Blöcke aufgrund wirtschaftlicher Vorteile. Länder sind Wirtschaftspartner ohne Regierungskompetenz. Ein umfassender Verbund von Handelsketten zur Deckung aller Bedürfnisse.

Die Basis besteht aus *Großkommunen*, regionale Träger der Kulturen. Sie können bei Nationen, die kulturell homogen sind, wie z.B. Japan, mit Nationen übereinstimmen. Aber oft werden sie es nicht sein, wie in China mit dem Gebiet der Tibeter und dem Gebiet der Uiguren. Es ist ein Irrglaube der Chinesen, sie könnten Kulturen umerziehen. Die Unterschiede werden immer wieder aufbrechen, denn „Blut ist dicker als Wasser". Nur Trump fand 2020 die Umerziehungscamps „genau den richtigen Weg", nur um die Wahlhilfe von Xi Jinping zu erhalten. Vergeblich. 2024 brauchte er sie nicht mehr.

In diesem Modell der *Selbstbestimmung* finden auch die Jesiden und Kurden ihre kulturelle Identität. Auch in Europa finden sich Beispiele für kulturelle Unterschiede: Bayern, Sachsen, Wales, Schottland, Bretagne, Südtirol, Wallonien, Katalonien. Ob diese Unterschiede wesentlich sind und über Sitten und Gebräuche hinausgehen, bestimmen die Völker. Entscheidend ist, dass geschichtlich gewachsene nationale Strukturen überwunden werden, machtpolitische Gesichtspunkte in den Hintergrund treten und die Menschen selbst bestimmen, wie sie leben wollen.

Nationalstolz verflüchtigt sich, weil Nationen prinzipiell verschwinden, wenn sie nicht deckungsgleich mit Kulturen sind. Dann werden sie in die Klamottenkiste der Geschichte geworfen. Kulturen sind regional, daher sind Großkommunen, die sie tragen, sozialverträgliche Zusammenschlüsse.

Das Weltdemokratiemodell ist *selbstbestimmt*, die Völker entscheiden über ihre kulturelle Identität und ihre kommunale Organisationsform.

Das utopische weltumspannende Gesellschaftsmodell ist das Ende des geschichtlichen Gesellschaftsmodells. Einer, der unsere Hypothesen stützt, ist der japanische Politikwissenschaftlicher **Francis Fukuyama** in seinem Buch *„Das Ende der Geschichte".* Aber wir wollen hier nicht wie er Marx, Hegel, Hobbes und Locke bemühen, um das Modell zu begründen, wir wollen es nur träumen. Wir setzen den Schwerpunkt anders. Das Ende der Geschichte ist dann erreicht, wenn die Weltharmonie erreicht ist.

Der Leitgedanke unseres Verständnisses von Gesellschaftsmodellen ist ihr *Verhältnis zur Harmonie* und die Erkenntnis, dass Menschen in Isolation über Tausende von Jahren überlebt haben. Diese Zeit dauerte länger als die des geschichtlichen Modells, das etwa 4.000 Jahre gedauert hat. Harmonie hat also für das Überleben von Menschen eine fundamentale Bedeutung.

Daraus ziehen wir eine einfache Schlussfolgerung: Beim Reisen *Harmonie* zu erkennen und nicht nur Erlebnisse und Wissen zu vermehren, ist ein wichtiger Beitrag zur Bildung des Menschen. Das ist der Kern des neuen Reisens, Kulturaustausch mit Wertaustausch. In China immer nur den Menschenrechtsverletzer zu sehen, bringt uns nicht weiter. Wir können auch von einigen Werten lernen. Und das ist der entscheidende Schritt zur Harmonie, denn:

Harmonie ist der Gleichklang von Werten.

Entwicklungstrends

Um Missverständnisse zu vermeiden: Im Zentrum des Buches steht noch *das alte Modell*, die Erklärung erfolgreichen und lustvollen Reisens zu 6.000 Highlights in 12 Jahren. Das ist unsere Erfahrung, aber auch unsere Vergangenheit. Fraglich ist, ob diese Erfahrung ein Ansporn für die Zukunft sein kann. Wir müssen also auch die Veränderungen behandeln, wenn wir in die Zukunft blicken. Daher die breite Abhandlung der gesellschaftspolitischen und geopolitischen Veränderungen.

Nach wie vor stehen für uns *Highlights im Zentrum*, sie sind die entscheidenden Reiseziele. Ihr *Erlebnis* im Augenblick des Besuchs ist die klassische Betrachtungsweise. Strebt man nach höchster Qualität, ist das aber nicht genug. Es geht auch um die Vorstellung von *Veränderungen in der Umwelt*.

Klimawandel

Der Eisbär, der von einer kleinen Eisscholle zur nächsten springt, macht den *Klimawandel* sichtbar, ebenso wie der Besuch eines Gletschers, an dem man erkennt, wie stark er sich zurückgezogen hat. In Puntland lernte wir ein Beispiel für die zunehmende *Wasserknappheit*. Man zeigte man uns einen Brunnen, der erst mit EU-Geldern möglich wurde. In Aserbaidschan besuchten wir das Dorf der „ältesten" Menschen und dachten über *demographische Trends* und ihre Ursachen nach. An vielen Highlights kann man Veränderungen erkennen. Sie können uns darüber hinaus veranlassen, in Zusammenhängen zu denken und darin *Entwicklungstrends* zu erkennen.

Wir sehen den *Fortschritt der Menschheit* überall. Aber wir sehen auch die Bedrohung. Wir glauben jedoch aufgrund unserer positiven Grundeinstellung an die Kreativität und die *Innovationskraft* des Menschen, die anstehenden Probleme lösen zu können.

Wir erkennen *5x4 globale Trends*, die die Welt in den nächsten Jahren verändern werden:
Die klimatische Gruppe
(1)   Abschmelzen von Eisformationen
(2)   Zunahme von Wetterkatastrophen
(3)   Aussterben der Arten
(4)   Verknappung von Trinkwasser
Die ethnographische Gruppe
(5)   Veränderung der Demographie
(6)   Engagement der Jugend
(7)   Flucht vor der Not

(8) Beschleunigung der Verstädterung
Die politische Gruppe
(9) Nationalisierung
(10) Widerstand gegen Staatskapitalismus
(11) Fortschreitende Demokratisierung
(12) Wachsender Terrorismus
Die wirtschaftliche Gruppe
(13) Bekämpfung von Ungerechtigkeit und Armut
(14) China wird dominante Wirtschaftsmacht
(15) Neuorientierung von Wirtschaftsnetzen
Die technologische Gruppe
(16) Integration der künstlichen Intelligenz
(17) Veränderungen in der Antriebstechnik
(18) Integration künstlicher Intelligenz und Robotik
(19) Zellzüchtung von Fleisch und von eigenen Organen
(20) Telemedizin.
Die ersten drei Gruppen sind leicht in ausgewählten Reisezielen zu erkennen. Bei den letzten zwei Gruppen ist das schwieriger.

Man sollte typische Beispiele für *neue Trends* finden, die *Vorreiter* identifizieren und die *Reaktion* der Menschen auf diese Trends bewerten. Trends sind deshalb so wichtig, weil sie etwas über unsere *Zukunft* aussagen. Reisen sollte sich nicht nur mit Vergangenheit und Gegenwart, sondern auch mit der Zukunft beschäftigen.

Es gibt aber auch Institutionen, die sich mit der Vergangenheit beschäftigen, um daraus Lehren für die Zukunft zu ziehen, also *Vergangenheit und Zukunft* miteinander verbinden. Eine solche Institution ist die *Elkano Stiftung.*

In den Jahren 2019-2022 wird in Getaria bei San Sebastian die *erste Weltumsegelung von Magellan und Elkano* (Elcano spanisch, Elkano baskisch) gefeiert. Die *Elkano Stiftung* spielt für diese Feiern eine entscheidende Rolle. Sie ist ein Beispiel für eine Institution, die sich der Analyse von globalen Trends verschrieben hat und diese Analyse mit Veranstaltungen, auch Reiseveranstaltungen, fördert, die den Blick in die Vergangenheit mit dem Blick in die

Zukunft verbinden. Das erscheint uns für das Reisen von grundle-
gender Bedeutung.

Ihr Ziel ist es, die Erinnerung an dieses bedeutende Ereignis wach-
zuhalten, es mit zahlreichen Veranstaltungen zu zelebrieren und
vor allem über die Auswirkungen dieses Ereignisses nachzudenken und Schlussfolgerungen für die *Beurteilung der gegenwärtigen
globalen Entwicklungen* zu ziehen. Die Elkano Foundation will aus
der Vergangenheit lernen und Neugierde fördern. Ihre Veranstaltungen sollen in die Geschichte eintauchen und die gesellschaftlichen Modelle der Vergangenheit untersuchen. Die Gesellschaftmodelle der Vergangenheit sollen im heutigen Kontext analysiert
werden. Mit diesen Analysen soll die Zukunft überdacht werden.

Man greift Fragen auf, die im *Zusammenhang mit der Weltumrundung* stehen: Die Beziehung zwischen Küstenstädten und dem
Meer, die Nachhaltigkeit, der Einfluss von Wissenschaft und Technik auf die gesellschaftliche Entwicklung, die Koexistenz der Kulturen und die Globalisierung. Diese Aktivitäten haben durch einen
Eintrag in das Guinness Buch der Rekorde weltweite Aufmerksamkeit erfahren (GB, S. 147). Ihre Mission: „Created to coordinate pro-
jects that promote Elkano's knowledge and the milestone he set for
humanity." (Elkano Fundazioa, Getaria). Im Kapitel Reisegründe
(Bd. 2) werden wir auf die erste Weltumsegelung vertieft eingehen.

Für ein Reisen, das sich an ethischen Kriterien orientiert, ist der
Naturschutz wesentlich. Er wird vor allem vom Klimawandel beeinflusst, daher wollen wir die *wichtigsten Erscheinungen und Trends*
im Klimawandel erläutern.

Der *Meeresspiegel* ist in den letzten 100 Jahren um 18 cm gestiegen. Das Eis in der Antarktis ist um 1.800 km³ seit 2002 geschmol-
zen und schmilzt mit 100 km³ pro Jahr. Auch das arktische Eis
schmilzt dramatisch. Auf der ganzen Welt ziehen sich die Gletscher
zurück. Damit wird der Meeresspiegel bis 2100 um 50-80 cm steigen.

Kiribati nimmt eine Seefläche ein, die so groß ist wie die Landfläche
der USA. 32 Atolle und eine Insel, 100.000 Einwohner. Der größte

Teil der Landfläche liegt nur wenige Meter über dem Meeresspiegel. 2012 beschloss das Kabinett von Präsident Anote Tong, 24 km² Land auf Fiji zu kaufen. Er sagte, dass es für die folgende Generation keine Frage der Wahl sei, sondern die des Überlebens.

Die *Malediven* haben über 1.000 Inseln, der höchste Punkt erreicht noch nicht einmal 3 Meter. 400.000 Einwohner sind in Gefahr. Der Tsunami von 2004, den wir in Phuket erlebt hatten, verursachte hier große Schäden nicht nur an den Häusern, sondern auch an der Wasserversorgung. Präsident Abdulla Yameen setzte auf eigene Anstrengungen in Geoengineering. Das schließt den Bau neuer Inseln ein.

Fiji, Palau, Salomonen, Tuvalu und Mikronesien sind gefährdet und setzen auf verschiedene Maßnahmen, aber fast alle auf das Anpflanzen von Mangroven. Der Botschafter der Kap Verden äußerte sich wie der Präsident der Malediven: Sie seien die *Wächter der Welt*, was ihnen jetzt passiere, würde später allen Ländern wenigstens zum Teil passieren: Überschwemmung. Hilda Heine, die Präsidentin der Marshall Inseln, sieht das anders und sagte der Canberra Times: „Das Überleben unserer Inseln hängt von den Menschen ab, die hier leben." Unseren Aufenthalt auf der Privatinsel vom ehemaligen Raketenbauer Lutz Kayser und seiner Frau Susanne haben wir 2016 auch so gesehen und ein wenig am Bau der Anlegestelle und der Werbung mitgeholfen. Aber für die Marshallesen ist die Situation einfacher, weil sie aufgrund vertraglicher Bindungen mit den USA jederzeit auch in den USA leben können.

Eine sehr grundsätzliche Form des Klimawandels ist die *Veränderung des weltweiten Wasserhaushalts*, der Verbrauch und der Zufluss des Trinkwassers. Das fossile Wasser wird schneller verbraucht, bevor es ersetzt werden kann. Grundwasser wird überpumpt. Eine industrielle Landwirtschaft, die nur auf den kurzfristigen Gewinn sieht und die Nachhaltigkeit völlig ignoriert, hat dazu beigetragen, dass ganze Provinzen überall in der Welt anfangen zu veröden: In Nordamerika (High Plains), Indien, Australien, Syrien, Irak, China, Russland. In 40 Jahren werden wir mehr Wasser verbrauchen, als vorhanden ist. In Südafrika vertrocknen Farmen und

Farmer begehen Selbstmord, weil sie seit 7 Jahren keinen Regen gehabt haben. Wasserreservoirs von Kapstadt sind trocken. Wasserkrisen sind im Gazastreifen offensichtlich, ebenso wie in Kalifornien am Salton Sea, einst Attraktion, heute verkommen.

Das Problem sind nicht gelegentliche Dürren, sondern eine fundamentale *Grundwasserausbeutung*. Die Wassermenge bleibt weltweit konstant, das Problem ist die Verteilung. Die *Dürregebiete* der Welt haben sich seit 10 Jahren verdoppelt. Andererseits werden Feuchtgebiete immer feuchter. Die Unwetter werden stärker, Superzellen mit einer bisher unbekannten Unwetterkonzentration sind entstanden, die Hurrikans sind um 50% stärker geworden

New York zeigt einen *Lösungsansatz*. Die Stadt hat umgestellt von einer Wasseraufbereitung, die jährlich 6 Mrd. $ kostet zu einer neuen Wasserversorgung. New York bezieht das Wasser aus den Catskills Mountains. Man hat hier in Naturschutz investiert, in die Wälder als natürliche Speicher, so dass nun 90% des Wassers von dort bezogen werden. Die Lösung des Wasserproblems liegt im Umgang mit den Ökosystemen, in regionalspezifischen Lösungen, in einem klimabewussten Wasserrecycling. Die Wasserkrise ist – so sagen Fachleute - lösbar.

Eine neue Sicht auf den Klimawandel nimmt ein internationales Expertenteam ein, das im *Fachblatt „Nature"* von einem „planetaren Notfallzustand" spricht, weil entscheidende Wendepunkte im Erdsystem – wie der Verlust des Amazonas-Regenwaldes oder der Eisdecke der Antarktis – bislang „zu wenig Beachtung" fanden. Es gibt immer mehr Beweise dafür, dass das *Überschreiten von festgelegten Schwellenwerten* drastische Auswirkungen hat und langfristige irreversible Schäden verursacht. Eine der Kernaussagen ist also „zu wenig Beachtung". Und da setzt das neue Reisekonzept „zugunsten anderer" an: Die *Beachtung zu erhöhen*, z.B. durch Kampagnen.

Die Aktionen zum Klimaschutz wurden durch Trump gefährdet, durch die Kriege haben sie an Aufmerksamkeit verloren, und sie werden wahrscheinlich durch eine neue Regierung Trump weiter gefährdet, er trat 2025 erneut aus dem Pariser Klimavertrag aus. Bedenklich ist die starke Lobby der Staaten, deren Wirtschaft auf fossilen Brennstoffen beruht.

Haltungen gegenüber dem Klimaschutz ändern sich durch reale Erfahrungen. *Arved Fuchs* durchquerte mit Reinhold Messner die Antarktis. Früher reiste er auf der Suche nach Abenteuern. Er segelte dreimal durch die *Nordost-Passage* und scheiterte dreimal am Eis. Beim vierten Mal machte er eine Entdeckung, die seine Haltung veränderte: „Und plötzlich ging das ganz geschmeidig." Es nahm ihm, wie er es ausdrückte, seine Unbefangenheit, denn er hatte das *Abschmelzen des arktischen Eises hautnah* erfahren. Von da an wollte er nach einem Abenteuer nicht mehr nur Geschichten erzählen, sondern er thematisierte den Klimawandel. (Quelle: Georg Wendt/dpa). Wir haben dieselbe Erfahrung gemacht, im Juli noch mit einem Eisbrecher durch einen Engpass nur mit voller Kraft. Im August macht Babis Bizas mit der Hanseatic dieselbe Tour. Die Engstelle war schon frei.

Biodiversität ist die Lebensgrundlage des Menschen. Die Artenvielfalt geht gegenwärtig erschreckend zurück. Ein Massenaussterben liegt vor, wenn mehr als 75% der Arten aussterben. Fünfmal geschah das in den letzten 550 Mio. Jahren. Es geschieht auch jetzt wieder, meint Elizabeth Kolbert: Das 6. Sterben, Suhrkamp 2016. In Brasilien ist es mit der Abholzung in schrecklicher Weise verbunden. Im südlichen Afrika gibt es die meisten vom Aussterben bedrohten Säugetierarten der Welt.

Ein Meilenstein war das *Pariser Klimaabkommen von 2015*. Ein großer Schritt für die Menschheit, weil es zum ersten Mal gelungen war, die Interessenlagen aller 193 UN-Mitgliedstaaten in einem einzigen gemeinsam verfassten Abkommen festzuhalten. Europas Green Deal ist ein Aktionsplan, der die EU bis 2050 klimaneutral machen soll. 2020 verschärfte die Kommission ihr Teilziel bis 2030: Der CO_2-Ausstoß soll sogar um 55% reduziert werden, nicht mehr nur um 40%. China will die Klimaneutralität bis 2060 erreichen. Klimaziele sind Teil der Investitionspolitik von Unternehmen geworden.

Deutschland kündigt im Mai 2021 ein bedeutendes Klimaziel an: Klimaneutralität nicht nur 2050 erreicht werden, sondern schon 2045, ein äußerst ehrgeiziges Ziel, das von einigen auch als „sehr sportlich" bezeichnet wird.

Aber nach Paris waren die Klimakonferenzen in Glasgow und Baku ernüchternd. Die COP 30 wird in Belem am Amazonas stattfinden.

Auf der *Weltklimakonferenz in Glasgow 2021* mussten die Länder erklären, wie sie ihre Ziele erreichen wollen. Für den Klimaschutz wird mehr getan als in der Öffentlichkeit wahrgenommen wird. Das Ziel einer maximalen Erderwärmung um zwei Grad bis zum Jahr 2100 ist in greifbare Nähe gerückt. Die NGO Germanwatch hat einen Klimaschutzindex aufgestellt, der Transparenz in die Klimapolitik der Länder bringen soll. Danach hat die Mehrheit der Industrie- und Schwellenländer sinkende Emissionen. Aber schon 2022/23 galt das nicht mehr. Auch wenn die Mittel unrechtmäßig sind, kann man die Ungeduld der „Letzten Generation" schon verstehen.

Klimaneutralität und Nachhaltigkeit sind zu zentralen Begriffen unserer Zeit geworden. 127 Länder, die zusammen zwei Drittel des globalen CO_2-Ausstosses verantworten, planen kurzfristig ein Gleichgewicht zwischen der Menge der produzierten und der der Atmosphäre entzogenen Emissionen zu erreichen, um die globale Erwärmung zu reduzieren.

Greta Thunberg hat viel für ein neues Klimabewusstsein geleistet. Sie erhielt den ersten von der Gulbenkian-Stiftung neu gestifteten *Preis für Menschlichkeit*. Sie startete mit dem Pappschild 2018 und erreichte 2 Jahre später alles, was eine Aktivistin erreichen kann: Eine weltweite Bewegung. Das ist bewundernswert.

Es gibt aber auch kritische Stimmen zu einem vermeintlichen Geschäftserfolg. Ob sich ihr Wertebewusstsein zum *Geschäftsbewusstsein* gewandelt hat, können wir nicht beurteilen. Bei einer Kritik muss man auch die Rolle der PR-Manager untersuchen. Aber ihre politischen Äußerungen 2024 sind unakzeptabel.

Abb. 16 Vier Aspekte des Klimawandels

Die Corona-Demonstrationen in Berlin 2021 haben gezeigt, dass wir auch viele *Ignoranten* haben. Primär ging es in Berlin um eine vermeintliche Freiheitseinschränkung, tatsächlich aber waren diese Veranstaltungen ein Sammelbecken für Personen, die gegen alles sind. Corona, Demokratie und Klimawandel. Sie verwirren sich durch Lügen, Denkblockaden und abstruse Gespinste. Ihre Zahl ist weniger erschreckend als ihre *Lautstärke*. Sie können – wenn überhaupt - nur mit eindrucksvollen Beispielen überzeugt werden. Aber ich fürchte, sie sind so blockiert, dass nur persönliches Leid weiterhelfen könnte.

Die vier Bilder in Abb. 16 machen den Wandel so deutlich, dass man sich ihrer Wucht nicht entziehen kann. Zur Wirkung kommt die Innovation der Information. Bisher kaum gesehene Deutlichkeit, Bilder, die schreien. Ein riesiger Permafrostkollaps in Sibirien, ein verlorener Eisberg, ein Eisbär beim Sprung, der zu kurz sein könnte, ein Schiff in der Wüste - Bilder, die man ins Bewusstsein der Klimaleugner brennen müsste.

Das *Abschmelzen des Permafrostes* ist eine der größten Klimabomben der Welt. Der *Batagay-Krater* 750 km NNO von Jakutsk, ist die bedeutendste Erscheinung für das Abschmelzen des Permafrosts, vermutlich der größte Treiber des Klimawandels. Andererseits offenbart dieser Einsturz den Einblick in eine Erdgeschichte von 200.000 Jahren. Er legt die Knochen von Mammuts, Moschusochsen und einer alten Pferderasse frei, dem Urahn des jakutischen Pferdes.

Dieser Krater steht stellvertretend für viele Krater in Jakutien aber auch für die viel kleineren Krater auf der Yamal-Halbinsel - in Jakutien groß und wenige, in Yamal kleinere und viele. Die meisten öffnen sich nur in einem kurzen Zeitfenster für die Forscher, weil sie sich bald mit Wasser füllen. Nicht so der große Batagay-Krater, denn der ist länglich geformt und hat einen Abfluss (Abb. 16).

Im Permafrost schwelt eine organische Zeitbombe, das *gebundene Methan*, das in den nächsten Jahren frei werden wird. Damit *verändert sich die russische Arktis epochal*. Und der Wandel beschleunigt sich. Hier wird die Büchse der Pandora geöffnet.

Der Klimawandel zeigt sich in Jakutien in verschiedenen Formen,
- in der Versandung des Flusses Olenjok aufgrund der Austrocknung,
- die Veränderung des Wasserhaushalts in der Taiga, der zunehmend aus dem Gleichgewicht gerät,
- in den Waldbränden,
- andererseits in einer Verbuschung der Tundra,
- im Rückzug von Schneefeldern in den bergigen Regionen.

In Abb. 16 zeigen vier Erscheinungen, die man reißerisch als *„die vier Klimakracher"* bezeichnen könnte, (1) der *Batagay-Krater*, (2) die abschmelzenden *Eisberge* im Rossmeer, (3) der **Eisbär**, der seine Lebensgrundlage verliert und damit zum Symboltier des Klimawandels wird, und (4) die Schiffe, des fast verschwundenen ehemals riesigen *Aralsees*. 2012 haben wir noch an seinen Ufern gezeltet und Bilder großer Schönheit gesehen. Heute sind sie nahezu verschwunden. Das hat vordergründig mit der Bewässerungsproblematik zu tun, hintergründig aber mit dem Verteilungskampf um das Trinkwasser.

Wer diese Bilder gesehen hat, ist nachher nicht mehr derselbe Mensch, der, um nochmals mit Arved Fuchs zu sprechen, der „verliert seine Unbefangenheit."

Die vier Klimakracher sind systematisch definiert. Global: Nordpol, Südpol, Tierwelt, Pflanzenwelt, Wasser und Wüste. Alles ist betroffen. Die sechs Erscheinungen von Geographie, Geologie und Biologie haben wir zu vier Erscheinungen verdichtet.

Konsumwandel

Alle reden vom Klimawandel. Wir wollen auch auf die Bedrohung unseres Planeten durch den *Wandel der Konsumgewohnheiten* hinweisen. Die Kaufgewohnheiten, den Versandhandel, die Informationssucht.

Trotz eines Verbots von Plastiktüten in vielen Ländern der Welt, steigen die Müllberge. Der größte ist 70m hoch und liegt in *Ghazipur im Osten von Dehli*. Hier türmen sich viele Millionen Tonnen, auch giftiger Sondermüll, der von den Bewohnern der angrenzenden Slums teilweise noch verwertet wird. Der *Plastikmüll* in den Ozeanen stammt aus den Flüssen, vor allem aus China.

Das *Internet-Netz* (vgl. NM, Klima, S. 40f) wächst zu *einem der größten Energiefresser* heran, weil immer mehr Computer eingesetzt werden. Datenspeicher verbrauchen viel Energie. Vor den Städten entstehen festungsartige Datenzentren oder ausgedehnte Serverfarmen in Wüsten. Für den Fall eines Stromausfalls stehen riesige Notstromaggregate mit Dieselmotoren bereit, für die Tanks hunderttausende von Litern Diesel bunkern, wie z.Z. für das Rechenzentrum von E-Shelter in Frankfurt, ein Unternehmen für Cloudcomputing und Datenzentren.

Eine einzige Überweisung in *Bitcoin* verbraucht so viel Strom wie ein US-Amerikaner in einer Woche. Der jährliche Stromverbrauch von Bitcoin entspricht dem Stromverbrauch von Dänemark. Aber *Google* ist der größte Energiefresser. Mehr als eine Milliarde Menschen googeln am Tag, laden etwas auf Facebook hoch und hinterlassen 5,8 Mrd. Like-Rückmeldungen wie Google mitteilte.

So entstehen *riesige Rechenzentren.* Das Rechenzentrum *Bumblehive der NSA in Utah* ist hunderttausend Quadratmeter groß. Das größte Rechenzentrum der Welt von *China Telecom nahe Hohhot*, Innere Mongolei umfasst 100 Hektar für 1,2 Millionen Server. Sie werden gebaut wie Festungen.

Das *Telekom-Data-Center in Biere bei Magdeburg*, das Maßstäbe für *Datensicherheit und -verfügbarkeit* setzt, kann man nur über eine Art Brücke betreten, Portugals größte Serverfarm ist nur über einen geschlängelten Zufahrtsweg erreichbar, um Angriffe durch Lastwagen zu erschweren. Microsoft parkt die Speicher für seine Cloud-Dienste in den Rechenzentren in Biere bei Magdeburg und im Interxion-Zentrum in Frankfurt, weil die Datenschutzregelungen in Deutschland sehr viel strenger sind als in den USA.

Die *ökologischen Auswirkungen des Internets* sind schlimmer als die des sauren Regens. Der Ausweg kann nur lauten, dass die Rechenzentren effizienter und ökologischer werden. In Nevada liegt das größte *Rechenzentrum der USA „The Citadel"* mit 670.000 m². Es wird ausschließlich mit erneuerbarer Energie versorgt. Amazon errichtet einen Windenergiepark und Apple baut inzwischen Solarparks für seine Rechenzentren. Cisco prognostiziert, dass nach der Cloud der „Fog" kommen könnte, eine dezentralere Lage der Daten in Kundennähe.

Die Zukunftsprobleme der Menschheit: Der Club of Rome

1968 wurde der Thinktank "Club of Rome" gegründet. 1972 betrat er mit einem Paukenschlag die Weltbühne, mit einer Studie *"Limits to Growth",* die die Epoche der modernen Umweltdebatte einleitete. Diese Studie stand lange auf den Bestsellerlisten, wurde in 30

Sprachen übersetzt und in 30 Mio Exemplaren verkauft. Kein wissenschaftliches Werk hat das vorher erreicht. Es erweiterte den politischen Horizont.

In ihrem „*Weltmodell*" spielten die Forscher verschiedene Szenarien durch. Das pessimistische Scenario erhielt die weitaus größte Aufmerksamkeit, denn es war eine Weltuntergangsprophezeiung. Wenn die Weltbevölkerung ungebremst wächst, kaum neue Rohstoffvorkommen entdeckt und auch keine wesentlichen technologischen Fortschritte erzielt werden, dann würde es zum wirtschaftlichen und ökologischen Kollaps der Weltgesellschaft im 21. Jahrhunderts kommen, sagten die Rechner des MIT voraus. Die Weltbevölkerung würde drastisch zurückgehen und verelenden. Die realistischeren Szenarien wurden dagegen kaum wahrgenommen.

Der Zeitpunkt für den Paukenschlag war perfekt: 1973 begann die erste Ölkrise, autofreie Sonntage, die Erdölpreise explodierten, die Weltwirtschaft schlidderte in eine Rezession. 1967 waren die ersten Fotos von der Erde - aufgenommen im All - veröffentlicht worden. So wurden Eindrücke von der *Schönheit des Planeten*, aber auch seiner Begrenztheit vermittelt.

Der Club - damals finanziert von der Volkswagen-Stiftung - hat *zwei Hauptziele*: Die *Zukunftsprobleme* der Menschheit interdisziplinär zu identifizieren. *Lösungen* vorzuschlagen, um gesellschaftliche Debatten zur Zukunftsentwicklung zu initiieren.

Der Club hatte einen *überwältigenden Erfolg,* er hatte ein schonungsloses Instrument, um Aufmerksamkeit zu erlangen. Aber es gab auch Kritik. Das Weltmodell vereinfache zu sehr. Das ist bei allen Modellen so und das muss auch so sein, um die Ursachen für Wirkungen zu klären. Der Club setzte sich durch. Es wurde akzeptiert, dass unsere Entwicklung auf Grenzen stößt. 40 Studien folgten: Auswirkungen der Mikroelektronik, Veränderungen der Arbeitswelt, neue Bezahlsysteme, die Rettung der Regenwälder und effizientere Ressourcennutzung.

Inzwischen werden die Grenzen des Wachstums anders gesehen. Sie sind weit weniger von der Ressourcenknappheit bestimmt, als vielmehr von der *Belastung der Ökosysteme*. Ihr Gleichgewicht ist in Gefahr, weil

- die Weltbevölkerung zu stark wächst
- das Konsumniveau zu hoch ist.

Also ist es nicht nur der Klimawandel, sondern auch das *Konsumverhalten*.

Auf viele konkrete Vorschläge hagelte es Kritik. Die Forscher verteidigten sich: Sie hätten seit 40 Jahren versucht, einen *Wertewandel* zu erreichen. Aber sanfte Appelle hätten nichts bewirkt. Ihre Vorschläge wurden konkreter und radikaler:

- Neue Grenzen für den globalen Handel,
- grüne Konjunkturpakete,
- mehr Urlaub,
- Ein-Kind-Politik in den Industrieländern, jede Frau, die nur ein Kind aufzieht, solle im Alter von 50 Jahren einen Bonus von 80.000 Dollar bekommen.

Food for thought.

Fünfzig Jahre nach dem ersten Bericht erschien 2022 der neueste Bericht „*Earth for All*", ein Überlebensführer für die Menschheit, der den Weg aufzeigt, wie die Wirtschaft verändert werden muss, damit alle auf der Erde gut leben können. Ein Meilenstein, der das Urteil untermauert, dass die Arbeiten des Club of Rome die fundiertesten Studien zum *Wertewandel* sind. 2025 stellt sich aber die Frage, was den Wertewandel mehr beeinflusst, Studien oder radikales Handeln von zwei Präsidenten.

Damit haben wir *gesellschaftliche Entwicklungstrends* und Auswirkungen auf einen menschengemachten Klimawandel aufgezeigt und Verbindungen zu einem *Wertewandel* gezogen. Nach den Fakten wollen wir noch eine generelle Schlussfolgerung zum Erkennen von Trends ziehen.

Wie erkennt man Entwicklungstrends?

Um Trends zu erkennen, sind *sechs Stufen* sinnvoll. Wir stellen sie mit einem Beispiel aus dem **Klimawandel** dar, und zwar mit dem

Baum, der im UNESCO-Welterbe die mit weitem Abstand größte Bedeutung hat: Die Buche.

Die **Urbuchenwälder** (so verkürze ich den Originalbegriff Ancient and Primeval Beech Forests) sind ein Welterbe, das aber in 18 Ländern in 94 Gebieten vorkommt. Das Problem für den Reisenden ist die schiere Anzahl. Wir glauben nicht, dass man 94 Buchenwälder gesehen haben muss, sondern diejenigen, die das Wesen der Urbuchenwälder – die *Anpassungsfähigkeit* - am deutlichsten ausdrücken, also die wesentlichen. Damit bestimmen wir die Besuchsziele, mit demselben Prozess wie das Erkennen von Entwicklungstrends: Wir zeigen die *sechs Stufen mit den sechs Schlüsselbegriffen:*

Problembestimmung:
(1) Begrenzung der Vielfalt (Wälder) auf das *Relevante* (Buchenwälder).
(2) Bestimmung des entscheidenden *Zusammenhangs* (Vegetationszonen).
In einer dynamischen Betrachtung werden
(3) die entscheidenden Veränderungen (Urbuchenwälder, also Alter und Kontinuität) erkannt und diese
(4) zu wesentlichen Veränderungen (Anpassungsfähigkeit und Sortenbildung) verdichtet.
In einem Bewertungsprozess werden die Konsequenzen gezogen
(5) der *neue Wert*: Anpassungsfähigkeit (das hätte Darwin auch so gesehen)
(6) der *neue Trend*: Züchtung neuer anpassungsfähiger Sorten.

Erkennt man Entwicklungstrends, dann wirken sie wie *Filter in der Wahrnehmung*. Trends sind Filter, die das Wesentliche vom Unwesentlichen trennen. Trends sagen aus, was im Zeitverlauf wesentlich ist.

Reisetrends

Uns geht es um das Reisen, genauer um die Reisephilosophie. Diese aber wird bestimmt vom gesellschaftlichen Wandel und dem Klimawandel. Wir haben aufgezeigt, dass beide Erscheinungen mit einem *Wertewandel* verbunden sind. Und der Wertewandel treibt die Veränderung der Reisephilosophie.

Wir erleben seit 1950 einen tiefgreifenden *Wandel in der Mobilität der Menschen*. Der Billigflieger Air Asia drückt in seinem Slogan den Wandel deutlich aus: Now Everyone Can Fly. Der Tourismus wurde zum drittgrößten Wirtschaftssektor.

Die Covid-Pandemie begann 2020. Sie brachte den internationalen Tourismus in diesem und dem Folgejahr zum Erliegen. Das vorherige Niveau wurde erst 2023 wieder erreicht. In diesem Zeitraum hatten wir Zeit zum Nachdenken. Es wurde klar, dass wir uns umstellen müssen, dass wir vor allem unser *Wertesystem* ändern müssen. Die Krise war eine Gesundheitskrise, eine Handelskrise, aber auch eine Sinnkrise. Die logistischen Auswirkungen waren offensichtlich. Die Abhängigkeit der Welt aufgrund internationaler Handelsketten wurde überdeutlich; ebenso wie die vielen Flugzeuge am Boden, der Überlebenskampf der Fluglinien.

2024 hat der Tourismus deutlich zugenommen und sein Anteil am CO_2-Ausstoß ist höher als bisher: 9%. Flugzeuge haben daran den höchsten Anteil, sie haben alle ihre Ziele nicht erreicht, weil alternative Brennstoffe immer noch zu teuer sind. Sie haben 2024 ihre Ziele nur verschoben, Neutralität jetzt 2050. Nachhaltiger Tourismus bleibt noch eine Utopie.

Wir erkennen drei *logistische Reisetrends*:
(1) Die Transportkapazitäten werden kleiner
(2) Der Reisepreis steigt
(3) Reisen werden lokaler organisiert

und drei *inhaltliche Reisetrends*:
(4) Quantität wird immer mehr durch Qualität ersetzt
(5) Der Sinn des Reisens wird kritischer hinterfragt
(6) Ethische Maßstäbe gewinnen an Bedeutung.

Die neuen Maßstäbe führen zu einem **Paradigmenwechsel** im Reisen – eingehend behandelt im fünften Band. Im Kern bedeutet das: weniger Quantität, mehr Qualität. Der Blick richtet sich auf das

Wesentliche – auf Reiselust und sinnvolle Erfahrungen, nicht auf Kosten anderer. Wer also den Weg „die ganze Welt" weitergeht, muss für entstehende Schäden einen Ausgleich schaffen. Die Grundlage bildet eine bewusst entwickelte **Reiseethik**.

Gleichzeitig machen globale Trends zunehmende Probleme sichtbar – mit direkten Folgen für das Reisen. Reisen der Zukunft muss **ethischen Kriterien** standhalten. Es muss vertretbar sein. Daraus ergibt sich die zentrale Frage: Nach welchen Maßstäben bewerten wir?

3 Reisephilosophie und Ethik

3.1 Reiseethik

Werte sind die Bedeutung, die man Dingen zumisst. Wir wollen im Folgenden unsere Werte erläutern, und zwar Werte im Zusammenhang mit Reisen, genauer: Werte, die für das Erreichen nachhaltiger Reiselust ausschlaggebend sind.

Weil Werte das Reisen ausrichten, haben sie besonders für ein ehrgeiziges Reisekonzept, das auf die ganze Welt zielt, fundamentale Bedeutung. Daher wollen wir dieses *Fundament* systematisch begründen.

Abb. 17 Reiseethik als Prozess

Ethik ist ein Teilbereich der Philosophie, der sich mit den Voraussetzungen und der Bewertung menschlichen Handelns befasst; in unserem Fall des Reisens. Daher ist *Reiseethik* das *Finden, Fundieren und Anlegen von Maßstäben für eine Bewertung* (Abb. 17) des Reisens. Das Anlegen von Maßstäben resultiert in eine Entscheidung für Werte. Diese richten das Reisekonzept aus.

Der *erste Prozess*, das *Finden von Maßstäben* zielt auf eine grundsätzliche Orientierung, auf ein Wertniveau, das unserem Handeln eine Richtung gibt. Wir unterscheiden drei Phasen für das Finden: (1) den Antrieb, (2) eine Überzeugung, die den Prozess und die Richtung prägen und schließlich (3) das Wertniveau; dabei geht es nicht um einzelne Werte, sondern zunächst um unsere Grundeinstellung, ein Niveau, das allen unseren Werten gemeinsam ist.

Drei Antriebe in uns bewirken je nach den Grundüberzeugungen drei Wertniveaus:

Aus *Leidenschaft*, dem Antrieb, uns einzusetzen, und einer Überzeugung von dem Sinn unseres Tuns resultiert eine Grundeinstellung. In unserem Fall führt unsere Leidenschaft zu einer *positiven Grundeinstellung*.

Aus *Ehrfurcht*, dem Antrieb, uns einzuordnen, und darin, wie wir die Weltordnung sehen und ob wir eine höhere gestaltende Kraft anerkennen, resultiert *Demut*.

Aus *Ehrgeiz*, dem Antrieb, ein Ziel zu erreichen, und einer Überzeugung vom Stellenwert der Leistung resultiert unser Anspruchsniveau, in unserem Fall das Streben nach *Qualität* und nach *Extremen*.

Im *zweiten Prozess* gilt es, die gefundenen Maßstäbe zu *fundieren*, sie so zu verankern, dass sie umgesetzt werden können. Auch hier unterscheiden wir drei Phasen: (1) *Zeit* nehmen, (2) den *Mitteleinsatz* planen, anders formuliert, einen Nährboden anlegen und (3) den *Willen* zu klären.
(1) Das beginnt mit dem trivialen Gedanken, sich dafür *Zeit* zu nehmen. Bei unserem Ziel, die ganze Welt zu sehen und das in

kurzer Zeit, ist das keineswegs selbstverständlich. Wir meinen die Zeit zum Rasten und dafür, sich zu besinnen.

(2) Wir streben nach höchster Reiselust. Die entfaltet sich nur auf einem Nährboden, der die Nährstoffe für höchste Freude enthält. Und das ist der *Einsatz von materiellen und geistigen Mitteln,* letztere sind die Leitlinien unserer Reisephilosophie.

(3) Wenn sie auf Freude zielt und wir davon überzeugt sind, dass alles einen Sinn macht – eine schlüssige Philosophie – dann gewinnen wir die Kraft für einen *Willen,* unser Ziel zu erreichen. Unser Konzept bekommt Kraft, denn wir engagieren uns mit Überzeugung und Freude dafür. *Commitment* ist ein treffender Ausdruck für diese Haltung.

Damit haben wir 15 Begriffe im *Überblick* – die ersten beiden Prozesse (vgl. Abb. 17) dargestellt, um ihre Funktion für die Begründung unseres Wertniveaus zu erläutern.

3.2 Positivismus: Die Grundeinstellung

Wir wollen einen Begriff herausgreifen, weil er für das Reisen besonders wichtig ist, den *Positivismus.* Darunter verstehen wir hier eine **positive Grundeinstellung zum Leben** und nicht – wie meist - eine Form der Philosophie.

Unser Verhältnis zu Werten beginnt mit unserer *Grundeinstellung zum Leben,* quasi das Vorzeichen, unter dem wir alles bewerten. Vorzeichen können positiv oder negativ sein. Unsere Reisen haben uns in unserer *positiven Grundeinstellung* bestärkt: Die Menschheit lernt und schreitet voran. Der Entdeckertrieb des Menschen, sein Erfindungs- und Unternehmungsgeist sind unerschöpflich.

Wir haben unsere Augen vor dem *Negativen* nicht verschlossen, wir waren an allen wichtigen gefährlichen Orten, nur grundsätzlich nicht in Kriegsgebieten, bis auf eine Ausnahme - Dafur. Wir haben Abholzung und Armut gesehen. Überbevölkerung und Überbebauung. Kriminalisierung in Städten. Die Anzahl der Bedrohten, Armen, Kranken und Hungernden ist zu hoch und sie schmerzt.

Terrorismus ist zu einer Geißel geworden. In Mogadishu wird man auf die härteste Probe gestellt, ein Extremfall.

Aber die Welt ist weniger kriegerisch, weniger gewalttätig geworden, und zwar ganz deutlich. Die *Mordraten* (Morde pro 100.000 Menschen im Jahr) gingen in Westeuropa von 1200 bis 2000 von 100 auf 1 zurück (SP, S. 108ff). Diese Aussage widerspricht dem, was oft behauptet wird, aber der führende Evolutionspsychologe *Steven Pinker* begründet seine Aussagen mit Fakten und schlüssigen Analysen, eine leidenschaftliche Antithese zum verbreiteten Kulturpessimismus. Auch Putin und die „Zeitenwende" werden am langfristigen Trend nichts ändern, es sei denn, dass er zum Äußersten greift.

Laut www.freedomhouse.org erhöhte sich die *Anzahl der Demokratien* von 1989 auf 2016 von 69 auf 123 Staaten. 2019 verschlechterte sich das Bild vor allem in den USA (ebendort, S. 19), der Trump-Effekt.

Die *Liste der positiven Veränderungen* ist deutlich länger als die der negativen Veränderungen. *Extreme Armut* wird mit Erfolg bekämpft. Mehr als 40 Prozent aller Menschen galten in den achtziger Jahren als arm, 2020 sind es nur noch 9 Prozent. Das *Ozonloch* schließt sich wieder. Die *Weltbevölkerung* wird nicht explodieren. Laut Weltbank (2019) (blogs.worldbank.org) wird sie ab 2050 bei etwa 10 Mrd. Menschen stagnieren.

Wir erkennen in der Entwicklung der Menschheit einen deutlichen *Fortschritt*: Neue Erkenntnisse in der Wissenschaft, Fortschritte im Frieden und Wohlstand. Archäologische Ausgrabungen wurden vollendet, Schutzmaßnahmen vor Unwettern sind verbessert worden, viele Städte wurden bunter und lebenswerter. Die Fortschritte in Technik und Medizin sind offensichtlich. Ebola wurde erfolgreich bekämpft. Der Impfstoff gegen Corona wurde in Rekordzeit entwickelt. Die Forschung schreitet bei Tropenkrankheiten und auch Krebs voran.

Die UNO hat *17 Nachhaltigkeitsziele* formuliert, wie der Kampf gegen Armut und Hunger, Schulbildung, um nur drei herauszunehmen. Für das Reisen sind 5 wichtig:
Ziel 11: Nachhaltige Städte und Gemeinden
Ziel 12: Nachhaltiger Konsum und Produktion
Ziel 13: Maßnahmen zum Klimaschutz
Ziel 14: Leben unter Wasser
Ziel 15: Leben auf dem Land.

In dieser Formulierung sind es nur Themen und noch keine messbaren Ziele. Immerhin hat sich die Menschheit auf diese „Ziele" verständigt, und darauf, sie bis 2030 in einem verbesserten Zustand zu erreichen. Die nationalen Programme haben bisher große Fortschritte gebracht und doch werden die Ziele nicht erreicht werden. Aber es wird ein Ansporn sein weiterzumachen. Alle sind sich einig, dass es weitergehen muss, um die großen Menschheitsziele zu erreichen.

Der *Saldo* zwischen negativen und positiven Entwicklungen ist noch nicht zufriedenstellend, aber er macht begründete Hoffnung. Wenn man die Welt über die letzten beiden Jahrhunderte hinweg betrachtet, dann erkennt man, dass das Positive klar überwiegt und dass es - bei allem Realismus - gerechtfertigt ist, eine *optimistische Haltung* einzunehmen.

Wir haben uns die Welt gründlich angeschaut und sind zu einem sehr positiven Bild gekommen, um es schlicht auszudrücken; aber mehr noch, wir können uns gar nicht vorstellen, dass man von der Welt nicht begeistert ist. Und diesen Satz schreibe ich auch im Angesicht der Pandemien, des Ukraine- und des Nahostkrieges hin. Wir dürfen nochmals *Ray Bradbury zitieren:* „Fahre in die Welt hinaus. Sie ist fantastischer als jeder Traum". Er war ein Meister der Fantasie und des selbstbestimmten Denkens. Wir bringen unsere Grundeinstellung auf einen einfachen Punkt: *Unsere Welt ist unfassbar schön.*

Wer hinausfährt, braucht *Informationen.* Über die Dekaden haben wir ein außergewöhnliches Wissen aufgebaut, wir haben es aus

Printmedien und Erfahrungsberichten vermehrt. Wir sammeln gezielt Bücher, die die ganze Welt vorstellen. Und wir nutzen das Internet täglich. Dieses Wissen stelle ich in der Frank World List frei zur Verfügung. Die letzten drei Bücher kommen nach und nach hinzu.

Zum internationalen Fernsehen jedoch haben wir ein gespaltenes Verhältnis, weniger zum Unterhaltungswert, als vielmehr zum Informationswert.

Wir haben immer eine Regel beherzigt: Wenn man reisen will, sollte man keine *Nachrichten im Fernsehen* betrachten, eine überspitzte Formulierung, aber sie gilt ganz besonders für amerikanische Sender, die auf den kommerziellen Erfolg ihrer Nachrichten setzen. Schlechte Nachrichten verkaufen sich besser. Immer halten die Kameras in die Richtung, in der etwas Schlimmes passiert ist. So entsteht der Eindruck, dass dies repräsentativ sei, dass es immer und überall so sei. Das verängstigt unnötig und es fördert eine negative Grundhaltung.

Wir haben einen Vorläufer unseres Reisekonzepts schon seit 2014 ins Internet gestellt. Die Botschaft, die die weitaus meiste Zustimmung erhalten hatte, war die überspitzte Formulierung „*If you want to travel don't watch TV*". Der Grund für diese Überspitzung war die Berichterstattung zum Tsunami von 2004.

Wir waren Zeugen eines tektonischen Ereignisses geworden, das zu den größten der Erde gehört: Die Verschiebung der indischen Platte gegenüber dem eurasischen Plattenverbund, die Differenz in den Plattenbewegungen von 5 cm pro Jahr und der Entlastungssprung von 8 m. Wenn sich die Verhältnisse nicht ändern, ergibt sich *eine Wiederholung in ca. 150 Jahren*. Wie oft wurde diese Information gesendet und wie häufig wurden die Unglücksbilder gesendet? Das Verhältnis sprengt jedes Maß.

Kommerzielle Interessen bei der Berichterstattung sind ein Problem. Aber *Falschmeldungen und Hassbotschaften in sozialen Medien* sind ein noch größeres Problem, vor allem dann, wenn Hass und Bedrohung den Menschen gilt, die sich für Freiheit, Demokratie und Toleranz einsetzen. In der ersten Dekade dieses Jahrhunderts verbreiteten sich die sozialen Medien explosionsartig. Für die Nachrichtenverbreitung bestanden keine Regeln, eine Zeit wie im „Wilden Westen". Erst jetzt beginnen sich Regeln zu etablieren. Hier ist die Ethik gefordert, ein Ethikrat für die Medien, der die Werte der Menschenrechte durchsetzt, weil sich alle Betreiber der sozialen Medien sich dem Urteil des Ethikrates unterwerfen, wenn ihre eigenen Kontrollen, die schon im Vorfeld Verstöße ahnden, nicht greifen.

Wenn man in die Geschichte zurückblickt, auf die medialen Umwälzungen durch die Erfindung des Buchdrucks, der Massenzeitungen, des Radios, des Fernsehens, dann kann man optimistisch sein, dass es den demokratischen Staaten gelingen wird, ihre Werte und ihre Wehrhaftigkeit ins digitale Zeitalter übersetzen zu können.

Wenn man Reiseinformationen aus dem Fernsehen bezieht, sollte man vorsichtig sein und Effekthascherei und *Sachlichkeit* auseinanderhalten, ebenso wie tendenziöse und seriöse Berichterstattung. Die Kraft von Bildern ist gewaltig, deshalb ist es wichtig, sie richtig einzuordnen, um nicht in eine negative Grundhaltung zu verfallen.

3.3 Positivismus: Grundlage unserer Reisephilosophie

Für Reiselust braucht man:
(1) sachliche Informationen über das Reisen: Wissen,
(2) eine Reisephilosophie, die das Wertesystem klärt,
(3) eine positive Einstellung mit einem gesellschaftlichen Bezug
(4) ein gemeinsames Anspruchsniveau, wenn man nicht allein reist.

Sachliche Informationen, ein umfassendes Grundwissen, und eine in sich schlüssige Reisephilosophie sind der *Boden*, auf dem Reiselust gedeiht, wenn man Reiselust mit einer Pflanze vergleicht. Sie blüht und entwickelt sich, wenn sie ausreichend gedüngt wird.

Auf dem Boden von sachlichen Informationen und einer klaren Reisephilosophie „gedüngt" mit einer positiven Grundeinstellung reift die höchste Reiselust

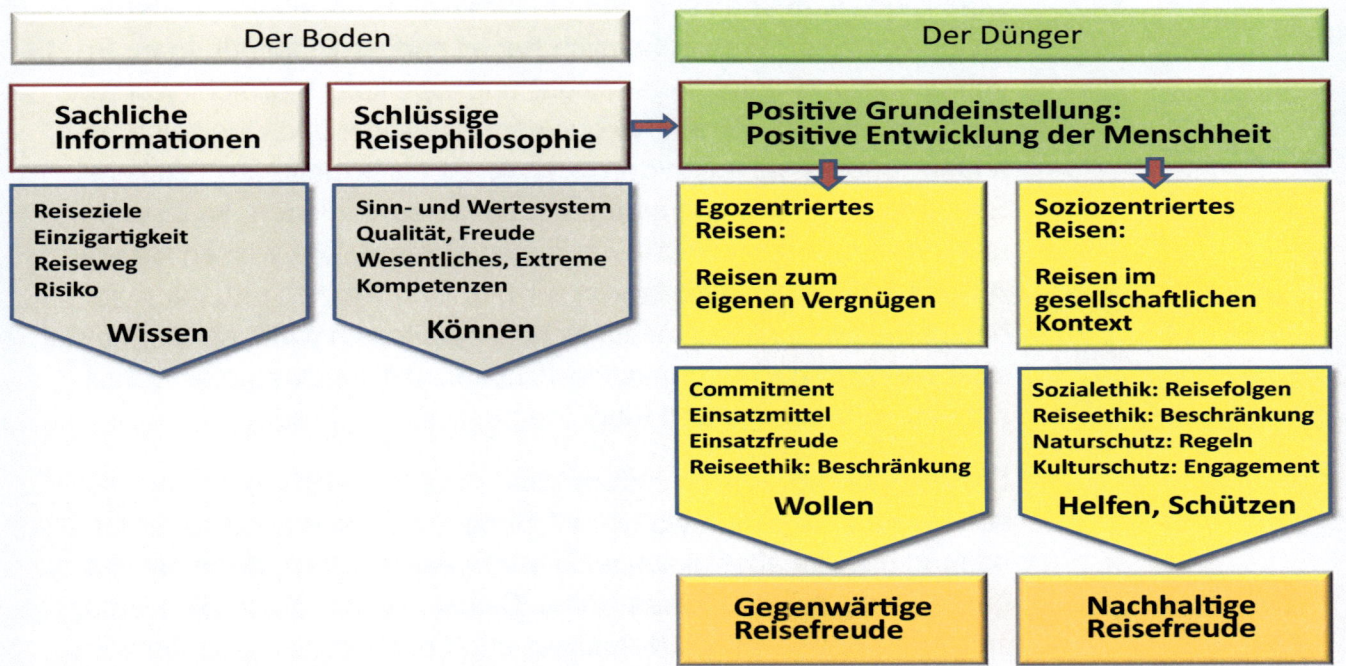

Abb. 18 Erfolgsfaktor - Positive Grundeinstellung

Eine *positive Grundeinstellung zum Leben und zur Entwicklung der Menschheit*, die mit ihrer Innovationskraft alle Probleme lösen kann, sind der *Dünger*. Nichts ist unmöglich.

Abb. 18 zeigt den Nährboden unserer Reisephilosophie auf wenige Begriffe konzentriert.

Wer *allein* reist, sollte sich über seine Werte klar sein, vorher und während der Reise, wer aber *zu zweit* reist, wird es nur schaffen, wenn die Gemeinsamkeit der Werte vorher geklärt ist, insbesondere gemeinsame Lebensziele und ein gemeinsames Anspruchsniveau und beide eine positive Grundeinstellung haben. Wer diese Basis nicht hat und mit Skepsis oder gar einer *negativen Grundhaltung* durch die Welt fährt, sollte sich nicht das Ziel setzen, die ganze Welt zu sehen. Die Nordsee und die Toskana sind sehr erholsam. Aber Pakistan und die Kerguelen stellen andere Anforderungen.

Die Freude wird er an schwierigen Orten nicht finden. Begeisterung schon gar nicht. Wahrscheinlich hat er andere Empfindungen: Erschrocken und ablehnend, Angst und Übelkeit. Vielleicht werden wir auf dem Weg zu den Kerguelen auch Angst und Übelkeit empfinden, sobald wir aber dort sind, die Felsformationen, Vulkane, Seevögel und Pinguine sehen, ist das alles verflogen, weil sie bei uns einen *untergeordneten Stellenwert* haben. Das wissen wir von Anfang an und deshalb fahren wir hin. Und weil wir uns informiert haben, nehmen wir die Inseln nicht nur als Inseln wahr, sondern als eine einzigartige magmatische Eruption mit kontinentaler Schelfauffaltung. Geologie und Pinguine puschen die Freude.

Die meisten Menschen haben eine *selektive Wahrnehmung.* Sie sehen, was sie sehen wollen. Wohl dem, der eine positive Grundhaltung hat, die aber gleichzeitig auch *realistisch* ist, denn das Negative ist auch Teil unseres Seins. Selbst in der Kriegsregion Dafur im Sudan haben wir im Negativen auch das Positive gesehen. Im Negativen kann man aber fast immer lernen, das Positive für weniger selbstverständlich zu halten.

3.4 Die Bewertung des Reisenden: Selbstaufklärung

Damit kommen wir zur *Bewertung*, dem *dritten Prozess* in der Abb. 17 zur Reiseethik.

Die Wurzeln des aktuellen und utopischen Gesellschaftsmodells liegen im Zeitalter der *Aufklärung.* Mit diesem Begriff wird jedoch nicht nur eine Epoche beschrieben, die abgeschlossen wäre, sondern ein Prozess, der immer noch andauert. Die Aufklärung muss immer wieder errungen bzw. behauptet werden. So ist auch die

Selbstaufklärung ein dynamischer Prozess, eine Bestimmung, die im Wandel der Umwelt, der Gesellschaft und der eigenen Verhaltensweisen dauernd neu bestimmt bzw. nachgestellt werden muss.

Ausgangspunkt der Selbstaufklärung ist die Anerkennung der *Verpflichtung, sich zu informieren* und nachzudenken. Daraus erwächst das Recht auf *Selbstbestimmung*, die Ordnung seiner Werte, das höchste Recht der Demokratie. Selbstbestimmung ist die Bestimmung all dessen, was uns bestimmt. Es ist der Prozess, seinen Standpunkt zu finden und aufgrund seiner Erkenntnisse zu handeln. Sie ist die Quelle jeglichen Selbstbewusstseins. Jeder hat das Recht auf Selbstbestimmung auf der Basis der Selbstaufklärung.

Klaus Kufeld unterscheidet im Zusammenhang mit der Selbstaufklärung touristisch Reisende, die die Welt genießen und benutzen, und „kosmisch Reisende, die die Welt bewerten" (KK, 2013). Diese Unterscheidung hat für uns nur eine Randbedeutung, weil wir für Reisende schreiben, die damit liebäugeln, die ganze Welt sehen zu wollen, und nicht für Urlaubsreisende, die ein Kontrastprogramm suchen. Wir wenden uns grundsätzlich an „kosmisch Reisende", die bei allem Besichtigen und Erleben auch immer sehen „wie gut oder schlecht es der Welt geht" (KK, 2013). Wenn diese „kosmisch Reisenden" aber die Welt bewerten wollen, dann brauchen sie dafür Maßstäbe, also eine Reiseethik. Und die stellen wir in diesem Unterkapitel vor.

Und wir gehen davon aus, dass Reisende *selbstbestimmt* und *verantwortungsvoll* handeln und bei der Auswahl ihrer Reiseziele *vernünftig* entscheiden. Damit sind wir im dritten Prozess unserer Reiseethik, beim Anlegen von Maßstäben (vgl. nochmals Abb. 17).

3.5   Bewertungsziele

Ein *gutes, gelungenes und glückseliges Leben* ist - genau in dieser Formulierung - schon seit Aristoteles ein oberstes Lebensziel, kurz das Lebensglück. In dieser verkürzten Formulierung, deckt sich diese Auffassung genau mit der des Dalai Lama: „Der Sinn des

Lebens besteht darin, glücklich zu sein." (DL, Sinn, S. 15). Wir wollen nicht in die aristotelische Begriffswelt eintauchen, sondern nur einige Gedanken entnehmen. Sein Begriff des Lebensglücks ist auch bei ihm nur ein Name, der mit Inhalten gefüllt werden muss. Wir füllen ihn mit *Reiseglück*. Wir hatten das erläutert mit einem lustvollen Erleben der Highlights, des *Wesentlichen* und einem *nachhaltig sinnvollen Reisen*.

Aber die Handlung darf nicht ein Streben nach *Glück auf Kosten von anderen* sein. Unsere Werterhöhung darf nicht zu einer Wertminderung von Natur, Umwelt und anderen Kulturen führen.

Reisen führt zu Schadstoffausstoß, Emissionen und Müll. Hotels können mit Grundstückspekulationen erworben sein, die Lebensraum von Indigenen vernichtet haben. Aber Reisen schafft auch Arbeitsplätze, kann zum Naturerhalt beitragen, weil lebende Tiere und Pflanzen Touristen anziehen. Vielleicht wären Gorillas oder Nashörner in freier Wildnis schon ausgestorben, wenn es nicht zahlende Touristen gäbe.

Reisen schafft in den bereisten Ländern Werte, richtet aber auch Schaden an. Die Mindestforderung ist also, dass die Wertschaffung grösser sein muss als die Wertvernichtung, quasi *wertneutrales Reisen*. Das ist die volkswirtschaftliche Betrachtung einer Kosten-Nutzen-Analyse. Wir werden diesen Gedanken bei der Bewertung von Höchstleistungen wieder aufgreifen. Hier leitet die Kosten-Nutzen-Bewertung über zu einer anderen Bewertungsform.

Die ethische Bewertung von Reisen erkennt *zwei Pole*: Auf der einen Seite das *ungebremste Reisen,* das die Konsequenzen nicht bedenkt, und auf der anderen Seite das *Zuhausebleiben,* weil man jeglichen Umweltschaden vermeiden will und seinen Erlebnismangel und den Arbeitsplatzausfall im Reisezielgebiet in Kauf nimmt.

Hier greift das Ideal der aristotelischen Mitte, die *Mitte zwischen Übermaß und Mangel,* dem Zuviel und dem Zuwenig (vgl. Prof. Dietmar Hübner, Vorlesung 2014). An der Mitte setzt der Tugendbegriff an. Auch das ist nur ein formaler Begriff, der mit Inhalten auf der Basis der Selbstbestimmung ausgefüllt werden muss. Die Mitte wird durch eine *sittliche Haltung* erreicht, durch ein Bewusstsein für Umweltschäden und Wege ihrer Vermeidung. Man sucht Hotels auf, die umweltverträglich sind, den Grund-sätzen des Eco-Touris-mus entsprechen, man schaut auf die Arbeitsbedingungen derer, die einem beim Reisen helfen. Wir plädieren für eine *ethische Rei-sekultur*, die zwischen Glück und Geschäft vermittelt, die Glück will, aber nicht auf Kosten anderer, die zwischen Übermaß und Mangel die Mitte trifft.

Philosophen berufen sich auf die *aristotelische Mitte*; die Mitte als eine Tugend. Bei Aristoteles müssen elf Tugenden erfüllt sein, auch die Gerechtigkeit, die ausgleichende und verteilende Gerechtigkeit (vgl. DH, Vorlesung 2014), in allen elf ist die Mitte zwischen Über-maß und Mangel zu finden.

Manager verstehen diese Mitte als das *Optimum* zwischen zwei sich widersprechenden Zielen, das persönliche Reiseglück und die Umweltbelastung. Optimierung verlangt nach einem Oberziel, das über den Widerspruch entscheidet, und dieses *Oberziel ist die Har-monie*.

Wir fragen vereinfachend, ob unser *Reisen die Harmonie fördert oder stört*. Wenn sie stört, fragen wir weiter, wie wir die Störung verringern können und wie wir - zum Ausgleich der Störung - zur Förderung der Harmonie beitragen können. Der Leitgedanke – das Oberziel - bleibt die Harmonie. Das Streben nach Harmonie führt zu einer *Konvergenz subjektiver und objektiver Interessen,* eine Konvergenz von Reiseglück und Umweltschutz.

3.6   Die Ethik der Selbstbeschränkung

Das Streben nach Harmonie ist auch der Leitgedanke für die *Ver-antwortungsethik*. Aus dem Streben zur aristotelischen Mitte resul-tiert die *Fähigkeit zur Selbstbeschränkung,* das innere Maßhalten. Wir nennen diese Fähigkeit die *ethische Kompetenz*.

Das innere Maßhalten bedeutet, nicht ungebremst alles sehen zu wollen, sondern sich *auf das Wesentliche zu beschränken*. Alle un-sere Highlights sind wesentlich, aber die Mega-Highlights drücken das Wesentliche durch ihre Mehrfach-Extreme am deutlichsten aus. Die Verantwortungsethik ist eine *Ethik der Selbstbeschränkung*. Die Frage, inwieweit man sich beschränken will, kann auf der Basis der Vernunft und einer moralischen Haltung beantwortet werden, kurz auf der Basis der Selbstbestimmung.

Die *Selbstbeschränkung* bedeutet nicht unbedingt, auf das Ziel der ganzen Welt zu verzichten. Eine Möglichkeit ist die *Beschränkung auf die 2.000 Mega-Highlights*. Wenn man aber die ganze Welt sehen will, dann ist eine sehr wirksame Form der Selbstbeschränkung die *geplante Minimierung der Flugrouten* mit vielen Mietwagen statt eines opportunistischen Crisscrossing. Daher haben wir nie Vielfliegervorteile in irgendeiner Form bekommen.

Wir propagieren eine Selbstbeschränkung, die auf das Entfernte um der Entfernung willen verzichtet, ebenso wie auf das Schwierige, um der Schwierigkeit willen. Wir verzichten auf das Unwesentliche, weil es nichts zum Wesentlichen beiträgt, wenn es keine neuen Erkenntnisse bringt, wenn sich das Unwesentliche nur um Formalismen dreht, statt um wesentliche Inhalte. In den Reiseclubs finden wir etliche „Reisetrophäen", die genau diesen Charakter haben. Darauf hatten wir schon hingewiesen

Aber was wesentlich ist, muss jeder selbst bestimmen. Was wir für wesentlich halten, haben wir in der Philosophie des Wesentlichen (Abb. 9) gesagt. Wir machen in der Gesamtzahl von Highlights ein objektiv bestimmtes Gesamtangebot, aus dem jeder nach seinem Sinnsystem seine Auswahlentscheidung treffen kann. Alles oder weniger, wenn weniger, was weniger, die Kriterien machen eine differenzierte Entscheidung transparent. Dazu bietet die Gruppierung der Highlights (Standard, Top, Mega) eine einfache, aber wichtige Entscheidungshilfe.

Wir wenden uns *gegen ein unreflektiertes und ungebremstes* Reisen. Aber auch gegen ein Reisen, das überwiegend Formalismen – oft als Basis für Rekorde - hinterherjagt.

Die ethische Kompetenz hat zudem eine *kritische Distanz zum Massentourismus*, der die Atmosphäre von Städten oder

Sehenswürdigkeiten zerstört. Venedig ist ein offensichtliches Beispiel. Aber auch Angkor Wat, Luang Prabang, der Himmelssee Changbaishan (Paektusan) an der chinesisch-koreanischen Grenze, eine heilige Berge in China sind manchmal so überlaufen, dass man Platzangst bekommen kann.

Unter diesem Aspekt ist auch der *Kreuzfahrttourismus* sehr kritisch zu sehen. Man nimmt immer dieselbe Umgebung mit, um für zwei Stunden hinter einem Nummernschild hinterherzulaufen und zur gewohnten Umgebung zurückzukehren. Und am Abend unterhält man sich mit seinen Landsleuten über die vergangenen Reisen, während der Müll ins Meer gekippt wird. Ist das Reisen oder Zeitvertreib? Ein Zeitvertreib mit hoher Umweltbelastung. Eine Verantwortungsethik verlangt, dass wir – wenn schon Kreuzfahrt – die Schiffe buchen, die mit gutem Beispiel vorangehen.

Die aristotelische Mitte zwischen Übermaß und Mangel erreichen wir, wenn wir ganzheitlich denken, die Konsequenzen des Reisens ganzheitlich bewerten, also auch die *Reisefolgen*, kritisch die gesellschaftlichen Werte bedenken und eine *selbstbestimmte Ethik des inneren Maßhaltens* entwickeln.

3.7 Zeit zur Bewertung: Reisen und Rasten

Das Ziel des effizienten Reisens – 6.000 Highlights in 12 Jahren – ist kontinuierliches Reisen. Es kann sehr schnell verwechselt werden mit rastlosem Reisen, also ein Reisen ohne Rasten.

Wir propagieren kontinuierliches, individuelles Reisen mit sinnvollen Rastpausen.

Im *kontinuierlichen Reisen* werden die Fernflüge minimiert, zum Beispiel einmal von Europa nach Buenos Aires, hinunter zum Kap Horn und dann nordwärts bis Anchorage, kein Jetlag, wenig Flüge, viel Auto, viel Rast.

Kontinuierliches Reisen in Verbindung mit *individuellem Reisen* ist eine sehr vernünftige Reiseform. Nicht nur, weil man die Rastpausen frei wählen kann, sondern weil man nicht den Schutzwall der

Gruppe mitschleppt, voll ins Land eintauchen kann, um sich frei für menschliche Begegnungen zu öffnen. „Individuelles Reisen" kann im Idealfall auch mit 2 Paaren klappen, wenn sicher ist, dass sie gleiche Werte haben. Wenn alle vier bereits Geld verdient haben, dann kann diese Gruppe alle Reiseprobleme lösen.

Immer – gerade im kontinuierlichen Reisen - plädieren wir für das Rasten. Für uns ist das *Rasten auch ein ethisches Prinzip*. Das ist keine abgehobene Formulierung, sondern eine einfache praktische Forderung. Man soll sich Zeit nehmen zum Genießen und Nachdenken. Nachdenken über die Werte - das ist Ethik. Wenn man im Nachdenken das Wesentliche erkennen will, muss man den verschiedenen Merkmalen des Gesehenen unterschiedliche Bedeutungen zuordnen. Das ist bewerten und erkennen. Dafür braucht man die Zeit des Rastens.

Unser Plädoyer für die Planung bedeutet auch, dass beim geplanten und individuellen Reisen mehr *Freiraum zum Rasten* gewonnen wird als beim Spontanreisen. Beim Spontanreisen wird der Freiraum erfahrungsgemäß durch Organisation ausgefüllt. Man muss nachholen, was man vorher nicht gemacht hat. Und vor Ort sind die Möglichkeiten grundsätzlich geringer. Aber gewiss, vor Ort können sich Möglichkeiten ergeben, an die man vorher nicht gedacht hat oder gar nicht denken konnte. Dafür ist Flexibilität gut und wichtig. Umwege können aufschlussreicher sein als das Geplante. Das gilt vor allem für menschliche Begegnungen, die sich erfahrungsgemäß nicht oder kaum planen lassen.

Der Hinweis auf *Flexibilität* klingt gut, aber er muss der kritischen Prüfung standhalten, ob man so anspruchsvolle Ziele erreicht. Viele sind schwer zu erreichen und verlangen Vorbereitung. Wer nur von Hauptstadt zu Hauptstadt reist, braucht keine Planung. Viel zu erleben, möglichst auch Extremes und dies intensiv zu erleben und trotzdem Zeit zum Rasten zu haben, das ist Reisekunst.

Wir gehen noch einen Schritt weiter, Rasten ist die Voraussetzung für Ethik. Die simple Frage ist: Wann soll ich denn über Werte nachdenken, wenn ich mir dafür keine Zeit nehme? Nachdenkpausen sind wesentlicher Bestandteil des Reisens. Und so verstehen wir *Effizienz*: Ziele effizient erreichen und Zeit zum Nachdenken lassen. Als Manager gesprochen ist die Rastzeit Output und nicht Input. Rasten ist keine Transportzeit, sondern die Zeit, die Bereicherung ermöglicht.

Rasten bedarf auch der *Rastplätze*. Wir unterscheiden drei Arten von Rastplätzen: Plätze zum Nachdenken, Plätze für Gefühle und Plätze der Begegnung.

Plätze zum Nachdenken: Plätze der Stille: Gebetshäuser, Klöster, das Meer, der Wald, die Tundra. Plätze der Weite: Die Wüste, die Steppe. Band 5 enthält dazu ein Beispiel für meine Überlegungen zum Bergsteigen im Anblick des Nanga Parbats, der Rastplatz am Karakorum-Highway.

Plätze für Gefühle: Der Verleger „Lonely Planet" spürt Trends auf. 2017 bringt er ein Buch genau zu diesem Thema – Plätze für Gefühle - heraus: „The Place To Be". Der Verlag gliedert Reiseziele nicht geographisch wie gewohnt, sondern nach Gefühlen: Ehrfurcht, Gelassenheit, Leidenschaft, Glück, Erleuchtung, Alleinsein, Vergnügen, Inspiration, Nervenkitzel, Erfüllung, Abenteuer, Besinnung (vgl. LP, Place 2017). Die Ordnung der Gefühle war bei Plutchik theoretisch fundierter, denn z.B. Inspiration und Glück sind den anderen nicht gleichgeordnet, aber das ist hier nicht so wichtig, der Grundgedanke zählt: Rasten am Ziel für die Entfaltung von Gefühlen.

Plätze der Begegnung: Plätze um Menschen zu treffen: Kneipen, Cafés, Märkte, Züge, Busse, Parks, Strände.

Rastplätze sind es nur, wenn man *innehält* und schweigt oder fühlt oder im Gespräch zuhört oder einfach nur nachdenkt. Ein oder zwei Fremdsprachen sollte man schon beherrschen, sonst klappt es mit dem Gedankenaustausch nicht. Und in jeder Landessprache einige Schlüsselwörter. Die Körpersprache kann viel bewirken. Mit ihr kann man immerhin Zustimmung oder Ablehnung ausdrücken.

3.8   Bewertungskriterien von Reisezielen

Die Reiseziele teilt die UNESCO in zwei Hauptkategorien: Natur und Kultur. Wir teilen die Bewertungsfragen dem entsprechend ein: *Naturethik* und *Kulturethik*. Reisen sehen wir in einem gesellschaftlichen Kontext. Also teilen wir nochmals ein in *Sozialethik* und *Reiseethik*. Deshalb unterscheiden wir *vier Objekte der Ethik*.

Die Erläuterung trennen wir in eine *analytische Bewertung,* die der rationalen Logik folgt, und eine *empirische Bewertung,* die der realen Erfahrung folgt.

Entscheidend im Bewertungsverfahren sind die *Bewertungskriterien.* Sie haben eine zentrale Bedeutung für unser Reisekonzept, eine Bedeutung, die über das Kapitel Ethik weit hinausgeht, eine Bedeutung, die ihr in der UN für die ganze Welt verliehen wurde. Es sind nicht nur einfach Kriterien, formelle Maßstäbe, sie sind viel mehr, sie sind eine Betrachtungsweise. Sie beschreiben nicht nur eine Form, sondern einen Inhalt. Die beiden UN-Kriterien sind *Authentizität* und *Integrität*. Aber wir meinen, dass ihnen etwas Wichtiges noch fehlt: Die **Ganzheitlichkeit**. Diese Sichtweise ist entscheidend für Reisende, die die ganze Welt sehen wollen. Die Summe von Fragmenten ergibt nichts Ganzes. Daher interpretieren wir diese beiden UN-Kriterien neu, nämlich ganzheitlich.

Die Bewertungskriterien Authentizität und Integrität

In der Reiseethik verwenden wir zwei Werte wie generelle Maßstäbe. Wir übernehmen damit bedingt ein Bewertungsverfahren der UNESCO, das sie in ihrer Tentative List, also der Liste der Kandidaten für das Welterbe, verwendet: *Authentizität* und *Integrität*, Maßstäbe für den Wert des Kandidaten für das Welterbe, für ihren „global value". Wir erweitern dieses Bewertungsverfahren und wenden die Maßstäbe nicht nur für den Gegenstand selbst, sondern auch für den Zusammenhang, in dem er steht, an. Wir erläutern in diesem Abschnitt auch schon Gesichtspunkte der Definition von Highlights, hier aus dem Blickwinkel der Werte.

Authentizität

Sie bewertet die Originalität, den originären Wert, die *Echtheit* eines Besuchsziels. Es bewertet, ob der Gegenstand, den wir sehen, auch tatsächlich aus der Zeit seiner Entstehung stammt, und zwar insgesamt oder in Teilen.

Nehmen wir den Limes, die *Außengrenze des Römischen Reiches* in Deutschland, als Beispiel. Es gibt verschiedene Abschnitte dieses Grenzbefestigungswerks in unterschiedlichem Erhaltungsgrad verstreut über mehrere Hundert Kilometer. Wo liegt das Highlight? Muss man alle Teile sehen? Oder den, der für das Gesamtwerk typisch ist, dort, wo der Verteidigungscharakter am deutlichsten sichtbar ist? Das könnte aber ein Teil sein, der rekonstruiert wurde, also nicht authentisch ist. Hier muss man sich entscheiden, was einem wichtiger ist. Es stellt sich ein Bewertungsproblem.

Wir berücksichtigen bei unserer Highlight-Definition unter Authentizität auch den unmittelbaren *Zusammenhang mit der ursprünglichen Kultur* des Gegenstandes. Im Fall des Limes auch Orte, in denen Wohngebäude oder Kasernen der Römer vorhanden sind.

Wenn es um Welterben geht, dann entsteht hier in vielen Fällen ein komplexes Problem. Viele nehmen sich vor, sie zu besuchen. Aber das ist nicht so einfach.

Das Welterbe „Frontiers of the Roman Empire" besteht aus 414 Orten, dazu noch grenzübergreifend, denn es umfasst den *Hadrianswall in UK* und den *Limes in Deutschland*. Also ist das Welterbe nun <u>ein</u> Ziel oder sind es 414 Ziele? Darauf gibt keine einfache Antwort, es sei denn, man hört auf die Reiseclubs: Hast du einen Ort gesehen, hast du das Welterbe gesehen. Sie wollen einfache, formelle Regeln. Wir nicht, wir wollen das *Wesen* erkennen. Erst dann, wenn wir in den 414 Orten so viele Orte besucht haben, dass wir das Wesen – Schutz eines Weltreiches – erkannt haben, erst dann haben wir das Welterbe gesehen. Nicht bereits dann, wenn wir nur einen Wachtturm oder ein paar Mauerreste gesehen haben.

Die Welterbe-Liste ist für Reisende nur bedingt tauglich, weil sie oft keine Reiseziele definiert, sondern Schutzgebiete. Die Bedingung für ihre Tauglichkeit ist, dass man ein Bewertungsverfahren hat, das *das Welterbe in Besuchsziele umwandelt.* Ausgangsfrage ist, was man will: Nur einen Eindruck vom Welterbe oder will man sein Wesen erfassen? Nur im zweiten Fall braucht man ein Verfahren. Es besteht darin, die Werte ganzheitlich, typisch und authentisch zu verbinden.

In dem Beispiel greifen wir aus der Gesamtmenge *zwei für den Hadrianswall* heraus und *zwei für den Limes* und berücksichtigen so den Unterschied von zwei verschiedenen feindlichen Kulturen. Bei den Vieren nehmen wir je *eins für die Authentizität* und je *eins für die Integrität*, also ihre typische Verdeutlichung des Militärlebens und der Verteidigungsstruktur. Außerdem berücksichtigen wir *gut rekonstruierte Stätten* wie Xanten, Pohl und die Saalburg. Immerhin werden so schon aus <u>einem</u> Welterbe letztlich zehn Besuchsziele, also *zehn Highlights auf unsere Liste.* Wir haben das Grenzüberschreitende aufgelöst und die beiden Hauptwerte berücksichtigt. Und eine Verzehnfachung ist hier das Äußerste, mehr Gesichtspunkte sind im Hinblick auf das Ziel „die ganze Welt" unrealistisch. Immerhin ist die Relation 10 aus 414 eine andere Dimension als 1 aus 414. Man muss hier bedenken, dass sich vor allem die Wachttürme wiederholen.

Ob man mehr sehen will, ist dann eine praktische Frage der *Besuchsgestaltung*, aber keine Frage der Definition des Reiseziels. Wenn etwas am Wege liegt, hält man an.

Wir werden im Kapitel „UNESCO Welterbe" darauf nochmals eingehen.

Integrität

Sie bewertet zunächst die *Vertrauenswürdigkeit* in den Ort, z.B. einen Fundort, dass das, was er zu sein vorgibt, auch tatsächlich erfüllt ist.

Integrität bewertet weiterhin auch, dass die, die ihn gefunden haben, zuverlässige Angaben gemacht haben. Das ist der Gesichtspunkt, den die UNESCO für die Tentative List herausstellt. Aber das ist ihre spezielle Sicht, weil sie Kandidaten bewertet, die weiterwollen, nämlich auf die Welterbeliste, dazu muss sie die Unterlagen bewerten, die die Länder dem Antrag beigelegt haben. *Zuverlässigkeit* ist aber nur *ein* Gesichtspunkt.

Für uns ist ein dritter Gesichtspunkt unter dem Begriff Integrität entscheidend, die *Vollständigkeit* des Gegenstandes, die Einheit, das *Ganze*. Wie schon gesagt, wir interpretieren die Integrität weiter als die UN, nicht nur Zuverlässigkeit, sondern auch Ganzheitlichkeit.

Wenden wir das auf Restaurants an. Es ist nicht integer, wenn es keine Verantwortung für die Zutaten und die Zulieferer übernimmt oder wenn der Gast dieses Vertrauen in die Zulieferqualität nicht hat. Wenn ich im Restaurant Zweifel an der Sauberkeit der Küche und der Qualität und Frische der Zutaten habe, bewerte ich es als nicht integer.

Es geht hier um die wichtige Frage der Verantwortung für die *ganze Wertschöpfungskette*. In einem Achtsamkeitskurs lernt man, achtsam zu essen und über das *Schicksal der Zulieferer* nachzudenken. Achtsamkeit, Mindfulness sind Betrachtungen aus ethischer Sicht. Das sind fundamentale Betrachtungsweisen beim nachhaltigen Reisen.

Die Pandemie machte die Missstände in der *deutschen Fleischindustrie* klar. Eine der effizientesten der Welt, jedoch nur noch verantwortlich für die Verpackung und Vermarktung. Schon die Zerlegung war in der Hand von Werkvertragsarbeitern. Der Fleischlieferant war nicht integer, weil er keine Verantwortung für die Produktion und Beschaffung übernahm. Die Regierung reagierte konsequent, das System der Werkverträge wurde abgeschafft.

Im internationalen Zusammenhang kennen wir das bei der Herstellung von Bananen und Kakao, wenn der produzierende Betrieb unzureichende Löhne zahlt und der Gewinn im Handel entsteht. So wurde die Marke „*Fair Trade*" geschaffen.

Besonders in der Textilindustrie herrschten hier eklatante Missstände. Wir haben in *Bangladesch* 2018 gesehen, wie große Gruppen von Textilarbeitern dicht gedrängt über die Absperrmauern von

Autostraßen springen mussten, um unter Lebensgefahr zu den Schlaf- und Essensplätzen zu kommen. Der Einsturz von Rana Plaza bei Dhaka 2013 hatte weltweit Entsetzen ausgelöst und den Blick auf die Umweltkosten der Mode gelenkt, die im Westen billig verkauft wird. Die neunstöckige Fabrik war zum großen Teil illegal gebaut worden und später auch noch aufgestockt worden. Als der rissige Bau in sich zusammenfiel, kostete dies 1.135 Menschen das Leben. Der Unfall ist der schwerste Fabrikunfall in der Geschichte des Landes. Er hat aber die Anforderungen grundlegend geändert. Die Abnehmer haben erfolgreich Druck gemacht.

Wir haben uns in Chittagong, Bangladesch ausführlich über das *Abwracken der Schiffe* informiert und sind im Boot ganz in die Nähe gekommen. Aber wir konnten uns auch davon überzeugen, dass die internationalen Proteste wirksam wurden, denn gegenüber den Verhältnissen noch bis zu 2010 haben sich die Verhältnisse deutlich gebessert. Wir haben keine großen Lachen von Altöl mehr gesehen und wir wurden auch nicht mehr angegriffen.

Bei Kulturgütern fragt die Integrität nach Schein und Sein, ob wir nur eine *Fassade* sehen mit nichts dahinter wie in Jaipur beim Palast der Winde oder bei den Potemkin'schen Dörfern oder ob alles ein *integraler Bestandteil* ist, der zu einem Ganzen gehört und es erst zu dem macht, was es ist.

Ganzheitlichkeit

Wenn - wie in *Nördlingen* - die Stadtbebauung aus dem dominanten Bauwerk der Stadtmauer und ihren fünf Stadttoren resultiert, dann versteht man das Wesen der Stadt von diesem Bauwerk ausgehend. Fast alle Quellen sprechen hier von der „Stadtmauer". Richtig ist „Stadtbefestigung", denn der durchgehend begehbare Wehrgang ist in Deutschland *einzigartig* und der ist integraler Bestandteil der Stadtmauer und die wiederum ist integraler *Bestandteil des ganzen Verteidigungssystems* von Nördlingen mit Türmen, Gräben und Schanzen. Die Stadtmauer ist also nur ein Teil des Wesentlichen. Die Auswirkungen für den Besuch sind klar:

Man hat Nördlingen nur besucht, wenn man den gesamten Wehrgang durchlaufen hat und das sind 2,7 km. Erst dann hat man das Wesen erfahren. Somit ist das Highlight „Die Stadtbefestigung von Nördlingen", und nicht „Nördlingen" und nicht „Die Stadtmauer von Nördlingen". Und wer den Wehrgang ganz durchlaufen hat, hat das in Deutschland zum ersten Mal gemacht, denn das geht nur hier. Und das ist ein Grund zur *Freude*. Wenn man nach dem Rundgang noch vor dem Hotel Sonne im Zentrum ein Glas Wein trinkt und die *Stadtbebauung* ganzheitlich überdenkt, also die Auswirkungen auf den ganzen Stadtplan, dann wird diese Erkenntnis die *Reiselust* verstärken.

Die Gemeinsamkeit zwischen beiden Wertansätzen – der Authentizität beim Limes und der Integrität bei Lieferketten und Stadtbebauungen - ist die *Ganzheitlichkeit*, das *Denken in Zusammenhängen bis das Ganze Gestalt annimmt*, in Abb. 2 eine Kugel, die wir schon zur Definition der Highlight-Gruppen verwendet haben.

Wir stellen diesen *Wert „Ganzheitlichkeit"* immer wieder heraus, weil er eine zentrale Bedeutung hat. Die Fähigkeit, die Ganzheitlichkeit zu erkennen, ist eine Basiskompetenz auf dem Weg, das *Wesen zu erkennen*, z.B. in der Burg den Kontrollposten, in der Pflanze das Nahrungsmittel, im Wald den Klimaschutz oder in der Landschaft die Savanne. Diese Kompetenz ist ein *Schlüssel für die geistige Freude beim Reisen*.

3.9 Bewertungsprozesse

Analytische Bewertung der Natur

Die *Naturethik* beschäftigt sich mit dem Wert der Natur, dem Wert allen Lebens und aller sie begründenden Prozesse. Die Natur hat einen *instrumentellen Wert* als Ressource zur Befriedigung menschlicher Bedürfnisse. Aber sie hat auch einen *Eigenwert* in unserer Wahrnehmung, ihre Schönheit, ihre Physiologie, ihre Heiligkeit.

Sie hat schließlich einen *Wert an sich*, der im Wohl der Tiere, dem Leben von Pflanzen und als in sich geschlossener und sich entwickelnder Organismus. Dieses Naturbild erscheint uns heute selbstverständlich. Aber als es Alexander von Humboldt 1804 erfand, war es revolutionär, weil es das bis dahin gültige mechanistische Weltbild ablöste.

Dieses *Naturbild vom lebendigen Organismus* wird in den letzten Jahren in der sogenannten Gaia-Hypothese wiederbelebt. Bei den Begründern dieser These war Humboldt wohl in Vergessenheit geraten. Der Streit geht darum, inwieweit dieser Organismus zur aktiven Selbstregulierung fähig ist oder nicht. Im globalen Klimawandel gibt es keine Selbstregulierung, denn das abschmelzende Eis ist unwiederbringlich verloren, der Untergang von Teilen von Kiribati ist unabwendbar, das Artensterben im Sinne von Aussterben ist endgültig. Selbstregulierung gibt es nur lokal, aber nicht global.

Für die Ethik ist der *Wert an sich* entscheidend, denn dieser begründet seinen *moralischen Wert*, das *Recht auf Leben*, und damit das Wohl der Tiere, das Leben der Pflanzen und die Harmonie des ganzen Naturorganismus. Das begründet die sittliche Verpflichtung, das *Recht auf Leben* und auch das Leben selbst zu schützen und bedingungslos einen Betrag dafür zu leisten. Einen kleinen Beitrag erbringt man schon dann, wenn man sich dieses Rechtes bewusst ist und nicht dagegen verstößt. Aus diesem Bewusstsein leitet sich das sittliche Handeln ab, das das Recht schützt. Allein das Rechtsbewusstsein und die Einsicht in den Schutz ist ein wichtiger erster Schritt.

In der Naturethik beziehen wir uns auf die Arbeiten von *Albert Schweitzer*. In seinem Buch „Mensch und Kreatur in den Weltreligionen", geschrieben 1933, bündelt er seine Gedanken zur Tierethik und erläutert seine Ethik, die geprägt ist von der *Ehrfurcht vor dem Leben*. Diesen Gedanken machen wir zum Leitgedanken unserer Auffassung von der Naturethik.

Empirische Bewertung der Natur

Wir wollen die analytische Sicht nicht weiter vertiefen, vielmehr wollen wir unsere Betrachtungsweise empirisch erläutern, wiederum mit den *Grundbedürfnissen: Essen, Trinken, Schlafen*. Die Plätze, die diesen Grundbedürfnissen in herausragender Form dienen, sind in unserer Highlight-Auswahl enthalten. Wir greifen den Umgang mit Fleisch heraus.

Da uns Extreme umtreiben, haben wir beim Reisen mehrfach die Frage gestellt, wo gibt es *das beste Fleisch der Welt.* Aus US-amerikanischer Sicht ist das klar, die besten Rips gibt es in Memphis und die besten Steaks in Oklahoma. Und es gibt dazu auch favorisierte Restaurants. Australier und US-Amerikaner essen am meisten Fleisch, 90 kg ppa. Aber sehen das die Südamerikaner und die Japaner auch so? Immerhin liegen die Argentinier und Brasilianer auch weit oben (70 kg ppa.), während die Japaner deutlich weniger Fleisch essen (37 kg ppa.), aber sie behaupten, das beste Fleisch zu haben. Wie also bewertet man Angus, Wagyu und Kobe?

In Asunción, Paraguay hatten wir uns umgehört; alle Empfehlungen führten zum Restaurant *La Cabrera.* Bevor wir unsere reservierten Plätze einnahmen, hatten wir die Prominentenwand studiert. Einige waren überzeugt, hier gäbe es das beste Fleisch aus Lateinamerika (Abb. 19). Robert, der Oberkellner, nahm sich Zeit für uns, denn wir wollten das beste Fleisch. Er wies auf die Karte und deutete auf ein Kobe-Filet. Die Karte war nach Preisen geordnet: (1) Kobe, (2) Wagyu und (3) Einheimisches Rind. Ich schaute Robert zweifelnd an: Ich wolle nicht das teuerste, sondern das beste Fleisch. Wir überlegten zusammen: Wenn die Zartheit nur durch die Marmorierung zustande kommt, also durch Fett, wäre das eine Qualitätsaussage? Ich hatte sein Interesse gewonnen.

Er führte mich zur Theke, die die offene Küche vom Speiseraum abtrennte. Alles war transparent. Hier konnte man sich alle Fleischsorten vor der Auswahl betrachten. Fast nebenbei bemerkte ich ein Schild, das über der Theke hing, es trug die Aufschrift „*Neuland*". Der Name war uns wohl vertraut, eine Farm der Mennoniten, die wir drei Tage vorher bei Filadelfia auf unserer Rundreise durch den Chaco besichtigt hatten. Eine großartige Geschichte für sich.

Das beste Fleisch der Welt: La Cabrera in Asuncion?

In der Prominentengalerie des La Cabrera fanden wir eine Bewertung. Lateinamerika steht für unmarmoriertes Fleisch. Also dreht sich der Wettbewerb darum, ob man Marmorierung akzeptiert. Das Küchenfoto zeigt leider nicht die Transparenz, die Theke fehlt, aber „Neuland"

Abb. 19 Die Suche nach dem besten Fleisch, Paraguay

Wir hatten dort auch die liebevolle Tierhaltung gesehen, wie genau man auf die Gesundheit der Tiere und ihr Wohl achtete, wieviel Auslauf sie haben.

Man bestätigte mir, dass das einheimische Fleisch, das in der Theke vor mir lag, von der Rinderfarm „Neuland" käme. Pures Fleisch ohne jegliche Fetteinlagerung. Damit war für uns die Wahl klar.

Den Grund muss ich erläutern: Ein Jahr vorher hatten wir unserem Agenten für Japan eine vergleichbare Frage gestellt: Das beste Kobe-Restaurant in *Kobe*. Dort hatten wir das angeblich beste Fleisch der Welt erhalten, es war stark marmoriert (Abb. 20). Aber es hätte nur <u>fein</u> marmoriert sein sollen.

Das Beste Fleisch der Welt: Kobe?

Wir hatten das beste Kobe-Restaurant bestellt, aber wohl nicht bekommen: Das Kobe-Fleisch war nicht „fein marmoriert" sondern grob; mit all diesem Fett sicher nicht das beste Fleisch der Welt. Die Marmorierung verbessert den Duft, genügt das?

Abb. 20 Die Suche nach dem besten Fleisch, Japan

Wir hatten uns informiert: *Wagyu* ist eine schwarze hochwertige japanische Rinderrasse, die es nicht nur in Japan gibt, sondern in mehreren Ländern, auch in den USA und auch in Deutschland. Aber nur das Fleisch vom *Wagyu-Rind, das in Kobe aufwächst*, darf sich Kobe-Fleisch nennen. Die Aufzucht der japanischen Rinder dauert länger und ist aufwendiger als bei anderen Fleischrindern. Wagyu-Rinder genießen ein Leben mit intensiver Aufmerksamkeit und wachsen deshalb in kleineren Herden auf. Auf den Einsatz von Antibiotika und anderen Förderungsmitteln wird generell verzichtet. Das Hauptmerkmal des Wagyu Beef ist die intensive, äußerst feine Fettmarmorierung, die deutlich sichtbar in jedem Stück Fleisch zu sehen ist. Sie macht das Fleisch extrem zart und entfaltet bereits bei leichtem Temperaturanstieg ein außergewöhnlich intensives Aroma.

Um die „intensive Aufmerksamkeit" in der Aufzucht ranken sich Mythen, die aber auch einen wahren Kern haben: Keine Bewegung, Massagen, Bier als Futter, Musik zur Entspannung. In

jedem Fall bleibt der *Bewegungsmangel*, also eine nicht artgerechte Tierhaltung; nicht das, was wir unter „glücklichen Kühen"
(das deutsche Bild) oder gar „lachenden Kühen" (das französische Bild) verstehen. Der Vergleich mit Wildtieren zeigt uns:
Was sich bewegt, schmeckt besser, die Natur ist der beste
Koch. Fett im Fleisch ist zumindest problematisch. Wir achten
sorgfältig auf *artgerechte Tierhaltung*.

In Erinnerung an die Erfahrungen in Japan, hatten wir uns hier
im *La Cabrera* in Asunción für das einheimische Fleisch aus artge-
rechter Tierhaltung entschieden. Aber damit auch für das beste
weltweit? Wir glauben ja, denn Fleisch schmeckt besser als Fett.
Die Marmorierung treibt den Duft und die Konsistenz (zart), aber
nicht den Geschmack.

Uruguay bewirbt sich gegenwärtig um den ersten Platz. Hier haben die Züchter den Trend rechtzeitig erkannt. Hier kommt noch
etwas Wichtiges hinzu, der starke *Wille, die Nr. 1* zu werden.
Ein kleines Land sieht im Vergleich zu den Großen nur den
Weg, durch überragende Qualität bestehen zu können. Und diesen Weg gehen sie konsequent: Höchste Qualität durch artgerechte Tierhaltung. Hier vermuten wir das beste Fleisch der
Welt.

Dieses Beispiel zeigt noch einen grundsätzlichen Punkt. Wir
nehmen das *La Cabrera auf die Liste für das beste Fleisch der
Welt*, obwohl es in Uruguay ein besseres Restaurant geben
könnte. Wir konnten es nicht herausfinden. Vielleicht haben wir
nicht das Extrem gefunden. Aber wir haben den besten Ort gefunden, darüber nachzudenken, denn hier ist der *Fleischver-
gleich* vollständig und transparent. Und das Nachdenken zählt
für uns noch mehr als das Extrem selbst. Wir hatten es schon
am Anfang gesagt: Es kommt darauf an, darüber nachzudenken
und danach zu **streben**. Nicht unbedingt darauf, es auch exakt
zu erreichen.

Im *Vegetarismus* gibt es kein tierethisches Problem, das aus eige-
nem Handeln entsteht. Daher empfiehlt auch *Peter Singer*, ein

australischer Philosoph und Ethiker, einer der einflussreichsten Denker in seinem Klassiker „Animal Liberation" diese Lebensart, weil ein Eintreten für Tierrechte und Tierliebe ohne diese Schlussfolgerung nicht glaubwürdig sei.

Es besteht die Möglichkeit, dass sich diese Diskussion auflöst, wenn sich *Mark Post* von der Universität Maastricht und seine Fleischfabrik *Mosa Meat* durchsetzt, und *„kultiviertes Fleisch"* künstlich aus biopsierten Tierzellen produziert wird. Die Massentierhaltung könnte so abgeschafft werden. In der Zwischenzeit haben sich etliche Start-ups auf dieses Thema gestürzt: Upside Foods (USA), Eat Just (USA), Believer Meat (Israel). Das Wachstumspotenzial dieser Branche ist groß. Investoren und Tierethiker freuen sich. Ein Paradigmenwechsel in der globalen Nahrungsmittelproduktion könnte bevorstehen.

Wir sind selbstbestimmt. Und wir meinen, dass ein sehr maßvoller Fleischkonsum für einen „Allesfresser" auch ein tugendhafter Weg sein kann und dass vor allem Meeresfrüchte für eine gesunde Ernährung natürlich und auch erforderlich sind. Nicht beim Fleisch, aber in der *delikaten Zubereitung von Meeresfrüchten* liegen die Japaner vorn. In Sapporo und Berlin kann man sich davon überzeugen. Wir werden darauf zurückkommen. Über die Fangmethoden ist Kritik wohl angebracht, aber in der Achtung vor dem Essen sind die Japaner vorbildlich. Sie verbinden Ethik und Ästhetik in einzigartiger Weise.

Aber in Qingdao und Singapur wird man auch fündig auf der Suche nach *Extremen in Meeresfrüchten*. Aber mit Naturethik hat das hier nichts mehr zu tun. Trotz unseres starken *Bekenntnisses zur Naturethik* war die Neugierde auf Extreme manchmal größer und wir haben zum Zwecke einmaligen Probierens gegen ethische Prinzipien verstoßen, denn die Suche nach Extremen verfolgen wir konsequent. Aber bei der Ethik tun wir uns manchmal schwer. Freude siegt auch immer und Genuss oft. Aber wir halten genauso konsequent auch die Grenzen der Sittlichkeit ein. Daher sind Haustiere und geschützte Arten tabu.

Analytische Bewertung der Kultur

Eine zukunftsfähige Ethik muss den *Pluralismus der Kulturen und Religionen* anerkennen. *Albert Schweitzer* hat – neben dem bereits zitierten Werk – auch über Kultur und Ethik in den Weltreligionen geschrieben. "Kultur und Ethik" entstand 1919-1921 und beschreibt den Beitrag der Weltreligionen zu einer universalen Ethik.

Sehr viel weiter geht *Hans Küng* in seinem Buch *„Projekt Weltethos"*. Er untersucht die Unterschiede zwischen den Religionen, die deren Identität ausmachen, das Dogma. Auch er sieht wie wir, dass die Gemeinsamkeiten wichtiger sind als die Unterschiede (HK, Weltethos, S. 16). Das soll zu keiner Einheitsreligion führen. Es brauche verschiedene Standpunkte, aber es brauche auch den Dialog zwischen den Religionen, um „einige verbindende und verbindliche Normen, Werte, Ideale und Ziele zu finden (HK, S. 14). Es brauche aber auch Selbstkritik gegenüber „Intoleranz, Wahrheitsabsolutismus und Selbstgerechtigkeit, der so viel Elend über die Menschen gebracht hat." (HK, S. 106).

Die Gemeinsamkeit sieht er in dem zentralen humanen Anliegen, dem „**Humanum**":
- die Wahrung der Menschenrechte,
- die Emanzipation der Frau,
- die Verwirklichung der sozialen Gerechtigkeit,
- die Immoralität des Krieges.

Das ist die Grundlage für einen Religionsfrieden. Seine Hauptthese: „Kein Weltfriede ohne Religionsfriede". Diese Ausführung sind grundlegend für ein neues Reisekonzept: **Kulturaustausch**.

Wir gehen davon aus, dass ein Weltreisender sich in allen Kulturen und Religionen ohne Mühe bewegen kann. Für uns sind Begriffe wie „fremd" oder „anders" bedeutungslos, weil wir nicht die Differenzen, sondern die Gemeinsamkeiten sehen. Uns treibt die Frage um, wie können wir trotz der Differenzen zu einer Weltharmonie kommen. Differenzen sehen wir als Prüfung unsere These - als

Fragen, ob wir von verschiedenen Standpunkten zu einer *universellen Ethik* kommen können.

Es ist der hohe synergistische Mehrwert des Lebensreiseziels, die ganze Welt zu sehen, dass die Erreichung dieses Ziels den *Begriff der Fremde aufhebt.* Das Fremde wird das Eigene. Wir haben das sehr deutlich erlebt: Uns ist nichts wirklich fremd. Gewiss gibt es Länder, deren politische Systeme wir nicht schätzen, weil unsere Werte dort nicht verwirklicht sind, aber sie sind uns nicht fremd. Wir können überall leben. Vielleicht in einigen Gegenden weniger gern, weil es dort Mängel gibt, aber nicht, weil wir dort Fremdsein empfinden. Anders ja, aber nicht fremd. Das Andere sehen wir als Anregung, Dinge anders zu sehen, aber das Andere ist uns nicht fremd.

Nietzsche unterscheidet Reisende nach fünf Verständnisgraden. Ein Reisender, der (1) nur gesehen werden will, (2) sondern sieht, (3) erlebt und überdenkt, (4) die Erkenntnisse nach Hause trägt und (5) in *Handlungen* umsetzt. Wir gehen davon aus, dass ein Weltreisender wegen des ethischen Grundverständnisses den fünften Grad erfüllt, ganz besonders dann, wenn Reisen zum Erleben des Wesentlichen in der ganzen Welt zum Lebensziel wird. Dann wird er mindestens darüber berichten. Die Berichte sollten dem Schutz dienen, besser noch, sie sollten **Verbesserungsvorschläge enthalten.**

Empirische Bewertung der Kultur

Wir bleiben bei den Grundbedürfnissen der Reisenden: Essen, Trinken, Schlafen. Bei der Bewertung der japanischen Restaurants haben wir bereits unsere Qualitätsmaßstäbe und ihre Anwendung erläutert: *Authentizität* und *Integrität.* Dazu kommt, das *ganzheitliche Bewertungskonzept* mit allen Wahrnehmungen zu erleben, einschließlich der Werte Ästhetik und Ethik. Das wollen wir nun empirisch auf die *Hotelbewertung* anwenden.

Wir haben in dem *Hotel Nishiyama Onsen Keiunkan* das vollkommenste Hotelerlebnis von Japan gehabt; es gehört für uns zu den besten Hotels weltweit.

Wir kommen von Wanderungen an den Fuji-Seen und sind durch die japanischen Minami-Alpen gefahren. Die Empfangsdame steht schon vor dem Eingang und verbeugt sich; zeitlich perfekt mit unserem Fahrer abgestimmt. Das Hotel ist steil in den Bergabhang hinunter gebaut. Klare Linien, zeitlos, im Wald. Bevor wir durch die Empfangshalle gehen, müssen wir die Schuhe ausziehen und gegen Sandalen tauschen. Die Schuhe werden abgenommen und die Sandalen hingestellt. Man erkennt sofort: Hier ist der Gast wirklich König und man muss sich um nichts kümmern, um gar nichts. Wir erkennen im Eingangsraum, dass hier alles zeitlos ist. Wir sind nicht in einer Lobby oder Lounge, wir sind in Räumen, die für den Gast gebaut sind, in Räumen, die über 1.000 Jahre älter sind als diese Modebegriffe. Großzügig in den Dimensionen, aber immer noch gemütlich. Das Wort „zeitlos" wird so oft gebraucht, aber hier wird es Wirklichkeit, denn dieses Hotel existiert seit 1.300 Jahren, verglichen mit allen anderen Hotels auf der ganzen Welt – über die

Zeit hinaus. Man merkt bald: Alle sind stolz auf diese Bewertung von Guinness: *Das älteste Hotel der Welt.*

Warum es auch eines der besten Hotels der Welt sein könnte, werden wir erläutern, wenn wir unseren ganzen Aufenthalt in Band 3 unter dem Gesichtspunkt des Reisetrainings erläutern.

Der formale Superlativ des Hotels ist das Alter. Aber hier drückt sich das aus, worum es bei einem Hotel eigentlich gehen sollte, um *Gastfreundschaft*. Aber bei wie vielen Hotels geht es wirklich um

Abb. 21 Das älteste Hotel der Welt

Gastfreundschaft? Die Freundschaft mit einem Gast?

John Willard Marriott war ein Perfektionist. Ich hätte ihn gern nach seiner Meinung gefragt, ob er dieses Hotel hätte übertreffen können. Ich bin mir der Antwort sicher, kann sie aber nicht beweisen. Aber ich erinnere mich, dass er auf den *Empfang* in einem Hotel größten Wert gelegt hat. In vielen Hotels in China war das erste Wort, was ich beim Empfang gehört habe, nicht Welcome, sondern

184

„Voucher" oder „Passport". In allen Hotels auf der Welt reagiere ich leicht gereizt, wenn das erste Wort „Passport" ist und nicht Welcome. Im Keikuan erlebt man eine andere Welt, hier wird Gastfreundschaft und Dienst am Gast gelebt. Wir haben in etwa 12 Jahren weit über tausend „receptions" erlebt. Dieser Empfang war unter den besten. Dazu die Ästhetik, der Naturbezug und damit eine Naturethik. Ein perfektes Hotel. Wir verstehen das als einen Superlativ, als ein Extrem.

Vergleicht man Hotels, dann gibt es grandiosere Bauwerke, spektakulärere Ausblicke und mehr Luxus. Aber keins, in dem man sich so wohl fühlt. Wenn wir an dieses Hotel zurückdenken, dann müssen wir *lächeln*. Und das ist nur bei diesem der Fall. Vielleicht ein subjektiver Extremfall, aber mit sehr vielen objektiven Fakten, natürlich vor allem dem extremen Alter des Hotels.

Wir behandeln in diesem Abschnitt Werte, empirisch. Wir fassen zusammen: Für uns haben drei Werte für die Hotelbewertung entscheidenden Charakter: *Wohlfühlen*, *Empfang* und *Blick*. In diesen drei Werten unterscheiden sich Hotels stark. Nicht im Raum, nicht im Bad. Aber von diesen drei Werten ist nur einer planbar: Der Blick.

Empirische Bewertung der Gesellschaft

Um mit Freude zu reisen, bedarf es neben einer positiven Grundhaltung einer *toleranten Einstellung zu gesellschaftlichen Werten*. Toleranz verlangt einen Bezugspunkt, von dem aus man das andere erkennt, um es dann anzuerkennen. Dazu sollte man seinen *politischen Standpunkt* hinterfragen und seine Bereitschaft für *Offenheit* und *Toleranz* klären, denn beide Eigenschaften sind der *Nährboden für Reiselust*. Darauf werden wir zurückkommen.

Es liegt nahe, dass wir unseren politischen Standpunkt am *Beispiel unserer Heimatländer* erläutern, Deutschland, Thailand und Philippinen.

In *Deutschland* finden wir für unsere optimistische Sicht ein gutes Umfeld. Es macht Freude, in Deutschland zu leben. Demokratie,

Gewaltenteilung, Rechtsform und Medizin funktionieren gut, vielleicht sogar sehr gut. Wir sind ein liberales, tolerantes und selbstbestimmtes Land. Schon 1740 sagte Friedrich der Große „Jeder soll nach seiner Façon selig werden." 80% der Bevölkerung waren 2019 für die Ehe für alle. In der Ausbildung jedoch sind wir noch nicht gut genug. In der Toleranz sind wir immer noch gut, aber wir haben uns durch das Aufkommen der Rechtspopulisten verschlechtert.

Wir haben einen funktionierenden Verfassungsstaat, der die Verfassung - ausgeübt durch ein starkes Verfassungsgericht - über alles stellt. Sie beginnt mit einem genialen Satz: Artikel 1: „Die Würde des Menschen ist unantastbar". Menschenrechte haben absolute Gültigkeit, Naturrechte haben hohe Gültigkeit, Tiere haben bei uns Rechte. Gegen Menschenrechte verstoßen wir nie, gegen Naturrechte wenig, gegen Tierrechte oft. Das müssen wir verbessern.

3.10 Der höchste Wert: Menschenwürde

Die Menschenwürde ist in unserer Verfassung der grundlegende, der oberste Wert. *Kant* hat in seiner Grundlegung zur Metaphysik der Sitten das *Grundprinzip der Würde* definiert: *Achtung vor dem anderen, Anerkenntnis seines Existenzrechts* und die *Anerkenntnis der prinzipiellen Gleichwertigkeit* aller Menschen. Und diese drei Prinzipien sind die Grundlage für Toleranz, und von hier lässt sich eine Verbindung in den persönlichen Eigenschaften eines Reisenden ziehen, zu seiner Offenheit gegenüber Neuem und Anderem. Toleranz und Offenheit sind für das Reisen und das Erreichen höchster Reiselust das, was wir als Nährboden bezeichnen.

Aber von der Haltung zur Würde lässt sich auch eine sozialpolitische und eine humanitäre Verbindung zum Reisenden ziehen. Wiederum hilft hier Kant (ebenda): *Der Mensch sei ein Zweck an sich* und dürfe demnach nicht einem ihm fremden Zweck unterworfen werden. Die Menschenwürde wird demnach verletzt, wenn ein Mensch einen anderen als Mittel für seine eigenen Zwecke benutzt. Das ist der Fall bei Sklaverei, Unterdrückung, Betrug oder Krieg.

Dieser Gedanke von Kant prägt unter dem Begriff „Objektformel" die Rechtsprechung des Bundesverfassungsgerichts. In allen staatlichen Verfahren ist der *Mensch stets Subjekt* und nie bloßes Objekt. Der Einzelne hat stets ein Mitwirkungsrecht. Aber auch in bestimmten Fällen eine *Mitwirkungspflicht*. Und darauf wollen wir näher eingehen.

Unser Reisekonzept fordert, vermehrt darüber nachzudenken, was wir für das bereiste Land Nützliches tun können, aber auch für unsere Reiseschäden im Land einzustehen. Ein ethisch Reisender ist sich *der Werte bewusst*. Aber er wägt auch Werte ab, was bekomme ich, was sollte ich dafür geben. Und in dieser Abwägung steht die Menschenwürde im Zentrum, das Existenzrecht des Menschen.

Wenn die Würde verletzt wird – wie bei vielen Menschen im Kriege – dann zwingt das Wertebewusstsein dazu, *Position zu beziehen*. Dann kann man nicht gleichgültig sein: Ich bin Reisender und habe damit nichts zu tun. Ich bin ein Reisender, ja, aber vor allem doch ein Mensch mit einem *humanitären Anspruch*, ich achte die Menschenwürde und wenn sie verletzt wird, dann leiste ich einen *Beitrag zur Linderung der Verletzung*. Denn die Würde des Menschen ist unantastbar. Und das gilt für jeden. Auch für den Reisenden.

Die deutsche Schuldfrage

Die *hohe Gültigkeit der Menschenrechte* rührt aus unserer Vergangenheit, in der in Deutschland in so abscheulicher Weise gegen sie verstoßen wurde. Dabei macht es keinen grundlegenden Unterschied welcher Anteil der Bevölkerung dagegen verstoßen hatte und innerhalb welcher Grenzen das geschah. Die Mehrheit hatte gewählt, hatte das mitgetragen und muss sich dafür verantwortlich fühlen. Dabei meine ich jedes einzelne Wort so, wie es geschrieben ist. Ich werde kein Wort darauf verwenden, ob ich dafür verantwortlich <u>bin</u> oder nicht, ich <u>fühle</u> mich verantwortlich und habe mich deshalb – wie viele Deutsche – dafür mehrfach deutlich entschuldigt, vor allem in Russland und Israel, denn Deutschland hat über 20 Mio. Russen getötet und etwa 6 Mio. Juden. Eine solche

Geschichte macht verständlich, dass man sich sehr genau überlegt, wen man wählt und wie sein Wertesystem aussieht. An dieser Frage sind wir vor 75 Jahren fast zerbrochen, körperlich, geistig und seelisch.

Die Schuldfrage wurde in den *Nürnberger Prozessen 1947/48* geklärt. Es waren die größten Mordprozesse der Geschichte und sie wurden zu einem Meilenstein in der Entwicklung des Völkerrechts und der Klärung der wichtigsten Werte *Menschenrechte, Gerechtigkeit und Selbstverantwortung*. Diese Werte sind von universeller Bedeutung, aber keine Nation hat diese Klärung schmerzlicher erlebt als die Deutschen. Bei dieser Klärung hilft die ganz aktuelle Arbeit von *Philipp Gut* über *Ben Ferencz*. Philipp Gut gelingt es, die jüngste deutsche Geschichte in ihrem dramatischen Kernpunkt historisch genau zu erfassen und auf das Wesentliche zu verdichten. Da deutsche Reisende immer wieder darauf angesprochen werden, halte ich diese Lektüre für eine ethische Debatte für unabdingbar.

Zum vorbildlich fairen Verlauf der Nürnberger Prozesse und ihrem juristisch hohen Niveau hat der *Chefankläger Ben Ferencz* maßgeblich beigetragen. Nie hatte es eine dramatischere Diskussion über Werte gegeben als hier. Hier standen SS-Massenmörder vor Gericht, die sich vor allem auf Befehlsnotstand beriefen.

Allen voran der intelligente, adrette, gutaussehende SS-General Ohlendorf, der für die Ermordung von 90.000 Zivilisten verantwortlich war. Er brachte alle drei Hauptargumente vor: Militärisch notwendig, Selbstverteidigung, Befehlsnotstand.

Ben Ferencz war für seine Aufgabe besonders berufen, denn er war ausgebildeter Jurist und hatte bei der Befreiung Deutschlands als Soldat teilgenommen, er hatte unbeschreibliches Leid gesehen, Grausamkeiten jenseits des Vorstellbaren, er hatte „in die Hölle geblickt", nicht punktuell, sondern umfassend. Er hat im Prozess ein hohes Maß an Weitsichtigkeit, juristischer Professionalität und einen untadeligen Gerechtigkeitssinn bewiesen, Eigenschaften, die sein ganzes Leben bestimmten und für die er ausgezeichnet wurde. Er hat sich um die ethische Tradition der USA im besten Sinne verdient gemacht. Sich daran zu erinnern, ist aus aktuellem Anlass sehr wichtig

Er übernahm den Begriff des *Genozids*, der von einem polnischen Flüchtling stammte (PG, Ben, S. 122), und führte ihn in den weltweiten Sprachgebrauch ein, er setzte den Wertansatz der Prozesse, *Gerechtigkeit und nicht Rache*, durch, ebenso wie ein Höchstmaß an Fairness. Nicht eine staatliche Institution stand auf der Anklagebank, sondern *Individuen*, die Person für Person für ihre persönlich zu verantwortenden Verbrechen abzuurteilen waren, hier wurde genau unterschieden zwischen Kriegsverbrechen und Verbrechen gegen die Menschlichkeit, hier wurde die *Gültigkeit des Befehlsnotstands* entschieden.

Niemand kann sich auf einen *unrechtmäßigen Befehl* berufen, vor allem dann nicht, wenn er offensichtlich kriminell ist. Damit wurde die **Selbstverantwortung** unter extremen Bedingungen auf ein höchstmögliches Niveau gehoben.

Im Zusammenhang mit dem Holocaust taucht die Frage nach dem „Bösen" auf: Wie jemand zu solch bestialischen Grausamkeiten fähig sein kann? Die nüchterne Antwort von Ferencz: „Die Täter waren keine Monster, sondern ganz normale Menschen... Der Krieg macht aus sonst anständigen Menschen Massenmörder. Das sei zu jeder Zeit so gewesen – und habe nichts mit Deutschland oder irgendeiner besonderen Veranlagung der Deutschen zu tun. Solange wir Konflikte durch Kriege lösen und die soziale Kontrolle entziehen, werden wir töten" (PG, Ben, S. 135). So wurde Ferencz einer der leidenschaftlichsten Kämpfer für Gerechtigkeit, ein Advokat der Utopie, für eine menschliche und friedliche Welt, ein Ankläger gegen den Krieg, denn Krieg ist Unrecht, gegen die Rache und für das Recht.

Die Todesurteile stießen auf Protest, ganz besonders bei den Kirchen, aber auch bei führenden Politikern, denn Deutschland hatte die Todesstrafe gerade abgeschafft und begann, sich neu zu erfinden. Der Begriff „Siegerjustiz" machte die Runde, weil Deutschland aus einem konträren Wertesystem kam und sich anderes nur schwer vorstellen konnte. Und diese verkrüppelte Sicht wirkt bei einigen bis heute nach, wenn man ihre in Schieflage gekommenen Wertvorstellungen sieht, die Vergangenes vergessen wollen.

Aber die Last der Vergangenheit bestimmte die deutsche Geschichte, letztlich bis 1995, bis zur Verhüllung des Reichstags (vgl. nochmals Abb. 10) oder der Fußballweltmeisterschaft 2006. Und in dieser Zeit setzen wir an.

Das neue Deutschland im europäischen Zusammenhang

Einige sehen Deutschland als organisiert und korrekt. Die Medien kolportieren: Die Deutschen seien zu vorsichtig, sie seien in Zuckerwatte verpackt und hätten nicht mehr den vollen Bezug zu „der Welt da draußen". Wir hätten die höchste Zahl an Versicherungen und seien Risiko aversiv. Dagegen stand vor der „Zeitenwende", dass wir Reiseweltmeister waren und den weitaus größten Leistungsbilanzüberschuss hatten.

Unsere Regierung ist ehrlich und demokratisch. Sie setzt einen Maßstab in politischer Moral. Eine Stärke der deutschen Regierung war, dass sie seit ihrem Bestehen in *wirtschaftlichen Zusammenhängen* dachte. Diese Kompetenz hat in den letzten zwanzig Jahren abgenommen. So wurden Investitionen in Digitalisierung, Infrastruktur und Wettbewerbsfähigkeit vernachlässigt, deren Auswirkungen 2023/24 deutlich werden. Die Gewerkschaften sind bei uns in die Wirtschaftspolitik integriert, sie denken gesamtwirtschaftlich, nicht im klassenkämpferischen Gegensatz, sondern als legitime Interessenvertreter. Auch das hat abgenommen, besonders bei der Eisenbahn. Allerdings muss man auch sehen, dass die soziale Gerechtigkeit mit einem Ausgleich von Arbeit und Kapital noch nicht erreicht ist. Im Gegenteil: Die Schere zwischen arm und reich klafft immer stärker auf. Ob eine höhere Besteuerung der Superreichen effektiv ist, muss sorgfältig geprüft werden.

In der Krise hat die Regierung bewiesen, dass sie *integriert und nicht polarisiert.* Besonders Angela Merkel dachte integrativ und lebte Demokratie vor. In der Frage Ehe für alle ermöglichte sie den

klärenden Gesetzesentwurf, der auf der Basis der Gewissensent-
scheidung der Abgeordneten ermöglicht wurde. Obwohl sie persönlich dagegen war, stellte sie das demokratische Verfahren über
ihre Meinung, denn sie wusste, dass sie mit diesem Verfahren verlieren würde, denn 80% der Abgeordneten waren dafür und das
spiegelte genau die Meinung der Deutschen wider. Sie blieb immer
gelassen, regte sich nie auf und hielt so Diskussionen länger durch
als andere. Aber sie vermittelte keine Visionen und setzte keine
wirtschaftspolitischen Impulse. Sie stand für Stillstand.

Andere Staaten haben Regierungsformen, die nationale Belange
oder machtpolitische Ziele in den Vordergrund stellen und oft dann
auch noch polarisieren. Trump ist ein erschreckendes Beispiel. Er
stellt die eigene Wahl über alles, über die Demokratie und über die
Nation. America first, no, his voters first, no – Trump first. Und daran wird sich nichts ändern.

England fiel zurück in den *Separatismus* mit einem zudem grotes-
ken Schauspiel des Hin- und Hergerissenseins und dem Pochen
auf Souveränität unter dem Einfluss von Populisten.

Ein weltmarktfähiges Europa muss gegen *China* konkurrieren können. Um in diesem Wettbewerb bestehen zu können, muss Europa
seine kulturelle Vielfalt integrieren und auf der Basis einer überle-
genen Innovationskraft starke Produkte entwickeln und produzieren. Die Investitionen von China in künstliche Intelligenz sind vierzig Mal höher als die von Deutschland. Selbst eine Wirtschaftsmacht wie Deutschland schafft das nicht im nationalen Alleingang.
Und das ist den Deutschen bewusst. Aber England, der ein wichtiger Player hätte sein können, ignoriert das bedauerlicherweise,
wenngleich 2025 Premierminister Keir Stramer den Kurs ändert.
Wer der Motor in Europa sein wird ist 2025 noch unklar. Integration
ist das Gebot der Stunde und nicht Separation.

Aufgrund unserer Geschichte sind wir gegenüber rechtem Gedankengut sehr sensibel. Wir glaubten schon fast, diese große Last
überwunden zu haben. Aber *Populismus* und Nationalismus erstar-
ken in Deutschland. Hier hat sich in den letzten 10 Jahren etwas

negativ verändert. Wir haben über 2 Mio. Flüchtlinge aufgenommen und bemühen uns, sie zu integrieren. Das gefällt nicht allen. Aber Angela Merkel fand starke Worte, frei zitiert: ‚Wenn ich kein freundliches Gesicht machen kann, wenn jemand an unsere Tür klopft, weil sein Leben bedroht ist, dann ist das nicht mein Land'. Sie appellierte an das Christentum. Wer konnte da widersprechen? Sie: „Wir schaffen das". Ihr Stil, einfach und klar. Die meisten zweifelten, aber sie behielt Recht. Wir schafften das.

Aber der Keim für Unzufriedenheit ist trotzdem aufgegangen: 15.000 Personen (2022) sind bei uns gewaltbereit *rechtsradikal*. Das hat uns alarmiert und Deutschland hat wirksame Maßnahmen gegen sie ergriffen; sie sind ständig auf dem Schirm. Die Tatsache, dass diese Zahl relativ zu anderen Ländern gering ist, beruhigt uns nicht. 2023 erkennt man im Rechtspopulismus den *Rechtsradikalismus*, der Anfang 2024 in einem Geheimtreffen Deportationspläne für Ausländer berät und Deutschland aufschreckt. Endlich zeigt die „schweigende Mitte" Flagge und geht auf die Straßen.

Ein großer Teil in Deutschland will 2025 eine starke Veränderung in der Immigrationspolitik und der Wirtschaft. Die Rechten haben die Unzufriedenheit aufgegriffen und instrumentalisiert. Unbestreitbar ist, dass wir uns ändern müssen, schnell und grundsätzlich. Europa ist auf sich allein gestellt. Wir müssen dabei aber auch wachsam sein für aufkeimende Angriffe auf die Demokratie. Wir sind insgesamt gut durch die Covid-Pandemie gekommen. Deshalb bin ich sicher, dass wir auch solche Angriffe abwehren können. Es bleibt zu hoffen, dass Deutschland seine politische Vision kühn und deutlich formuliert.

Weltbürger

Weltbürger sind Menschen, die sich mit verschiedenen Wertsystemen arrangieren können, solange ihre Hauptwerte nicht betroffen sind. Alexander von Humboldt war ein Weltbürger. Er lebte zwanzig Jahre in Paris, veröffentlichte viele Werke zuerst in Französisch, sprach sechs Sprachen fließend. Sein wissenschaftlicher Ruhm hatte Weltgeltung.

Auch wir sehen uns als Weltbürger, also Bürger die fast überall zuhause sein könnten, Bürger, die sich fast nirgendwo fremd fühlen. Wir sehen darin einen Vorteil für das Entfalten von Toleranz und für das Erkennen von Zusammenhängen.

Steven Pinker geht einen Schritt weiter. Er sieht nicht nur den Zusammenhang zwischen Weltbürgertum und Reisen, sondern sieht das Weltbürgertum als eine der „fünf historischen Kräfte", die den *Rückgang der Gewalt* vorangetrieben haben (SP, S. 18). In seinem umfangreichen Werk über Gewalt kommt der zum Schluss: „Der Rückgang der Gewalt dürfte die bedeutsamste und am wenigsten gewürdigte Entwicklung in der Geschichte unserer Spezies sein." (Anmerkung: Die Originalausgabe „... Why Violence has declined" erschien 2011, aber der Ukraine-Krieg elf Jahre später hat an dem langfristigen Zusammenhang nichts geändert).

Steven Pinker ist als Wissenschaftler hinsichtlich Position, Veröffentlichungen und Auszeichnungen extrem ausgewiesen. Ein gewichtigeres Urteil zum Rückgang der Gewalt gibt es nicht.

Pinker *begründet den Rückgang der Gewalt mit acht Werten:*

Vier Werte des Menschen:
- Empathie,
- Selbstbeherrschung,
- Moralgefühl,
- Vernunft in der Lebensführung.

Vier Werte in der geschichtlichen Entwicklung:
- Wirtschaftliche Kooperation,
- Feminisierung,
- Weltbürgertum,
- Vernunft zur Problemlösung.

In diesen 8 Werten hat sich die Menschheit *positiv entwickelt.* Nochmals: Diese Aussagen gelten langfristig und werden stichhaltig bewiesen. Aber auch Pinker stellt heraus, dass sie der „landläufigen Meinung" widersprechen. Wie oft z.B. wird behauptet, dass „Wandel durch Handel" eben nicht gelte. Im Zusammenhang des

Reisens werden wir das nicht vertiefen. Uns geht es um den wichtigen Reisegesichtspunkt: Weltbürgertum und seine ethische Bedeutung.

3.11 Der Nährboden für Reiselust: Schlussfolgerungen

Damit haben wir alle Elemente unserer Reisephilosophie behandelt und können Schlussfolgerungen ziehen. Unsere Reisephilosophie ist ein Nährboden für die Reiselust. Reiselust entsteht nicht einfach auf einem Gefühl, wie Fernweh - ein erster Ansatz vielleicht. Höchste Reiselust verlangt viel mehr, und zwar einen Nährboden, auf dem sie gedeihen und sich entfalten kann. Dieser *Nährboden ist von Werten und Kompetenzen gekennzeichnet*, die dafür sorgen, dass die Reiselust verankert, geleitet, genährt und verstärkt wird und dass sie erhalten bleibt und nicht verwelkt.

Die höchste Reiselust ist wie eine blühende Blume. Ihre Entstehung hat vier Phasen, sie keimt, treibt, wächst, blüht. Ihr Wesen – die Blüte – hat vier Formen. Aufbau, Schönheit, Duft, Fortpflanzung. Vier Wachstumsphasen und vier Eigenschaften der Blüte. Das ist natürlich, einfach und klar. Die höchste Reiselust ist nicht einfach da. Man muss sie wollen, nähren und pflegen.

Der Gedanke des Nährbodens für höchste Reiselust ist uns so wichtig, dass wir ihn in **zwei Formen** erläutern: Abb. 18 (positive Einstellung) und Abb. 22 (Ganzheitlichkeit). Der Weg ist in beiden Darstellungen derselbe, aber der Blickwinkel ist unterschiedlich.

Abb. 18 ist die grundlegende Variante, sie geht über die egozentrische Sicht hinaus und begründet die soziozentrische Sicht. Sie stellt den *Positivismus* in den Mittelpunkt dieses Weges. Diese Form hatten wir schon erläutert.

Abb. 22 ist die komplexe Variante, sie betont den Wirkzusammenhang zwischen Werten und Kompetenzen als Weg zur höchsten Reiselust. Sie stellt die *Ganzheitlichkeit* in den Mittelpunkt dieses Weges.

Abb. 22 zeigt ein *4x4 Schema,* das sich an die Entwicklung einer Blume anlehnt. Horizontal die Entstehung, (1) Wahrnehmung als Boden, (2) die leitenden Werte, (3) die stärkenden Kompetenzen und dann (4) die Blüte, die höchste Reiselust. Sie blüht voll auf, wenn alle vier Wahrnehmungen eingesetzt werden, (1) Geist, (2) Fantasie, (3) Gefühl und (4) Werte auf das zentrale Gefühl, die Freude, einwirken, sie nähren, stützen, entfalten und erhalten.

Werte und Kompetenzen sind die Basis der Gefühle, der Nährboden, auf dem höchste Reiselust gedeiht. Reisen ist nicht das Aneinanderreihen von Reiseprogrammen oder das Abspulen von Kilometern. Die Verkettung von Kompetenzen und ihre Verbindung mit Werten wird eines der Kernthemen des dritten Bandes zum Training sein.

Reisen ist das Wahrnehmen und Erleben der Welt. Und wie wir sie wahrnehmen, bestimmt die Reiselust. **Und wie wir sie erleben bestimmt die Reisefreude.**

Der Nährboden für höchste Reisefreude – Ganzheitlichkeit

Die vier Wahrnehmungsarten	Die Nahrung für höchste Reisefreude		• Ganzheitliches Verständnis: Das Reiseziel im Gesamtzusammenhang sehen • Ganzheitliche Kompetenz: Werte mit Kompetenzen verketten • Ganzheitliche Wahrnehmung: Mit allen Wahrnehmungsarten reisen	
Geist	Werte leiten	Kompetenzen verstärken	**Höchste Reisefreude**	
- Wissen	Erkennen	Verdichten	**Das Wesentliche**	
- Denken	Vergleichen	Filtern	**Das Einzigartige**	
Fantasie	Werte schaffen	Kompetenzen erreichen		
- Traum	Vielfalt vorstellen	Vorstellungskraft	**Erfüllung**	
- Vision	Perspektive wechseln	Kreativität	**Fortschritt**	
Gefühl	**Freude ist eine Blume: Im Boden verankern, sie leiten, düngen und zum Blühen bringen**			
- Physisch	Fitness	Training	**Hochgefühl**	
- Psychisch	Freude	Entfaltung	**Ekstase**	
- Spirituell	Transzendenz	Spiritualität	**Harmonie**	
Werte	Mit allen Arten der Wahrnehmung das Ganze sehen, mit Sinnen und Werten			
- Ästhetik	Proportion und Farbe	Stil	**Perfektion**	
- Ethik	Mitgefühl	Hilfe	**Reiseglück**	

Abb. 22 Der Nährboden der Reiselust: Ganzheitlichkeit

Daher beginnt der Wirkzusammenhang mit den vier Wahrnehmungsarten (Abb. 22, linke gelbe Spalte). Sie bilden den Boden, in dem die Werte verankert sind und die Kompetenzen ihre Kraft beziehen.

Im Zentrum steht das Gefühl der Freude. Die Fähigkeit, dieses Gefühl zur vollen Entfaltung bringen zu können, bestimmt, ob es sich zur Begeisterung, zur Ekstase oder zum Rausch entwickelt.

Werte verankern und leiten (Abb. 22, zweite blaue Spalte), Kompetenzen nähren und stärken (Abb. 22, dritte grüne Spalte).

Hinweise zum Formellen: Die Ausrichtung der Dreiecke deutet waagerecht das Leiten durch die Werte und das Verstärken durch die Kompetenzen an, sie deutet senkrecht die Verstärkung des Gefühls der Freude an, dessen zentrale Bedeutung nochmals hervorgehoben ist. Die dunklere Farbe bei den Kompetenzen und die negative Schrift sollen andeuten, dass sie wichtiger im Sinne von kritischer und schwieriger sind.

Abb. 22 zeigt den Wirkzusammenhang systematisch und umfassend, hier übersichtlich und teilweise auch zusammenfassend, denn etliche Aspekte sind an anderen Stellen in einem anderen Zusammenhang behandelt worden. Wir begnügen uns mit einigen Pinselstrichen.

Werte leiten alle Wahrnehmungsarten:

Fantasie: Werte leiten die Fantasie zu einer Freiheit des Denkens und Empfindens und leiten den Prozess der Aufklärung zu Visionen von Gerechtigkeit und Solidarität.

Geist: Werte leiten das Wissen zu einer ganzheitlichen Wahrnehmung und das Denken zu einem Erkennen des Wesentlichen und zum Erkennen von Zusammenhängen, denn der Wert bewirkt die Verkettung, der Wert trennt Wesentliches von Unwesentlichem.

Kompetenzen stärken alle Wahrnehmungsarten:

In der *Entwicklung der Gesellschaft* haben wir Zusammenhänge aufgezeigt, das Verhältnis der Gesellschaftsmodelle zur *Harmonie*. Die Fähigkeit, Zusammenhänge und das Ganze zu sehen, nennen wir die *synoptische Kompetenz*.

Ebenso wichtig ist es, die *Trends* in der Veränderung der Gesellschaft zu kennen. Sie wirken wie ein Filter, der Wesentliches von Unwesentlichem trennt. Die Trends zeigen das, worauf es ankommt. Auch darauf, hinter den Erscheinungen das Wesentliche zu sehen. So entwickeln wir die Fähigkeit, sich *auf das Wesentliche zu konzentrieren*. Wir sprechen hier von der *Verdichtungskompetenz*.

Wir haben *Harmonie* als Grundthema der Entwicklung einer Gesellschaft und *Integration* als der Motor für die zukünftige Entwicklung, zwei Werte. Damit stellt sich die Frage nach den übrigen Werten, dem Wertesystem und damit nach der *Interaktion zwischen zwei Wahrnehmungsarten*, dem Geist und den Werten, zwischen Wissen und Ethik. Durch Werte wird Wissen zur *Bildung*, d.h. zu einem Wissen, mit dem sich der Reisende entwickelt, besonders zu einem *Gestaltwissen*, d.h. zu einem Wissen, mit dem der Reisende etwas ganzheitlich versteht. Abb. 22 zeigt alle Wirkzusammenhänge auf, die zur höchsten Reiselust führen, aber auch den Zusammenhang mit Erkenntnissen, die zur *Selbsterfahrung* führen, in der sich der Reisende als Persönlichkeit erkennt.

Werte zeigen, was einem wichtig ist, Kompetenzen zeigen die Möglichkeiten. Aus dem *Vergleich* beider lässt sich der *Sinn des Reisens* ableiten. Darauf werden wir im nächsten Kapitel eingehen. Werte ändern sich. Im Leben des Reisenden. Aber auch in der Gesellschaft. Wir hatten die Veränderung in Gesellschaft und Umwelt deutlich behandelt. Das Reisekonzept muss eine klare Beziehung zu dem Wertewandel finden.

Wir haben die Gründe behandelt, die einen Wertewandel in den letzten 5-10 Jahren verursachen. Diese sind u.a.
- Klimawandel
- Pandemien
- Kriege

Der Wertewandel bewirkt im Reisen einen *Paradigmenwechsel*, den wir in Band 5 ausführlicher behandeln werden.

4 Das Wesen des Reisens

4.1 Die vier Merkmale des Wesens

Das Wesen des Reisens – seine Essenz - lässt sich in vier Merk-

Abb. 23 Das Wesen des Reisens

malen darstellen: *Sinn, Grund, Ziel und Stil*. Sie bilden die wesent-lichen, also wesensbestimmenden Merkmale. Das Verhältnis von Philosophie und Wesen lässt sich unterschiedlich sehen. Wir se-hen das Wesen als ein Teil der Philosophie. Abb. 23 gibt einen klä-renden Überblick über das Wesen.

4.2 Der Reisesinn im Zusammenhang der Merkmale

Der Sinn des Reisens beantwortet die Frage nach dem *Wozu des Reisens.* Es ist auch eine Frage nach dem „Warum", aber mit einer anderen Zielrichtung, sie zielt auf die *Handlung an sich,* warum ich überhaupt reise, warum muss es gerade Reisen sein und nicht eine andere Handlung? Warum gerade Reisen und nicht Entspannen oder Sport oder Tanzen oder Angeln? Es wird der *Sinn der Handlung* bewertet. Und das meint das „Wozu", den Sinn. Die *Bewertung* erfolgt durch die Person des Reisenden (linke gelbe Titelfläche der Abb. 23). Er fragt nach seinen Werten und seiner *persönlichen Bereicherung.*

Reisen lässt ihn mehr *staunen* als andere Handlungen, Reisen lässt ihn mehr *Wesentliches* erkennen, durch Reisen erhält er mehr *Weisheit,* erlebt er mehr *Freude,* befriedigt eine *Leidenschaft* besser, lässt ihn *Grenzwerte* erfahren, *Transzendenz* oder *Fortschritt* erleben. Durch Reisen erfährt er sich selbst, besser als durch jede andere Handlung, seine Identität, die in einer ihm entsprechenden *Sinnsystem* besteht, in einer Ordnung der Werte. Das Sinnsystem ist eine übergeordnete Sinnkategorie, weil sie andere umfasst, aber wir stellen sie hier als eine eigene Sinnkategorie dar. Der Grund liegt darin, dass wir vor allem über ein ganzes Reiseleben schreiben. In diesem kommen in der Regel mehrere Sinnkategorien, wenn nicht sogar alle vor.

Damit unterscheiden wir neun verschiedene *Sinnkategorien* mit den dazugehörigen Wertkategorien, neun Arten der persönlichen Bereicherung durch Reisen. Die Bereicherung sieht jeder unterschiedlich, weil jeder unterschiedliche Werte hat.

Das Reisen führt den Reisenden wegen der (1) *Vielfalt* zum Staunen, mit (2) *Erkenntnis* zum Wesentlichen, wegen der (3) *Bildung* zur Weisheit. Im Reisen erlebt er (4) *Wohlgefühle* bis zur Freude, (5) *Lebensintensität* bis zur Leidenschaft und bedingt zur Sucht, (6) *Leistungsgrenzen* bis zu Grenzwerten, (7) *Spiritualität* mit der Erfahrung der Transzendenz bis hin zum Seelenfrieden, schließlich trägt er mit (8) *Selbstverantwortung* zum Fortschritt bei. Er kommt durch (9) *Selbsterfahrung* zu seinem Sinnsystem, seinem individuellen Sinnprofil.

In unserem Reiseleben gibt es nur die neunte Sinnkategorie, unser Sinnsystem, denn wir haben alle Sinnkategorien erlebt. Geordnet wird dieses Sinnsystem für uns durch die Freude, *unsere dominante Sinnkategorie.*

Bevor auf den „Reisesinn" vertiefend im nächsten Kapitel eingehen, wollen wir ihn zunächst noch im Gesamtzusammenhang behandeln, in seiner Beziehung zum Wesen des Reisens und in seiner Beziehung zur Freude.

Wir wollen das – wie immer im Wechselspiel von Analytik und Empirie – zunächst empirisch erläutern, am Beispiel von Pilgern, für viele eine der schönsten Formen des Reisens.

Der zentrale Gedanke des Pilgers ist, dass er nur durch das Pilgern zur spirituellen Bereicherung und damit zu seiner Harmonie kommt. Nicht durch das Meditieren, nicht durch das Beten, nicht durch das Fasten, sondern nur durch das Pilgern. Wir erweitern die Betrachtung:

Es gibt drei Arten (Grundtypen) von *spirituell Reisenden*: Pilger, Büßer und Wallfahrer. Alle verfolgen *den gleichen Reisesinn*: Spiritualität durch Reisen. Aber ihre Bewertung von Sinn, Weg und Ziel ist unterschiedlich.

(a)   Für den *Pilger* ist der Sinn des Reisens *nur die Spiritualität.* Der *Reisegrund ist der Weg*, die spirituelle Stimulanz durch Orte am Weg. Der Reisegrund ist die Inspiration durch die spirituelle Stimulation der Orte am Wege. Das Reiseziel ist für ihn unbedeutend. Die Kirchen und Kapellen am Weg sind ihm wichtig.

(b)   Für den *Büßer* ist der Sinn des Reisens *auch die Spiritualität*, aber nicht nur, er will *auch seine Leistungsgrenze* erfahren. Und sein Reisegrund ist ein anderer, ihm geht es um die Qual der Fortbewegung, nicht um die Orte am Weg, sondern um die Länge und die Beschwerlichkeit des Wegs, aber wie auch der Pilger, geht es *um den Weg,* nicht das Ziel. Sie haben den gleichen Grund, jedoch in verschiedener Form. Es geht ihnen um die Fortbewegung, um den Weg an sich. Die Kirchen und Kapellen am Wege beachtet er kaum.

(c)   Für den *Wallfahrer* ist der Sinn des Reisens *auch die Spiritualität*, aber es geht ihm nicht um den Weg, sondern nur um das Ziel, er reist wegen der Wundertätigkeit am Wallfahrtsort, er ist der einzige von den Pilgern i.w.S., der wegen des *Reiseziels* reist. Die anderen reisen wegen des Weges, sie unterscheiden sich im Reisegrund. Der Wallfahrer sieht nur den Wallfahrtsort am Ende des Weges, sein Ziel.

4.3   Reisesinn und Reisefreude

Warum nehmen wir das alles so genau auseinander? Lust an der wissenschaftlichen Systematik? Genauigkeit um ihrer selbst willen?

Im Gegenteil. Um der *Freude* willen!

Wenn man genau weiß, warum man reist, dann schafft man Voraussetzungen dafür, alles bewusst wahrzunehmen. Wenn alles zusammenpasst, schafft man das Potenzial für das Empfinden von Harmonie. Wenn Leidenschaft und positive Grundeinstellung diesen Nährboden wie ein Dünger tränken, dann wird sich die Freude entfalten.

Um es einprägsam zu machen, kann man „Gleichungen" aufstellen:

Bewusstsein klarer Werte plus Leidenschaft und positiver Grundeinstellung ergeben Freude.

Das ist die *Gleichung des Notwendigen*.

Wenn alle Werte im Einklang stehen und zur Harmonie führen und wenn man von dem Sinn seines Tuns überzeugt ist, dann führt das zu Reiseglück.

Harmonie der Werte plus Reisesinn ergeben Reiseglück.

Das ist die *Gleichung des Hinreichenden*.

In dieser Gleichung zeigt sich die *persönliche Bereicherung* durch das Reisen. Es ist für uns schwer zu verstehen, warum Reisende viel Geld und viel Zeit ins Reisen investieren und sie am Ende nur über einige Erlebnisse berichten, aber nie über ihre persönliche Bereicherung. Allenfalls „We had fun." Bestenfalls „We had so much fun."

In der Wirtschaft ist man gewohnt, Investitionen bis ins Kleinste aufzuschreiben, sie mehrfach zu kontrollieren und ihren Erfolg genau zu bewerten. Für das Reisen ist das nicht üblich. Wir verstehen, dass Menschen zwischen Reisen und Geldverdienen einen fundamentalen Unterschied sehen, dass das Reisen geradezu wegkommen will von all den Zwängen beruflichen Tuns. Hin zu der totalen *Freiheit*. Das verstehen wir sehr gut. Aber wir reden nicht vom Geldverdienen, sondern vom Nutzen, vom Sinn, von der persönlichen Bereicherung.

Wenn man in seinem Lebensmodell, in dem Liebe und Hilfe ihren angemessenen Platz gefunden haben, dann viel Geld und Zeit für Reisen aufwendet, dann ist es doch geradezu logisch zwingend, über den Sinn seines Tuns nachzudenken. Innezuhalten, anstatt atemlos von einer Reise zur nächsten zu hetzen.

All unser Tun sollte einen *Sinn* machen. Und der Sinn kann doch nicht Zeitvertreib sein. Wenn es das wäre, dann bräuchten wir uns um Konzepte keine Gedanken zu machen, und dieses Reisewerk wäre nicht nur überflüssig, sondern kontraproduktiv, denn es raubt Zeit, es vertreibt keine Zeit, es strengt an.

Systematik ist wichtig für die *Erfassung des Wesentlichen* (des Inhalts) einerseits und für die *Beurteilung der persönlichen Bereicherung* (des Nutzens) andererseits, weil sie die Qualität des Zieles und den Wert des Besuchs gründlich erfasst. Was nützt es denn, wenn ich den Schiefen Turm gesehen habe und mich mit dem „Dagewesen Sein" begnüge?

Für was? Wenn ich damit nicht Baustil, Bausünden, Galilei und Schwerkraft verbinde, seine Denkrevolution: „Und sie bewegt sich doch!"

Für was? Für den bleibenden Eindruck auf mein Denken durch einen persönlichen unauslöschlichen Eindruck beim Besuch dieses Gebäudes.

Wir sind lange gereist, zu vielen Plätzen, haben viele Menschen getroffen und haben viel diskutiert. Wie kann es sein, dass man in Reiseclubs so wenige Anhänger von Reisefreude findet und so viele mit einem aufgesetzten Fun-Verständnis. Weil viele weder Reisesinn, noch Reisegrund, sondern nur einen *Reisestil* kennen: *Abhaken*. So lange sie noch nicht alles abgehakt haben, sind sie nicht glücklich, und wenn sie dann – die wenigen – alles abgehakt haben, dann sind sie auch nicht glücklich, denn sie finden keinen Sinn. Reisestil und Reiseziele werden in Bd. 2 behandelt. In diesem Band nur Reisesinn und Reisegrund.

4.4 Reisegrund

Zur Definition verweisen wir auf die Abb. 23. *Reisegründe* beantworten die Frage: *Warum* reisen Menschen? Warum bewegt er sich für eine längere Zeit und eine größere Entfernung von seinem Wohnsitz. Reisegründe sind die grundsätzlichen Ziele, die die Menschen mit der Fortbewegung verfolgen. Es sind Gründe, die in dem **Bewegungsziel** liegen. Der Weg ist das Ziel. Er kann sein Ziel nur erreichen, in dem er sich bewegt. Nur die Bewegung erfüllt das Ziel. Die Bewegung führt ihn zu Orten, die sein Ziel erfüllen, *Orte des Weges*.

Diese unterteilen wir in insgesamt *9 Reisegründe*:
Gründe der Wirtschaft:
(1) Lebensunterhalt, (2) Handel, (3) Eroberung,
Gründe des Fortschritts:
(4) Entdeckung, (5) Erforschung,
Gründe der Selbstverwirklichung:
(6) Abenteuer, (7) Sport, (8) Erlebnis, (9) Inspiration.

All diese Gründe resultieren aus der **Bewegung**.

Fragen zum Reisesinn und Reisegrund werden oft kontrovers diskutiert, besonders diese Frage: Ist Reisen der Weg zum Ziel oder ist der Weg das Ziel?

Das ist eine Kernfrage zum Wesen des Reisens, weil sich hier *drei Merkmale gedanklich verbinden*: Reisesinn, Reisegrund und Reiseziel. Man kann diese Frage nur beantworten, wenn man die Merkmale genau definiert und auseinanderhält.

Die Frage stiftet immer wieder Verwirrung, weil Reisezitate oft übernommen werden, ohne den Zusammenhang zu sehen. Buddha und Laotse haben immer wieder betont, dass der *Weg das Ziel* sei und dass das Ziel unbedeutend sei. Der große Irrtum entsteht dann, wenn diese Zitate als *grundsätzliche* Zitate für das Reisen schlechthin verwendet werden, obwohl sie nur in bestimmten Fällen zutreffen. Der Weg ist nur dann das Ziel, wenn es um den *Weg als Reisegrund* geht, um die spirituelle Erfahrung auf dem Weg, um das Abenteuer auf dem Weg, um das Erlebnis auf dem Weg. Dann steht die Fortbewegung im Vordergrund, die Orte auf dem Weg und das Ziel sind sekundär.

In unserem Fall aber – 6.000 Highlights - geht es fast immer um *Ziele*, der Weg ist sekundär. Wir wollen zeigen, wie man in einem Leben 6.000 Highlights erleben *kann*. Es geht um die Highlights und nicht um den Weg. Unser Reisen ist pragmatisch, also zielorientiert. Das *Erleben des Ziels* macht den *Sinn* aus, und zwar die Vielfalt, die Freude, die Vermehrung des Wissens und vielleicht auch die Spiritualität.

In unserem System haben wir für unser Reisen *keinen Reisegrund*, weil der Reisegrund mit dem Weg zusammenhängt und der Weg für uns bedeutungslos ist. In unserem Reisekonzept gibt es nur Sinn und Ziel. Unser Reisestil – systematisch, pragmatisch und intensiv – ist Folge des Ziels: Die ganze Welt in Freude. Wir brauchen nicht über den Reisegrund nachzudenken, aber gerade deshalb sehr genau über den Sinn. Das wird sich im nächsten Kapitel sehr deutlich niederschlagen.

Es kommt immer darauf an, worum es geht, um die Handlung des Reisens (Sinn), um die Eigenschaft des Weges (Grund) oder um die Eigenschaft des Zielortes (Ziel). Deshalb sollten wir nochmals auf die Abb. 23 schauen.

Das wichtigste Beispiel zu diesem scheinbar begrifflichen Problem ist der **Südpol**. Wenn man von Hubschrauberreisen absieht, die teuerste Reise überhaupt. 2015 für 11 Tage 120.000 € für 2 Personen ab Kapstadt. Wir haben über dieses Ziel fast ein halbes Jahr über Sinn, Ziel und Grund nachgedacht. Das war kein Spiel mit Worten, sondern das ging an die Substanz. 120.000 € für ein Ziel, eine Schneefläche, oder für den Weg mit Eistunneln und Kaiserpinguinen? War es der Südpol oder die Antarktis? 2 Stunden *am Südpol leben* oder 11 Tage *in der Antarktis leben*. Ich musste umdenken vom Ziel zum Weg. Ich musste eine Ausnahme von unserer Regel verstehen.

Das Ziel ist oberflächlich betrachtet ein Nichts, eine Schneefläche, genauer: 2 Markierungen und 2 Gebäude. Aber ein Ziel mit einer hohen imaginären Kraft, die aus der exponierten Lage kommt. Trotzdem: Beim Südpol geht es um die Reise dorthin. Sie ist ein wetterabhängiges und technologieabhängiges Abenteuer. Das Grandiose dieser Reise ist der *Weg, nicht das Ziel*, die Erfahrung der Antarktis in seiner Urgewalt, die Erforschung, die Weite, die Grenzenlosigkeit, grandiose Landschaften mit Eistunneln, Eisseen, Eisflüssen, Übernachtung auf dem Südplateau und Kaiserpinguine, die uns nicht nur zum Lächeln bringen, sondern zur Ehrfurcht vor ihrem Charakter. Wegen des Weges ist diese Reise die ultimative Reise, die durch nichts übertroffen werden kann, weil keine andere Reise diese *extremen Reisebedingungen* bietet. Wer bei gutem Wetter längere Zeit in der Antarktis war, hat die Lust am Extremen erfahren.

Wir glauben, dass diese kurzen Ausführungen zum Reisegrund hier genügen, weil es hier um unser Reisekonzept „Ganze Welt" geht. Wenn wir aber im vierten Band über Vorbilder schreiben, dann ändert sich die Situation fundamental. Das Handeln vieler

Vorbilder wird erst aus ihrem Reisegrund verständlich, so dass wir darauf in dem Band ausführlich eingehen werden.

Aber in unserem Konzept, das so weitreichend ist und ins Leben des Reisenden so fundamental eingreift, geht es nicht um den Reisegrund, sondern um den Reisesinn. Wenn der nicht ganz klar ist, wird man so ein Projekt nicht stemmen. Der Sinn gibt die Richtung vor, er liefert aber auch die Motivation und damit die Antriebskraft. Sinn ist die stärkste Form der Motivation, weil er sowohl Richtung als auch Antrieb gibt. Wir haben in bisher im Zusammenhang mit drei anderen Merkmalen des Reisens behandelt, unser System „Wesen des Reisens", wir haben ihn quasi breit behandelt, nun geht es in die Tiefe.

5 Sinn des Reisens

5.1 Definition Reisesinn – Sinn dieser Handlung

Der Sinn des Reisens liegt nicht im Zusammensein mit anderen Menschen, im Betrachten anderer Orte und nicht in der Befriedigung von Neugierde. Der Sinn des Reisens liegt im *Erleben*. Das

Reisen erklärt sich aus seinem Wesen und seiner Handlung.
Das Sinnsystem gibt dem Erleben einen Sinn: Umfassend und systematisch

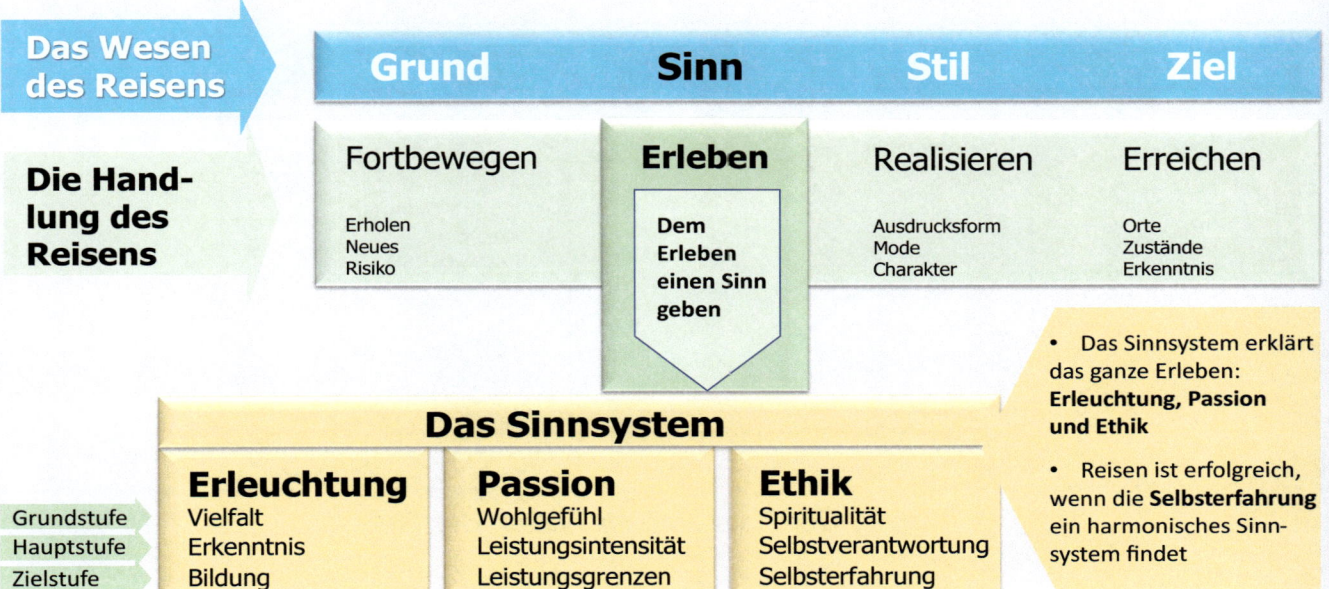

Abb. 24 Ableitung des Sinnsystems

bedeutet in der persönlichen Bereicherung, in der Aufnahme von neuen Erkenntnissen, im Verständnis von dem Wesentlichen der Menschheit und der Erde.

Reisen hat zwei Dimensionen (Abb. 24):
Die erste Dimension: Das *Wesen* des Reisens, das sind seine charakterisierenden Merkmale, seine Werte: Die Werte des Reisenden: Reisesinn und Reisestil; und die Werte des Ortes: Reisegrund und Reiseziel.

Die zweite Dimension: Die *Handlung* des Reisens, das sind die Tä-

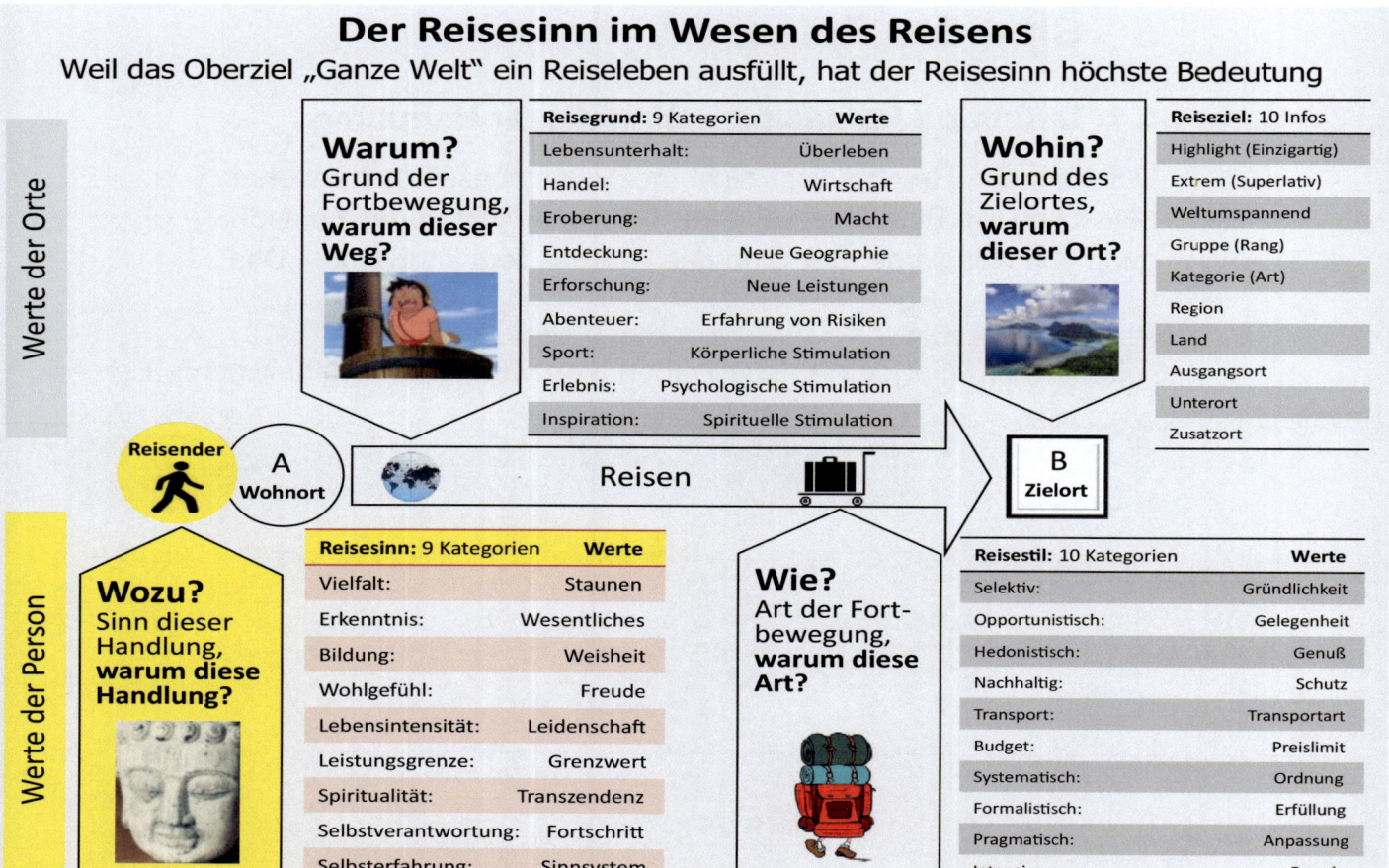

Abb. 25 Der Reisesinn im Wesen des Reisens

tigkeiten des Reisens: Fortbewegen, Erleben, Realisieren und Erreichen. Die entscheidende Tätigkeit ist das Erleben, denn sie entscheidet über die *Qualität des Reisens*. Es geht darum, dem Erleben einen Sinn zu geben. Es gibt nicht den *einen* Sinn sondern
mehrere Sinnkategorien. Und diese Sinnkategorien gestalten wir
zu einem umfassenden Sinnsystem, das das *ganze Erleben* erklärt: *Erleuchtung*, *Passion* und *Ethik*. Diese drei Sinngruppen teilen wir auf in die Sinnkategorien, jeweils 3, weil es drei Stufen gibt,
die Grundstufe (Voraussetzung), die Hauptstufe (Erfüllung), die
Zielstufe (Vollendung), also haben wir 9 Sinnkategorien. Abb. 24
und Abb. 25 zeigen sie.

Das Sinnsystem entscheidet über die Qualität des Reisens auch im Sinne seines *Erfolgs*. Reisen ist im engen Sinn erfolgreich, wenn es Erfolgskriterien erfüllt; diese werden wir im nächsten Kapitel 7 näher behandeln. Reisen ist im weiten Sinn erfolgreich, wenn die die höchste Sinnkategorie, die *Selbsterfahrung, die Harmonie im Sinnsystem* findet, wenn beim Reisenden am Ende seines Reiselebens *alle 9 Sinnkategorien in Harmonie* zueinanderstehen.

Wir hatten bereits das *Wesen des Reisens* durch vier Merkmale gekennzeichnet, das war in Abb. 23 dargestellt worden. Von diesen vier Merkmalen vertiefen wir nun den *Reisesinn*. Um ein Zurückblättern zu vermeiden, wiederholen wir hier die Abb. 23, nun – leicht modifiziert - als Abb. 25. Das werden wir entsprechend für alle Merkmale so machen. Die Abb. 23 ist also eine zentrale Darstellung des gesamten Reisewerks. Es war Teos Favorit.

Wir gehen in diesem Kapitel von dem aus, was zum *Sinn des Reisens in Zitaten* gesagt worden ist, die Meinung von bekannten Persönlichkeiten, ein breites Spektrum sehr unterschiedlicher Persönlichkeiten. Wir wollen schrittweise alle Sinnkategorien und ihre Werte erfassen, sie **systematisch ordnen**, Lücken aufzeigen und diese füllen. Wir beginnen mit der ersten Sinnkategorie „Vielfalt".

5.2 Vielfalt des Lebens erleben - Staunen

Die Ansicht, dass Reisen ein *wichtiges Lebensziel* ist, wird von vielen geteilt.

„Zu reisen ist zu leben." Hans Christian Andersen

„Nur Reisen ist Leben, wie umgekehrt das Leben Reisen ist." Jean Paul

„Eine Reise ist ein Trunk aus der Quelle des Lebens." Christian Friedrich Hebbel

"Traveling - it leaves you speechless, then turns you into a storyteller" Ibn Battuta

„Fahre in die Welt hinaus. Sie ist fantastischer als jeder Traum" Ray Bradbury

„Die größte Sehenswürdigkeit, die es gibt, ist die Welt – sieh sie dir an." Kurt Tucholsky

Die einfache Feststellung, dass Reisen Leben ist, hebt die Bedeutung des Reisens hervor, klärt aber noch nicht den Nutzen; wir vermissen die Verbindung zwischen dem Reisen und dem Sinn des Lebens. Daher interpretieren wir die drei bekannten Zitate in zweifacher Hinsicht, um den Sinn klarer auszudrücken:

Der Sinn des Reisens besteht darin, die Vielfalt des Lebens auszuschöpfen.

„Aus der Quelle des Lebens trinken" – so beschreibt Hebbel das Reisen. Wir greifen dieses Bild auf: Jede Reise ist ein Schluck aus dieser Quelle. Das Wasser steht für die Vielfalt der Welt – für die unzähligen Ausdrucksformen des Lebens, der Natur, der Kulturen. Jeder Ort, jedes Erlebnis hat einen eigenen Geschmack. Die Quelle versiegt nicht und das Wasser des Lebens fließt weiter. Doch die Vielfalt, die wir aus dem Fluss schöpfen können, ist nicht unendlich.

Zu Beginn schmeckt jeder Trunk neu, fremd, überraschend. Die Eindrücke sind scheinbar grenzenlos. Doch mit jeder Reise, mit jedem geschöpften Schluck, nimmt das Neue ab. Was einst fremd war, wird vertraut. Was anders schien, wird vergleichbar. Das Neue wird seltener. Die Vielfalt nimmt ab – doch die Bereicherung nimmt zu.

Wir lernen, zu unterscheiden, einzuordnen und zu verbinden. Wir beginnen, Muster zu erkennen, Zusammenhänge zu durchdringen. Der Blick wird weiter, das Verstehen tiefer. Das Reisen wandelt sich: Vom Sammeln zum Begreifen, vom Staunen zum Durchdringen.

Wer alle 6.000 Facetten der Welt erlebt hat, hat die Vielfalt ausgeschöpft. Das Wasser fließt weiter – aber es bringt keine neuen Geschmacksnoten mehr. Was bleibt, ist Erfüllung. Wir erkennen das

Gemeinsame im Verschiedenen, das Verbindende im Trennenden. **Alles ist vertraut**. Nichts ist mehr fremd. Wir fühlen uns mit allem verbunden – mit Menschen, Landschaften, Dingen, Gedanken. Wir fühlen uns mit allem eins, weil wir **die Einheit begreifen**. Und in dieser Einheit erfahren wir den höchsten Wert des Reisens - die vollkommene Bereicherung.

5.3 Erkenntnis gewinnen - Wesentliches

Für die Ansicht, den Sinn des Reisens in der Vermehrung von Wissen und der Gewinnung von Erkenntnissen zu sehen, finden sich nur ähnliche Zitate.

„Nichts entwickelt die Intelligenz wie das Reisen." Emile Zola

„Nicht wer alt ist, weiß viel, sondern wer viel herumgekommen ist." Türkisches Sprichwort

Reisen ist ein Suchen nach Erkenntnissen.

Auf diesem Weg ist es auch die Vermehrung von Wissen, aber von nützlichem, relevantem, sinnvollem Wissen, ein Wissen, das den Reisenden bereichert.

Was wir nicht meinen, ist das, was nicht wenige Reisende als „stories" im Gesamtthema Weltreisen „verkaufen", wenn diese Erfahrungen nicht mehr sind als das Wissen der Straße, der Busverbindungen, der Übernachtungen und der flüchtigen Begegnungen, obwohl alles trivial und austauschbar ist und niemanden interessiert. Geschichten ohne Pointe. Es mag unterhaltsam sein und Pausen füllen, aber es bringt für niemanden Erkenntnisse. Es ist das Wissen der „small talks". Einige nützen das geschickt, weil oft witzig, zur *Selbstinszenierung*. Persönliche Erinnerungen bauen Fassaden, Potemkin'sche Dörfer mit nichts dahinter. Sie reisen auf der Seidenstraße und sehen Garagen aber keine Karawansereien, sie sehen Herbergen aber keine Seidenspinnereien, sie sehen Tankstellen aber keine Moscheen und Pilgerstätten, die es schon zu Zeiten der antiken Seidenstraße gab. Sie berichten angeblich über die Seidenstraße, aber tatsächlich nur über eine Hauptstraße. Das

ist das Wissen der *Selbstinszenierer*: „Schau wo ich überall war".
Im Internet zuhauf. Die sozialen Medien machen es möglich.

Anstatt dessen: *Reisen ist ein Suchen nach der Erkenntnis des Wesentlichen.* Man reist nicht, um Tankstellen und Bahnhöfe kennenzulernen, sondern das, was die Entwicklung des Landes geprägt hat und heute noch bestimmt.

In unserer Begriffswelt ist die Suche nach dem Wesentlichen <u>auch</u> eine *Suche nach Extremen*, also einer Suche nach der Erkenntnis, wo das Wesentliche am deutlichsten ist. In diesem Sinne wollen wir erkennen, wo die Extreme sind und wie sich ihr Erleben anfühlt.

Aber die Erkenntnisse können nicht nur auf Wissen beruhen, sondern auch auf der Vorstellungskraft und damit auf der Fantasie. Das sind die *Visionen*, Erkenntnisse der Vorstellung, die in vielen Fällen den Erkenntnissen, die auf Wissen beruhen, weit überlegen sind. Sie haben die Kraft, die Welt zu verändern.

Eine der faszinierendsten Visionen, die je gedacht wurden, ist die *Vision von Alexander dem Großen*, die Vision, zunächst Europa und Asien zu vereinen, schließlich die ganze Welt zu integrieren. Alexander starb viel zu früh auf der „Reise", um sie zu verwirklichen. Wer seinen Lebenslauf und seine Vision kennt und ihm durch Afghanistan und Pakistan nachreist, der wird durch diese Kenntnis Freude, aber auch Nachdenklichkeit empfinden. Alexander der Große zeigt uns, in welche Dimensionen Reisen führen können, einerseits eine Reise zu den Enden der Welt, andererseits Eroberung und Überforderung. Seine Vision bleibt ein Vorbild, seine Taten waren ehrgeizig, konsequent, tolerant und großherzig einerseits, ambivalent, maßlos und unbeherrscht andererseits. Aristoteles hatte mit Alexander seinen größten Schüler, Alexander hatte in Aristoteles den größten Lehrer. Ein Teil von Aristoteles' Werken ist heute überholt, aber seine Tugendlehre ist noch heute grundlegend, sein größter Gedanke die „aristotelische Mitte". Für Genies wie Alexander der Große und Alexander von Humboldt wesensfremd, weil sie auf Extreme ausgerichtet waren.

Aber bei Alexander dem Großen verstehen wir auch den Unterschied im Reisesinn und Reisegrund. *Reisesinn* war die Realisierung seiner Vision, die Integration der ganzen Welt, *Reisegrund* war die Eroberung verbunden mit der schrittweisen Integration. Der Reisestil war soldatisch, ein Stil, der für uns nicht Betracht kommt. Ein Reiseziel gibt es bei ihm nicht, er will zu „allen Enden der Welt". Der Reisesinn lag in seiner Person, der Reisegrund in den Orten am Wege. Wenn wir im vierten Band (Vorbilder) den Reisegrund „Eroberung" vertiefen, werden wir nochmals auf Alexander den Großen zurückkommen.

Visionen sind die *Leitbilder beim Suchen*, vor allem beim Suchen nach Extremen.

Aber wer sucht, will *auch finden*. Er braucht eine Idee davon, wie er zum Ziel kommt. Wir wollen zu 6.000 Highlights. Die Systematik und die Reisephilosophie führen uns dahin. Die Erkenntnis, wie es sich anfühlt, haben wir erst während des Besuches, also dann, wenn wir das Ziel erreicht haben. Aber wir bereiten das Finden vor, und zwar mit den Gedanken unserer Reisephilosophie. Wir überdenken, was dem Fühlen von Extremen gemeinsam ist – die Wahrnehmung - und wie weit man gehen kann – das Machbare – und wie weit man gehen sollte – das Ethische.

Aber wir zielen auf der Suche und dem Finden von Extremen nicht auf die „Entwicklung von Intelligenz" wie Zola und nicht allein auf das Vermehren von Wissen wie es das türkische Sprichwort herausstellt, sondern auf die *Erkenntnis von Zusammenhängen und des Ganzheitlichen*. Deshalb propagieren wir ein Reisen, das die ganze Welt sehen will. Alles sehen und das Ganzheitliche erkennen. Deshalb reisen wir weder selektiv noch übergründlich, weil diese Ansätze nur Fragmente bleiben.

Man muss schon ein Alexander von Humboldt sein, wenn man im Fragment das Ganze erkennen will. Damit wollen wir uns im Band 4 „Vorbilder" speziell beschäftigen. Wenn man nicht diese Vergleichskompetenz und nicht diese extreme Gründlichkeit hat, sondern „ganz normal" reist, dann braucht man *„die ganze Welt"*, um die wichtigsten Zusammenhänge zu erkennen. Die ganze Welt wird zum Oberziel für die 6.000 Highlights. Es wird erreicht, wenn wir überzeugt sind, die „Schönheit" in der ganzen Vielfalt erfasst zu haben. Dann haben wir das gefunden, nach dem wir gesucht haben.

Man kann nur <u>einen</u> paläontologischen Fundort besuchen, und sich dort z.B. den Schädel des Cro-Magnon-Menschen betrachten und dann alle Tafeln studieren, die die Entwicklung der Menschheit beschreiben. Aber es ist ein Erlebnis von einer ganz anderen Dimension und einer nicht vergleichbaren Gefühlstiefe, wenn man *alle wesentlichen Exponate auf allen Kontinenten* gesehen hat und diesen Entwicklungsweg in all seinen Stufen, die heute möglich sind, selbst erfahren hat. Den *gesamten Entwicklungsweg* in seinen Stufen *aus eigener Anschauung* zu erkennen, macht eine Dimension der Ganzheitlichkeit aus.

Man reist, um Erkenntnisse nicht durch Lesen eines Buches und Hören von Vorlesungen zu gewinnen, sondern **aus eigener Anschauung**. Die Realität vor Ort dringt tief und unauslöschlich ein. Diese *Realität* hat zudem den Quell der Freude und der Begeisterung, aber dazu kommen wir noch.

Die Suche nach Extremen hat ein Problem. *Extreme sind eine Funktion der Zeit:* Heute ist eine Disco die angesagteste an der Adria, doch dann ändert sich die Mode; heute ist der Turm in Abu Dhabi noch der höchste, dann wird ein höherer gebaut; heute ist eine Schlucht noch die tiefste, dann ändert sich das Messverfahren. Alles fließt – panta rhei, sagten schon Heraklit und Platon.

Wir wollen *nicht nur suchen, sondern auch finden.* Unsere Liste geht dabei sogar den endgültigen Schritt und sagt vollmundig: Dies *sind* die Extreme. Obwohl wir nicht immer sicher sind - aus verschiedenen Gründen – verschiedene, geänderte, neue Ansichten.

Wir wollen die Extreme, weil Extreme begrenzen und objektivieren, aber wir wollen sie *ohne den Anspruch des Absoluten.* Unsere Orte sind höchstwahrscheinlich Extreme, wichtige Kriterien belegen das und bedeutende Leute oder Institutionen haben es gesagt, und sie hatten gute Gründe dafür. Es kommt nicht darauf an, wer nun absolut Recht hat, denn sehr oft kommt man so nicht zum Ziel. Alles ist relativ. Worauf es ankommt, ist, dass man nach den Extremen **gestrebt** hat.

Nicht das Erreichen ist das Entscheidende, sondern *das Streben danach*. Das Nachdenken über das zu Erreichende. Das nennen wir die *Erkenntnis des Extremen*. Und darauf kommt es uns an. In letzter Konsequenz auf das Ausschöpfen der Vielfalt. Und die hat man auch dann ausgeschöpft, wenn man das Extrem etwas verfehlt hat, aber darüber nachgedacht hat. In diesem Sinn ist der zweithöchste Turm genauso gut wie der höchste. Wir propagieren eben dem absoluten Extrem auch einen *relativen Extrembegriff*, wenn das Absolute nicht sicher bestimmbar ist. Auch das berücksichtigen wir dadurch, dass wir die Richtwerte um bis zu 10% überschreiten, um die Zone der Unsicherheit einzubeziehen.

Bei Restaurants und Hotels ist die Definition von absoluten Extremen nahezu unmöglich. Für *Restaurants* gibt es den Michelin, weltweit als das letzte Wort in diesem Feld anerkannt, aber trotzdem argumentieren wir manchmal dagegen, wenn wir gute Gründe dafür haben, die Ganzheitlichkeit des Erlebnisses und die Ethik mit einzubeziehen und nicht nur – wie der Michelin - die Qualität des Essens zu bewerten. Zu *Hotels*: In Bangkok war das Oriental lange Jahre der Maßstab, so wie das Raffels in Singapur. Heute kann man andere Maßstäbe anlegen. Aber wir würden immer das historische Ambiente, die langfristige Entwicklung mit einbeziehen und in dieser Betrachtungsweise beide Hotels als Extrem ansehen. Bei einem Singapur Sling an der berühmten Bar darüber nachzudenken, ob das neue oder das alte Raffels Vorteile hat und sich an den Stadtgründer Stamford Raffels zu erinnern und die fulminante Stadtentwicklung zu überdenken, dass ist an diesem Ort nicht zu schlagen.

Kurz: Das Suchen ist für uns sehr wichtig, aber gewiss, noch wichtiger ist das *Finden*. Wir werden auf diesen für das Reisen sehr wichtigen Gedanken – Finden ist wichtiger als Suchen - nochmals im Zusammenhang mit der Spiritualität zurückkommen.

Wir haben etwa vierzig Jahre nach drei Erkenntnissen gesucht, nach dem *Erkennen des Wesentlichen* in dem Besuchten, in einer *ganzheitlichen Beurteilung* und den *Zusammenhängen* zwischen den besuchten Orten. Wir haben es gefunden: Das *Ergebnis ist die Welthighlight-Liste.* Wir hätten noch länger suchen, noch mehr vergleichen, noch sicherer im Urteil werden können, aber wie der Buddha sagt, irgendwann muss man mal aufhören und feststellen, dass man es gefunden hat. Das Ergebnis legen wir in der Webseite „frankgrosseworldlist.com" vor. Damit ist die Liste nicht fertig, aber wir suchen nicht mehr, wir vollenden nur, was noch nicht vollendet wurde.

Das bedeutendste Beispiel für ein Suchen und Finden von Erkenntnissen ist das Reiseleben des *Alexander von Humboldt*, denn er fand die *größte Erkenntnis*, die je ein Reisender hatte:

- Er erfand die Natur.
- Er erfand die Ökologie.
- Er erfand die Reiseethik.

Der Begriff „Erfindung der Natur" stammt von Andrea Wulf (AW, AvH, Der Titel). Er revolutionierte das Naturverständnis: Nicht mehr ein göttlich inspiriertes Uhrwerk, sondern ein lebender Organismus, in dem alles miteinander zusammenhängt, nicht ist das Ganze das Ergebnis der Teile, sondern das Teil ist das Ergebnis des Ganzen. Eine größere Dimension in der Erkenntnis ist nicht vorstellbar. Und doch: Nicht nur Denken, sondern auch Tun. Alexander von Humboldt ist das *Extrem an sich.*

Humboldt argumentiert in „Kosmos" und in den „Ansichten der Natur", dass Reisen nicht nur physische Bewegung durch den Raum ist, sondern auch eine geistige Bewegung darstellt. Ottmar Ette erfindet dazu den passenden Begriff: „Das Mobile in Humboldts Wissenschaft ist Programm" (OE, Globalisierung, S. 17ff) – das Mobile des Denkens, das Mobile des Wissens, das Mobile der Kulturen. Durch das Bereisen verschiedener Regionen und Kulturen könne der Reisende nicht nur geografische Entfernungen überwinden, sondern auch kulturelle und intellektuelle Grenzen. In diesem Sinne wird die Bewegung zu einem Mittel, um verschiedene

Perspektiven zu erfahren und einen *Perspektivwechsel* zu ermöglichen und in einem *transdisziplinären Ansatz* könne man ganzheitliche und innovative Erkenntnisse gewinnen. Das ist die Kernidee des Kulturaustausches.

Humboldt ist auch ein Beispiel dafür, dass der Sinn des Reisens nicht allein in der Anhäufung von Wissen und Erkenntnissen bleiben kann. Sein Tun ging über das Reisen hinaus, die *Transformation der Erkenntnisse* in eine Wissenschaft, das Berichten und Lehren, das Überzeugen und Motivieren.

5.4   Bildung erreichen - Weisheit

Bildung ist der Erwerb von Wissen zur Bildung einer Persönlichkeit.

Der Erwerb von Wissen ist auf Werte ausgerichtet, insbesondere auf einen Prozess, der Wesentliches vom Unwesentlichen zu unterscheiden vermag, der sittlich Vertretbares von sittlich Unvertretbarem trennt und der die Werte in eine Ordnung bringt, in einen Einklang, in eine Harmonie. Bildung ist nicht nur Anhäufung von Wissen. *Bildung ist wertorientiertes Wissen.* Anders formuliert: Werte machen aus Erkenntnissen Bildung.

Bildung ist nicht Spezialwissen, sondern immer ein breites Wissen, ein *ganzheitliches Wissen*, das zu einem ausgewogenen Urteil führt. Bei einem großen Erwerb eines so gearteten Wissens wird es zum *Wissen eines Weisen: Weisheit.* Das ist die Endstufe auf einem langen Weg. Aber Reisen ist durch die Vielfalt der Eindrücke in einem besonderen Maße in der Lage, Bildung zu erreichen, weil es zur Auseinandersetzung mit *Allem* herausfordert. Auch Alexander von Humboldt erkannte, dass Reisen mehr leistet als eine Schule.

Diese Ansicht, dass Reisen bildet, trifft auf breite Zustimmung.

„Reisen sind das beste Mittel zur Selbstbildung." Karl Julius Weber

„Die beste Bildung findet ein gescheiter Mensch auf Reisen." Johann Wolfgang von Goethe

218

„Die Welt ist ein Buch und wer nicht reist, liest davon nur eine Seite." St. Augustinus, 5. Jh.

„Die Welt ist ein wunderschönes Buch, doch von geringem Nutzen für den, der nicht lesen kann." Carlo Goldini

„Wer Kenntnisse von seinen Reisen nach Hause bringen will, muss schon Kenntnisse mit sich führen, wenn er abreist." James Boswell

Großartige Zitate, die es verdienen, mehrfach gelesen zu werden. Die Welt mit einem Buch zu vergleichen und Reisen mit dem *Lesen eines Buches* in Zusammenhang zu bringen, ist eindrucksvoll. Deshalb konnte das Zitat von St. Augustinus über Jahrhunderte bestehen und findet sich in so vielen Quellen. Es gehört zu den meist verwendeten Reisezitaten überhaupt.

Uns gefällt besonders auch das Zitat von James Boswell. Er war ein Rechtsanwalt und Autor aus dem 18. Jh., dessen Name noch heute in einem Institut der Universität Utrecht weiterlebt und so bis heute mit der Bildung verbunden bleibt. Er stützt unsere Ansicht, dass *Reisen der Planung bedarf*, eines Grundwissens über die besuchten Reiseziele, um sie mit allen Wahrnehmungen erleben zu können.

Aber die Zitate können nicht den *Unterschied zwischen Erkenntnis und Bildung* erklären.

Unter der Zielsetzung, die ganze Welt zu bereisen, ist die *Beschränkung auf das Wesentliche* grundlegend. Daher räumen wir dem Reisesinn, das Wesentliche zu erkennen, eine eigene Sinnkategorie ein. Anders formuliert: Wir beschränken die Sinnkategorie „Erkenntnis" auf die Erkenntnis des Wesentlichen. Das Wesentliche wird objektiv bestimmt. Es ist einige Eigenschaft des Ortes. Sie wird aus einem Vergleich mit anderen Orten, aus der geschichtlichen Entwicklung und aus der Bedeutung für das Leben bestimmt.

Bei der Bildung wird eine *Verbindung des Wissens*, dem objektiv Wesentlichen, *mit der Person des Reisenden* gezogen, *seinem Wertsystem*, was für ihn bedeutend ist, was in zu einer ausgewogenen Persönlichkeit macht, was ihn bereichert.

In der Abgrenzung zwischen den Sinnkategorien „Erkenntnis" und „Bildung" lehnen wir uns an Hermann Hesse an:

Die *Sinnkategorie „Erkenntnis"* spaltet Hermann Hesse auf:

„Reisen liegt im Erleben, das heißt … im Zunehmen unseres Verständnisses für die Einheit im Vielfältigen (Erkenntnis der Gemeinsamkeit), für das große Gewebe der Erde und Menschheit (Erkenntnis der Zusammenhänge), im Wiederfinden von alten Wahrheiten und Gesetzen unter ganz neuen Verhältnissen (Erkenntnis von Gesetzen). Verkürzt, Erkenntnisse der Gemeinsamkeit, der Zusammenhänge und der Gesetze. Das Fassen wir alles unter „Wesentlich" zusammen, weil für uns nicht die Art der Erkenntnis wichtig ist, sondern die Objektivität. Erkenntnis ist objektiv, Bildung subjektiv.

Was wir unter der *Sinnkategorie „Bildung"* verstehen, definiert Hermann Hesse so: „Reisen liegt im Erleben, das heißt im Reicherwerden, im organischen Angliedern von Neuerworbenem…". Auch hier wird die Subjektivität der Bildung ausgedrückt.

Wer – wie Hesse - nur Erkenntnis und Bildung als Sinn des Reisens sieht, fasst – um es anders zu formulieren – Reisen als ein *Gesamt von Besichtigungszielen* auf, zwar um Erkenntnisse und Bildung zu gewinnen, aber doch baut alles auf dem Besichtigen auf. Und das ist uns zu wenig. Der Planet ist zu schön, um im Reisen nur Erkenntnis und Bildung zu sehen. Zum Reisen gehören einerseits auch die Freude und die Lust und andererseits auch der gesellschaftliche Bezug. Wir sehen den Sinn des Reisens weiter. Von den geistigen Werten ausgehend erweitern wir zunächst um die *gefühlsmäßigen Werte*.

5.5   Wohlgefühl gewinnen - Freude

Den Sinn des Reisens in der Verbesserung des Wohlgefühls, vor allem in der Lebensfreude zu sehen, findet erstaunlicherweise kaum Zustimmung. Nur eins zum Wohlgefühl und das ist noch banal formuliert:

„So viel ist sicher: Reisen tut immer gut." Voltaire

Warum nicht Freude? Ist Freude als Sinn zu einfach? Zu oberflächlich? Zu kurzfristig? Oder nur ein Nebensinn?

Wer Pandas, Koalas, Pinguine sieht, wer denkt da Bildung? Er freut sich! Wer die Kette des Himalayas sieht, wer denkt da zuerst an Geologie? Der Anblick überwältigt! Wir könnten beliebig fortfahren mit Beispielen, die zeigen, dass die erste spontane Reaktion die Freude ist, Freude in den verschiedenen Formen, die wir schon dargelegt haben.

Es ist das Kernanliegen dieses Buches, Reisen als Ausdruck von Lebensfreude zu gestalten, Reisen mit Lust, um *grenzenlose Lebensfreude* zu empfinden. Freude als Vorstufe zum Glück zu verstehen.

Dass es hierzu keine Zitate gibt, stimmt nachdenklich. Ist es vielleicht doch die Kurzfristigkeit? Freude nur ein kurzes vor-übergehendes nicht nachhaltiges Gefühl?

Der Trieb zur Lebensfreude ist nur an das *Leben* gebunden, er hört nur dann auf, wenn das Leben durch körperliche oder seelische Krankheit zur Last wird.

Wenn aber die Reiselust aus der *Vielfalt* kommt, die Lust auf Neues, dann ist dieser Sinn des Reisens erschöpft, wenn es nichts mehr Neues gibt oder die Bürden des Reisens subjektiv oder objektiv größer werden als die Freuden. Aber sieht man von den Bürden ab, dann ist dieser Sinn des Reisens, die Lebensfreude, nie erschöpft, wenn man die Reiseziele auf die Highlights konzentriert, die einen sprachlos machen, vereinfacht die *Megahighlights*. Schönheit ist unsterblich, man kann sie wieder und immer wieder sehen. Nur die Gesundheit beendet sie. Aber das sollte einen jungen Menschen nicht kümmern, er soll genießen, genießen und immer wieder genießen.

Auch wenn man den Grand Canyon hundertmal gesehen hat, wird er einen immer noch sprachlos machen. An der Schönheit des Erhabenen kann man sich nicht sattsehen. Wenn man von seinem

Haus am Strand durch den Sand am Meer entlangläuft, wird man immer Lebensfreude empfinden. Wenn man Pinguine, Koalas und Pandas sieht, wird man niemals ein Lächeln unterdrücken können.

Freude ist die Triebfeder, um Schillers Wort zu verwenden, sie ist wichtig, aber ihr fehlt die Nachhaltigkeit.

5.6 Lebensintensität steigern - Leidenschaft

Den Sinn des Reisens in der Steigerung der Lebensintensität zu sehen, finden wir weniger in Zitaten, als vielmehr in Reisebeschreibungen, die ganz offensichtlich hierin den Sinn des Reisens sehen.

„Travel doesn't become adventure until you leave yourself behind."
Marty Rubin

„Reisen ist die Sehnsucht nach dem Leben." Kurt Tucholsky

„Die Leidenschaft des Reisens ist das weiseste Laster, welches die Erde kennt." Bruno H. Bürgel

Wir unterscheiden *vier Fälle nach dem Grad des Verlangens*, dem Verlangen nach immer mehr Intensität. Diese vier Fälle wollen wir durch *vier Fallstudien* belegen.

Steigerung der Lebensintensität durch
- das Erleben von *vorübergehender Abwechslung*: Aussteiger auf Zeit
- das Erleben von *dauernder Abwechslung*: Aussteiger auf Dauer
- das Erleben von *radikalen Landschaften*: Wüstengeher, Bergsteiger, Polarreisende
- das Befriedigen von *Sucht*: Abenteurer, Fernwehgetriebene.

Sucht ist übersteigertes Verlangen. In den ersten drei Fällen ist es lediglich gesteigertes Verlangen, das wir üblicherweise nicht als Sucht wahrnehmen. Bei der Sucht lassen sich zwei Fälle unterscheiden. Übersteigertes Verlangen *ohne Abhängigkeit* und *mit Abhängigkeit*. In der Realität, geht das eine in das andere über.

Abenteurer haben ein übersteigertes Verlangen, sich mit dem Risiko auseinanderzusetzen. Reinhold Messner hat von allen Abenteurern in der Welt das am stärksten übersteigerte Verlangen. Er folgert deshalb völlig konsequent, dass ein Abenteuer nur dann vorläge, wenn man sich dem Risiko kompromisslos, total, ohne jegliches Nothaltesystem aussetze, sein *Postulat der „Exposition"*. Andernfalls läge kein Abenteuer vor. Eine extreme Position, die niemand in dieser absoluten Kompromisslosigkeit teilt, obwohl die Auffassungen von Maurice Herzog und Ernest Shackleton ähnlich sind.

Die *Sucht* kommt auf leisen Sohlen. Sie beginnt ganz harmlos als Fernweh und Sehnsucht. Hier taucht zum ersten Mal das Wort „Sucht" auf. Sie steigert sich zur ständigen Suche nach dem Kick und dem Nervenkitzel, das Motto heißt „no risk no fun". So wird die Abhängigkeit vom Adrenalinschub stärker, es wird zu einem dauerhaften Verlangen nach Abenteuer gegen Leere, Langeweile und Routine: *Risiko wird Lebensinhalt*. Risiko soll oft eine innere Leere füllen. So wird es zu einem Laster, das abhängig macht und sich zur Besessenheit steigern kann.

Soweit der analytische Teil, nun zum *empirischen*, für die *vier Formen der Steigerung der Lebensintensität* und einen Grenzfall fünf Fallstudien:

(1) **Rolf Lange – einmaliger Aussteiger auf Zeit**
Begrenzte Steigerung der Lebensintensität

Ihm geht es nicht primär um Abenteuer, sondern darum, die Langeweile zu besiegen, ein Aussteiger auf Zeit. 30 Jahre lang hat er alles richtig gemacht, ist Geschäftsführer einer Werbeagentur geworden. Durch einen Zufall, einen kurzen Motorradtrip mit seinem besten Freund, findet er heraus, dass ihn das Leben langweilt und die Routine die weitere Langeweile vorprogrammiert. Nun packt ihn die Idee: Eine Motorradreise um die Welt ohne Zeitlimit. Nicht das jeweilige Ende eines Urlaubs, das ihm immer nach der Hälfte des Urlaubs die Freude verdorben hat. Reisen als Befreiungsschlag, er will Abenteuer, unbegrenzt, *ein intensiveres Leben* als das Büroleben.

Der erste Satz seines Buches: „Ich war nie ein Abenteurer" definiert die *Ausgangsposition*: Er war das Gegenteil, ein Risikovermeider. Schon der Besuch eines neuen Restaurants mit unbekanntem Angebot bereitete ihm Unbehagen.

Nun der *Entschluss*, auf den er stolz ist, er fasst sich ein Herz und kauft sich ein Edelmotorrad, dasselbe wie sein Freund, er will die Freiheit und steigt aus. Er sieht seine Weltreise als das große Abenteuer seines Lebens und freut sich über den Mut seiner Entscheidung (RL, Welten, S. 11ff).

Ein typischer Fall, der *Aussteiger auf Zeit*, den wir in zahlreichen Varianten finden. Hier eine dieser Varianten: Er wollte ohne Zeitlimit aussteigen, aber dann holte ihn sein Wertesystem wieder ein.

Es stellt sich nach dem Aufbruch 2014 schnell heraus, worum es ihm geht, um die *Begegnung mit Menschen*. Das sagen die meisten, die einfach nur drauflosfahren. Aber ist die Begegnung mit fremden Menschen schon ein Abenteuer? Bei Lange die besinnliche Teepause in der Tür, Toleranz in einer iranischen Moschee, Gastfreundschaft in einer iranischen Wohnung, Mitfeiern bei einer Hochzeitsgesellschaft, Freude mit Kindern in der kirgisischen Jurte. Begegnungen bei Pausen und beim Übernachten. Dazwischen das „Herunterspulen von Kilometern". Landschaften, Berge, Seen, Wüsten bleiben Hintergrundbilder beim Fahren. Sie beeindrucken ihn kaum.

Die Reise hat *Höhen und Tiefen*. Die totale Überwachung in China, alles gezwungenermaßen bis ins Detail vorgeplant ist das Gegenteil von dem, was er wollte. In Nepal macht er den Anfängerfehler, auf Tropeninstitute zu hören und nimmt Lariam für die vermeintliche Malaria, die in Asien selten vorkommt. Die Nebenwirkungen sind erstaunlicherweise so stark, dass er von Nepal kaum etwas sieht.

In *Indien* empfindet er klaustrophobische Überbevölkerung, Dreck, Müll, Elend. Er überlegt: Das kann's doch nicht gewesen sein und fliegt für einen Tag nach Agra und besichtigt das Taj Mahal. Einen Tag mal nicht die Ellenbogengesellschaft auf der Straße, Unvernunft, die zu Verstopfungen führt, weil jeder nach vorn drängt. Ein Tag das historische Indien, sonst nur indische Straßen, ein Teil von Indien, aber nicht der wesentliche, und das sieht er nicht. Der Lärm des Straßenverkehrs wird zur permanenten Belastung. Dazu die ständige Belästigung von Bettlern. Aber er war in Indien.

Dann die ganz andere Welt in *Myanmar*, Entspannung, Lächeln, Respekt, aber noch die Begleitung durch einen Aufpasser wie in China. Immer noch die Treffpunkte am Grenzübergang, die er Monate vorher planen musste. Dann die totale Freiheit in *Thailand*.

3 Monate Freiheit in Thailand, Laos und Kambodscha. Er merkt, dass er sich verändert hat: Er erwartet keine Termine mehr, er lebt frei. Nur eine Veränderung in der Logistik. Nur eine Notiz, dann springt er nach Malaysia, KL. Er findet Freunde in einem Gasthaus, pflegt internationale Kommunikation, entdeckt seine Freundin neu und ändert ihretwegen die Reise grundlegend. Die Gemeinsamkeit mit seinem Freund ist eigentlich schon hier zu Ende. Von Malaysia reist er nach Neuseeland. Von dort fährt er gemeinsam mit seiner Freundin und sie beschließen zu heiraten. Die Reise hat *nun doch ein Ende* gefunden: Zu Weihnachten zu Hause. Nun ist die Reise nicht mehr ein wichtiger Teil seines Lebens, sondern nur eine Episode. Es war ein *Kontrastprogramm* wie ein Urlaub, nur ein langer Urlaub.

Von Auckland nach Santiago. Sein Partner merkt, dass auch er sich in KL verliebt hat, er ist in Gedanken nur noch in KL, nicht mehr auf der Reise. Rolf fährt gedanklich schon allein weiter. Sie „spulen nur noch das Programm nach Lima ab". In Peru schützt ein Hausmeister sein Motorrad. Ein Abschied vom Freund ohne Gefühl, wie eine Nebensache, er reist allein weiter. Er muss nun defensiver fahren, sich selbst motivieren und alles allein entscheiden. Als Einzelner wird er häufiger angesprochen. Noch viel häufiger wird er eingeladen. Aber in Südamerika findet er ohne Sprachkenntnisse keine wesentlichen Kontakte. Er vermisst das soziale Miteinander. Nur in Blumenau wird er eingeladen und beschreibt das ausführlich. Die Länder werden nicht erlebt, die Reise verkommt zur Bewegung von A nach B.

In Südafrika klappt es mit Englisch nun wieder. Er gewinnt Bekannte, ein Einwanderer erzählt ihm über Rassenprobleme; ein kurzer Eindruck von Kapstadt. Von der Landschaft Südafrikas erfahren wir nichts. Vor Namibia erlebt er die Einsamkeit, niemand fühlt mit ihm. Er „spult Kilometer herunter", wie er selbst formuliert. In Sossusvlei klettert er auf eine Düne und sie ist „einer der imposantesten Orte, die ich je gesehen hatte." (RL, Weltenreise, S. 129). Ein Spießbock (Oryx) erinnerte ihn an seine eigene Selbstbestimmung. Er springt über die Länder. In Botsuana kommt er während einer organisierten Übernachtung im Busch bei Maun mit der afrikanischen Tierwelt in Berührung. Malawi fehlt, die Ordentlichkeit von Ruanda ist die große Überraschung, er lernt, mit Vorurteilen aufzuräumen, 4 Seiten Fotos von Berggorillas erscheinen im Buch, aber kein Text dazu, kein Erlebnis. Das ist erstaunlich, denn dieses Erlebnis gehört zu dem Beeindruckendsten überhaupt; hinzukommt, dass die Voranmeldungen und die Permits sich nicht so nebenbei organisieren lassen; es ist teuer, langwierig, die Warteschlange ist lang. Wie passt das zusammen?

Er hüpft von Nairobi nach Casablanca, ein kurzer Marokko-Trip, Fähre nach Spanien und damit ist die Reise zu Ende, denn der Rest ist nur ein Weg nach Hause. Begegnung mit Freunden.

17 Monate sind vergangen. Er heiratet, wartet einige Monate, um die Reise zu verarbeiten, dokumentieren, Interviews, Fernsehauftritte, Schreiben, Sortieren. Was ist geblieben?

Er zitiert Alexander von Humboldt: Er hat sich die Welt angeschaut und so Vorurteile verloren. Er hat Menschen getroffen und er hat einen Eindruck von der Vielfalt des Lebens. *Impressionen von der Welt.* Aber zu kurz. Seine Reise – so wie im Buch festgehalten - bleiben Eindrücke, Impressionen aus 40 Ländern, eine Folge von 60.000 km abgespulter Kilometer. Vier Straßenabschnitte, vier Flugcargoabschnitte. Eine Folge von Straßen, Bildern,

Begegnungen. Kann der Sinn des Reisens darin bestehen, Eindrücke zu gewinnen?

Aber die Begegnungen haben ihn verändert: Er ist losgefahren als ängstlicher, ordentlicher Mensch, das Gegenteil eines Abenteurers. Er kommt mit dem Beweis zurück, dass er „außerhalb seiner Komfortzone" leben kann. Das erfüllt ihn mit Stolz. Den neun Kapiteln mit jeweils einer Gruppe von Begegnungen gibt er neun Themen: Mut, Neugier, Zuversicht, Gelassenheit, Vertrauen, Reflexion, Offenheit, Zeit, Lächeln. Diese neun Themen interpretiert er als Eigenschaften, die man brauche, um *Herausforderungen* bewältigen zu können, seine „Packliste" für ein Leben außerhalb der Komfortzone. Die Packliste ist eine schöne Idee und die „Gepäckstücke" sind richtig. Es seien die Eigenschaften, in denen er sich verändert habe. Aber reichen Veränderungen aus, um sich selbst zu erfahren?

Ob seine Weltreise für ein Abenteuer ausreicht, ist Ansichtssache. Das würde Reinhold Messner verneinen, denn er fordert Härte, Schwierigkeit und Exposition. Aber viele Menschen sehen eine kontinuierliche Reise um die Welt mit dem eigenen Fahrzeug als das *Abenteuer ihres Lebens.* Es geht also nicht um die einzelnen Abenteuer, es geht um das gesamte Unternehmen. Die Gesamtheit ist das Abenteuer. Eine Weltreise als das bestimmende Abenteuer des Lebens.

(2) **Gangerl Clemens – dauerhafter Aussteiger**
Neue Lebensintensität

Er ist auch ein Aussteiger, aber er bleibt seinem neuen Leben treu, kein Aussteiger auf Zeit. Neunmal segelt er um die Welt auf der Suche nach Paradiesen, ob bis heute ist nicht bekannt. Er strandete 2007 auf den Seychellen, kehrte vorübergehend nach Deutschland zurück, um Geld zu beschaffen und um sich medizinisch behandelt zu lassen, setzte dann aber die Reisen fort. Aber er hält sich wohl wieder häufiger in Deutschland auf für Buchveröffentlichungen und Vorträge.

Sein Reisen lässt sich durch zwei Begriffe kennzeichnen. Abenteuer und Aussteiger auf Lebenszeit. Das bedeutet, dass er nur *eine* Reise gemacht hat, seine Lebensreise. 1988 begann er seine Weltumsegelung mit Freundin und Hund an Bord. Bis 2007 sind das ununterbrochene 19 Jahre.

Jahrelang befuhr er mit seiner 15 Meter langen Stahl-Segelyacht auch die Südsee von einem Atoll zum nächsten. Er wurde zum Einhandsegler. Seine Abenteuer waren die Naturgewalten und Piraten. In Notwehr musste er zwei töten. Auf dem Weg in die Subantarktis geriet er in den Jahrhundertsturm, den Zyklon "Polly", der insgesamt sechs Tage wütete. Mit teils zwanzig Meter hohen Wellen, die den Mast viele Male unter Wasser drückten, versuchten die Naturgewalten, das Schiff zu zerschmettern. Clemens musste den härtesten Kampf seines Lebens bestreiten. Er wähnte sich dem Tod sehr nahe.

Der große Unterschied zu Messner und Saler ist der, dass er das Abenteuer nicht aktiv sucht, im Gegenteil, er sucht die „Paradiese", daher haben seine drei Bände den gemeinsamen Titel „Der Paradiesjäger" (GC, Paradies, S. 5 ff). Er will *Abenteuer vermeiden*, aber auf dieser Suche bleiben die Abenteuer nicht aus, ob er will oder nicht.

Messner gestaltet die Abenteuer, die Besteigungen und die Durchquerungen. Er sucht sie und hat ein aktives Verhältnis zu ihnen. Clemens nimmt sie in Kauf. Sein Verhältnis ist passiv. *Er gestaltet die Paradiese* durch Erfahrung und Auswahl. Der traumhaft schöne Strand, das glasklare Wasser, die perfekte Postkartenidylle. Das ist die eine Seite. Aber er sucht auch das Land und die Leute. Er ist leidenschaftlicher Taucher. Mit 6.000 Tauchgängen ein Voll-Profi. Also gehört für ihn eine intakte Unterwasserwelt mit zum Paradies.

Auch er will die Welt entdecken, aber auf seine Weise, auf einem Weg, der möglichst viele Paradiese miteinander verbindet. Nicht das Ziel ist entscheidend, sondern das *Paradieserlebnis auf dem Weg.*

Ob er noch heute, mit 83 Jahren, das Leben lebt, von dem Viele träumen, ist mir nicht bekannt. Das Leben des Aussteigers und Abenteurers, ein Leben an den schönsten Stellen des Planeten, ein Leben mit dem Segelboot und den Stränden, dem Meer und der Unterwasserwelt.

Sein Leben ist durch einen *fundamentalen Wandel* gekennzeichnet (GC, Paradies, S. 5 ff). 1941 im Bayern geboren, gelernter Kunstschmied und echter Draufgänger. Als ehemaliger Faschingsprinz, Wirt und Gaudibursch' versteht er es, Menschen zu unterhalten. Doch es zog ihn schon immer in die Ferne. Er begann 1975 auf dem Hof seiner Firma im bayerischen Roding mit dem Bau einer Yacht für die Weltumsegelung. 1988 aufgebrochen in ein neues Lebensmodell. Immerhin war er schon 47 Jahre alt. Der fundamentale Lebenswandel vollzog sich also erst in der zweiten Lebenshälfte.

Nach der „Wilden Südsee" (Band 2) wanderte er durch Afrika nach Deutschland zurück (Band 3). Vom Paradiesjäger zum Extremaussteiger.

Es gibt viele Bücher zu Aussteigern und den Abenteuern auf Zeit. Clemens ist dabeigeblieben, weil es ihm nicht um das Abenteuer an sich ging, sondern um ein anderes Leben, um *eine neue Lebensintensität*. Das war der Sinn der Reise. Aber er wollte auf der Reise, Strände, Unterwasserwelten, Paradies und etwas Abenteuer erleben. Das war der Grund der Reise (vgl. hierzu nochmals Abb. 23).

(3) **Jerome Blösser – regelmäßig begrenzter Aussteiger**
Klare Steigerung der Lebensintensität

In keiner Landschaft kann er Lebensintensität, die er sucht, so finden, wie in der Wüste. Er stellt sich in die *Tradition der großen Wüstenwanderer* – Thesiger und Aicher.

Niemand durchquerte die Rub al-Khali (Empty Quarter) so weit wie *Wilfried Thesiger*: „In der Wüste fand ich Antwort auf all meine Fragen… Ich fand eine Freiheit, wie sie in der Zivilisation unerreichbar ist, fand ein Leben ohne Zwang und Besitz, wo alles Unnötige nur Ballast ist". Am besten begegnet man Thesiger im Museum im Al-Jahili Fort in Al Ain, VAE. Dort erfährt man: Ohne die Begleitung von zwei Beduinen-Jungs hätte er es nie geschafft. Mit seiner Leica fängt er die Stimmungen auf der Durchquerung sehr eindrucksvoll ein.

Blösser zitiert *Otl Aicher*, der Graphiker, der die Pictogramme erfunden hatte und ein überzeugter Wüstenwanderer wurde: „Wer sich auf das Wagnis, in die Wüste zu gehen, einlässt, entdeckt nicht nur ein Stück uns fremd gewordener Natur, sondern erfährt auch ein Stück seiner selbst, stößt zu den Quellen der eigenen Existenz vor". Dieses Aicher-Zitat beschreibt, warum Blösser seit mehr als 25 Jahren immer wieder unter dem Wüstenhimmel auf Wanderschaft geht.

Blösser begann, mit dem Motorrad zu reisen, „doch schnell merkte ich, dass die intensivsten Momente diejenigen waren, wenn das Motorrad abgestellt und ich zu Fuß unterwegs war." Er wurde zum Wüstenwanderer und wird von den Nomaden „Wüstensohn" genannt. Mehrmals im Jahr braucht er „die unverstellte Weitsicht zum Horizont."

Er sucht das Abenteuer speziell in allen Wüsten dieser Erde, als Führer und Fotograf überwiegend professionell, in fast allen Wüsten: Wendekreiswüsten (Sahara, eine gemischte Sand- und Steinwüste, Erg und Hamada), Eiswüsten (Grönlands Inlandeis, Antarktis), Küstenwüsten (Namib), Binnenwüsten (Gobi, Steppenwüste), Salzwüsten (Uyuni), Lavawüsten (Islands Odadahraun) und Sandwüsten (Rub al-Khali und die Takla Makan).

Blösser liebt in der Wüste die Weite, die Reduktion, die Intensität. Er verdient sich die Wüstengänge durch Fotos, die seine Liebe zur Wüste ausdrücken, und durch Führungen, die andere für die Wüste begeistern wollen. Jerome Blösser ging 25.000km durch die Wüsten zu Fuß. Er wurde von den Nomaden der Wüste Wüstensohn genannt, weil er sich mit dieser Landschaft identifiziert (vgl. JB, Freiheit, S. 6f).

Das können wir gut nachempfinden, denn Wüsten lassen die Anstrengung sehr intensiv spüren, sie geben ein Maximum an selbstbestimmtem Handeln, sie lehren Demut vor der Härte der Wüste und sie lehren Dankbarkeit für die kleinste Annehmlichkeit.

Den *Uyuni-See* stufen wir als Salzsee ein und nicht als Wüste, weil seine maximale Ausdehnung nur etwas über 70 km beträgt und man immer am Horizont die Berge, Vulkane und Gletscher sieht auch von der Insel im Zentrum, *Isla Incahuasi*, dem Haus der Inkas. Ein wirklich überwältigender voller Rundumblick, eine Landschaft „steht auf Weiß". Das macht den einzigartigen, surrealen Charakter dieser Landschaft aus.

Wenn Blösser allein läuft, dann mit einem 40kg-Rucksack, jedoch meist ist er in *Begleitung von Mitwanderern*, meist unterstützt von Kamelen und manchmal auch von Landcruisern. Sein Buch „Freiheit unterm Wüstenhimmel", München 2018, vermittelt die Schönheit und die Kontraste der Wüste in fast allen Facetten. Aber wir meinen, dass zwei Wüstendurchquerungen fehlen, die Ténéré und die Takla Makan. Ein Buch, das man unbedingt lesen sollte, wenn man vorher „Gobi" von Reinhold Messner gelesen hat, damit nicht der Eindruck entsteht, dass Wüste Leiden bedeutet. Jerome Blösser steigert seine Lebensintensität durch Wüstengänge, durch das erfahren einer radikalen Landschaftsform. Dabei dürfen die Berge nicht fehlen, die andere radikale Landschaftsform.

(4) **Gerlinde Kaltenbrunner – die beste Höhenbergsteigerin**
Über Lebensintensität zu Lebensglück

Nach der Pionierleistung von Reinhold Messner, der als erster alle 14 Achttausender bestieg, haben 39 Bergsteiger alle 14 Achttausender bezwungen, davon 3 Frauen. Gerlinde Kaltenbrunner ist *die erste Frau*, die alle ohne künstlichen Sauerstoff erklommen hat. Deshalb ist sie zurzeit die beste Höhenbergsteigerin der Welt.

Ihr geht es dabei nicht um Rekorde, nicht um Grenzerfahrungen, sondern sie erlebt den *Gipfel als Glück*. Auf dem Gipfel ist sie „ganz bei sich", denn Berge sind ihr Leben, auf dem Gipfel erlebt sie höchste *Lebensintensität*. Ihr Buch „Ganz bei mir" erläutert ihr Lebenskonzept und ihr Verhältnis zu den Bergen. Und hier erläutert sie auch die Erfahrungen am K2, an dem ihr Bergkamerad vor ihren Augen in den Tod stürzte und sie dreimal umkehren musste. Erst beim vierten Versuch bezwang sie den gefährlichsten Berg der Welt. Auch sie hat Todeserfahrungen und steht im Ehrgeiz den Männern nicht nach, aber sie hat weniger Aggressivität und ist daher viel freier für ein weiteres Spektrum von Empfindungen.

Fünf Höchstleistungsbergsteiger - Buhl, Messner, Hans Kaltenbrunner, Lama und Gerlinde Kaltenbrunner – haben fünf verschiedene Gipfelerfahrungen. Für vier ist der Gipfel eine *körperliche Grenzerfahrung*. Buhl, der erste auf dem Nanga Parbat empfand nur Erschöpfung und sonst nichts. Ich hatte bisher pointiert formuliert, keiner erlebe Gipfelglück, doch es gibt eine Ausnahme: Gerlinde Kaltenbrunner erlebt dort *Glück*. Wenn es beim Bergsteigen um Glück ginge, dann sind Frauen die besseren Bergsteiger, weil sie dem gockelhaften Wettbewerbsdenken der Männer überlegen sind.

David Lama hatte den *Wettbewerb* akzeptiert, aus Verdienstgründen, jedoch in der Sichtweise seines Lebens hat er sich davon distanziert. Wir erinnern uns: Er empfand das Glück erst, nachdem er wieder unten war. Aber er fand auch Freude am Unmöglichen. Ein Ausnahmebergsteiger nicht nur in den Leistungen, sondern auch in den Empfindungen.

Gerlinde Kaltenbrunner verneint für sich den Wettbewerb ausdrücklich. Deshalb wird sie auf den Gipfeln glücklich, denn *Lebensintensität und Lebensglück* passen zusammen.

(5) Hans Kammerlander – der Süchtige
Die Sucht verhindert Lebensglück

In unserer fünften Fallstudie geht es nicht mehr um Steigerung der Lebensintensität, sondern um Übersteigerung der Lebensintensität, um Sucht. Es ist ein Grenzfall in unserer Fallreihe über Lebensintensität, ein Grenzfall, der überleitet zum Grenzgang, zur Sinnkategorie „Leistungsgrenze".

Es gibt wenige, die sich zu der Sucht bekennen, insbesondere nicht als ein Lebensthema. Einer davon ist *Hans Kammerlander,* ein Extrembergsteiger, der sein Leben als „Bergsucht" begreift. Aufgrund seiner Erfolge lässt sich das nachvollziehen. Er ist einer der größten Bergsteiger aller Zeiten. Die Hälfte aller Achttausender hat er mit Reinhold Messner zusammen bestiegen.

Dann hat der schüchterne Hans, der Medienrummel nicht kannte und nicht schätzte, bei der Vermarktung der Erfolge von Reinold Messner gesehen, was *Medienpräsenz* bedeutete. Reinhold suchte sie, Hans fürchtete sie. Aber er begriff, worauf es ankam: Den *Wettbewerbsvorteil* bzw. das Alleinstellungsmerkmal. Und das verstand er in seiner vollen Tiefe.

Er war der erste, der mit Skiern vom *Nanga Parbat* abfuhr. Wer Skitechnik und die Geschichte dieses Extremberges auch nur erahnt, kann ermessen, was das bedeutet. Er schaffte diese eigentlich unmögliche Abfahrt zweimal. So wurde er der *Skiabfahrer von den Achttausendern.*

Aber er ging auch durch die Hölle: Den Verlust von zwei Kameraden. Er war stark nach außen, aber sehr sensibel nach innen. Der Verlust schmerzte ihn so sehr, dass der Berg zu einem „Feindbild" wurde, denn er hatte den Tod in größter Nähe und aller Unerbittlichkeit erfahren. Er gab auf, er war besiegt, am Ende.

Aber mit einem gewissen zeitlichen Abstand kam sein Wesen wieder hervor: Ohne Berge kein „Glück". Die Sucht war stärker als er. Die *Sucht war sein Leben,* die Sucht nach Bergen. Sucht ist ein übersteigertes Verlangen, nicht unbedingt eine krankhafte Abhängigkeit, sondern bei diesen Ausnahmeerscheinungen unseres Lebens ein Verlangen nach dem Leben selbst, seinen Grenzen, Grenzen, die zu erfahren nur Grenzgängern der Extremen gestattet ist, Grenzen, die die Identität bilden.

Er ging zurück zum Höhenbergsteigen und griff nach den Sternen: Die *Skiabfahrt vom Mount Everest.*

Eines seiner Videos zeigt die *Grenzerfahrung*: Die Skier stehen zur Hälfte über dem Abgrund, den man nur erahnen kann. In diesen Sekunden die Entscheidung zwischen der Utopie und dem Konventionellen: Fahre ich mit Skiern oder steige ich mit Steigeisen? Gemützerreißende Sekunden. Niemand vor ihm hat je diese Entscheidung getroffen. Der *Eintritt in die Utopie, in das Unmögliche*. Das Bewusstsein, dass ein einziger Sturz das Leben kostet. In der Wildnis des Steilhangs, der noch nie auf Skiern bezwungen wurde, die mutige Entscheidung, dem Berg alles zu zeigen: Ich kann dich nicht nur besteigen, sondern auch befahren. Ich entscheide, was ich mit dir machen will und nicht du. Eine göttliche Entscheidung, in der er sich über den Berg erhebt.

Ihm gelingt die Abfahrt und Hans Kammerlander findet sich selbst, seine Identität: *Der Skiabfahrer ohne Grenzen.*

Seine Frau bringt es auf den Punkt: Alle, die diese Leistungen vollbringen, sind „Getriebene". Was sie nicht sagt: *Getriebene ihrer Sucht.*

Hans Kammerlander konnte keine wirkliche Freude finden, weil er Getriebener war, weil er von der Sucht gefangen war. *Für Freude muss man über der Sucht stehen*. Daher sind Lebensfreude und Lebensintensität zwei verschiedene Kategorien des Reisesinns.

5.7   Leistungsgrenzen erfahren - Grenzwerte

Grundmodell für diese Art von Sinn ist der *Wettbewerb*, der Sieg im Wettbewerb. Entweder in einem organisierten Wettbewerb, wie der Olympiade, oder in einem gedachten Wettbewerb, wie dem Bergsteigen oder bei den Reiseclubs. Der Ausdruck *Rekord* bezeichnet einen quantifizierten Wert einer Leistung, der höher ist als der entsprechende Wert sämtlicher vergleichbarer Leistungen. Rekorde wurden bereits in der griechischen Antike aufgestellt.

Hier geht es nicht darum, Rekorde im Dienst des Fortschritts aufzustellen. Das nennen wir Erforschung. Hier geht es um den Sinn, der in der Person liegt, in der Bereicherung der Person. Sie empfindet den Rekord als eine persönliche Bereicherung. Nur darum geht es ihr.

Rekorde erreichen Leistungsgrenzen. Wir müssen sportliche Leistungsgrenzen und Leistungsgrenzen im Reisen unterscheiden.

Bei den *sportlichen Leistungsgrenzen* geht es um Weltrekorde oder die Goldmedaillen bei der Olympiade. Diese Rekorde werden organisiert. Bei Bergsteigen entsteht ein gedachter Wettbewerb, weil die Rekorde in dieser Sportart höchste Aufmerksamkeit erfahren und so zum Wettbewerb herausgefordert werden. Die Sportler schaffen durch die Nähe zum Tod ihren Marktwert. Die Erstbegehung wird zum geschichtlichen Ereignis.

Reinhold Messner – der Grenzgänger
Grenzgang als Lebensphilosophie

Er ist der Grenzgänger schlechthin. Bei ihm geht es jedoch nicht um gelegentliche Grenzerfahrungen, sondern um eine *„Lebensphilosophie"* (RM, Weg, S. 9), er konnte den größten Teil seines Lebens nicht ohne den Grenzgang leben. Immer wieder zog es ihn hinaus. Man kann den Eindruck gewinnen, dass Messner sich einer Sucht - im Sinne eines übersteigerten Verlangens - nicht entziehen konnte. Aber sicher war es nicht eine freudige freiwillige Selbstbestimmung wie bei David Lama.

Sein Grenzgangbegriff beruht auf dem *Überleben in der Wildnis*. Aber Wildnisse im ursprünglichen Sinn gibt es (fast) nicht mehr. Und daraus zieht er einen philosophischen Schluss: Wenn der Mensch hinausgeht aus seinem gewohnten Habitat in Gebiete, „die nicht für ihn gemacht sind" und *auf alle Hilfsmittel verzichtet*, dann erfährt er in diesen Gebieten seine Mängel. Auf Bergen den Mangel des Bodens, in der Höhe den Mangel an Sauerstoff, im Dschungel den Mangel an Orientierung, in der Wüste den Mangel an Wasser, in der Antarktis den Mangel an Wärme, im arktischen Winter den Mangel an Licht. „Entziehen wir unserem Habitat, unserer Welt nur eines dieser Elemente, haben wir einen *Mangel*, und wir werden mit unseren Begrenztheiten, mit unseren Zweifeln und Ängsten und relativ schnell auch mit Hoffnungslosigkeit konfrontiert. Allein darum geht es beim Grenzgang."

„Grenzgänger zu sein bedeutet nicht, Grenzen zu verschieben, bedeutet nicht, neue Grenzen auszuloten. Es bedeutet in erster Linie *seinen eigenen Grenzbereich auszuloten* und zu erkennen, dass es jenseits ein Mehr von Möglichkeiten gibt, die uns nicht zugänglich sind, die sich uns entziehen." „Zu entdecken gib es dabei eigentlich nichts.... Aber zu erleben gibt es etwas. Wir können uns an den Bildern satt sehen, an der Stille satthören. Wir können unseren Hunger spüren, und wir erleben, welche Ängste, Zweifel, Hoffnungen über uns kommen, wenn wir draußen sind." (RM, Weg, S. 12).

Warum kommt bei Messner *nie der Begriff der Freude* vor? Mängel, Hunger und Ängste. Aber beim Grenzgang auf Freude verzichten?

Messners Heimat ist Südtirol, hier schließt sich der Verlauf seines Lebens. Seine Kindheit war hart, das Verhältnis zum strengen Vater ambivalent. Er fing als Kletterer in den Dolomiten an. Die *Kletterphase* endete am Nanga Parbat, weil sieben Zehen erfroren waren, dazu drei Fingerspitzen. Den Verlust seines Bruders hat er nie verwunden. Als er schließlich erkannte, dass er mit dem Höhenbergsteigen keine weiteren Rekorde erreichen konnte und die Leistung nachließ, wurde er zum *Grenzgänger* und fand seine „endgültige Lebensform"; er charakterisiert sie durch „Pole, Wüsten und Forschung" (RM, Seele, S. 165). Seine *Altersphase* wird durch Kunst geprägt und sein einzigartiges Projekt „MMM" -Messners Mountain Museum. Wir werden darauf im Abschnitt über Abenteurer zurückkommen. Hier interessiert nur sein *Verhältnis zur Leistungsgrenze* als Sinn seines Tuns.

Messner hat im Verlauf seines Lebens seine Ziele erweitert. Im Älterwerden wandeln sich seine Ziele von der Höhe zur *Weite*. Er sieht auch die Bedeutung für das Gemüt und die Seele. Ihn fasziniert das „Hinausgehen in die Weite", die Suche nach der Empfindung der Seele. Unklar ist, ob er das – die Suche nach der Seele - so sieht oder sein Freund Michael Albus (RM, Seele, S. 89f). Ist es wirklich das Überwinden vom *Ego um jeden Preis*, eine Hinwendung vom absoluten Ego des „Sonnenkönigs" (HS, Licht, S. 189) zu einem Ego in der Einbindung des Alls, extrem abstrahiert vom Absoluten zum Relativen?

Aber er bleibt seinem Konzept, die *Leistungsgrenzen zu erfahren*, treu. Auch noch sein Museumsprojekt ist eine Grenzerfahrung, eine neue Art zwar, aber folgerichtig nennt er es seinen „15. Achttausender" (RM, Seele, S. 187).

Objektiv gesehen ist Messners Rekord, als erster alle 14 Achttausender bestiegen zu haben, ein sportlicher Rekord, auch wenn Extrembergsteiger wie Reinhold Messner oder David Lama das nicht so sehen, weil das Höhenbergsteigen durch das Überwinden der Todesgefahr besondere *geistige Fähigkeiten* verlangt.

Angesichts einer Grenzerfahrung, die vom Nahtoderlebnis geprägt ist, entscheiden hier *vier geistige Fähigkeiten*: **Willen, Konzentration, Instinkt und Erfahrung**. Sie entscheiden in dieser extremen Situation über Tod und Leben. Extrembergsteiger brauchen diese Fähigkeiten im Extrem, wenn es um die schwierigsten Berge geht. Aber dafür leben sie und dafür zahlen die Veranstalter oder Unternehmen wie Red Bull. Daher inszenieren sie genau diese Fähigkeiten. Niemand beherrscht die Selbstinszenierung, die Inszenierung seiner Leistungsgrenzen, so wie Reinhold Messner – mit großem Abstand.

Aber Reisende, die Extreme suchen, können davon lernen. Sie brauchen diese Fähigkeiten nicht im Extrem, aber bei Grenzerfahrungen kommt es genau auf diese Kompetenzen an. Wir nennen sie daher die *Grenzerfahrungskompetenzen*. In Band 2 werden wir uns intensiv damit beschäftigen.

Grenzerfahrungskompetenz

Eine Grenzerfahrung ist die Antwort auf die Frage: Was ist hinter der Grenze?

Aufbau der Grenzerfahrung	Kraft zur Grenzerfahrung	Die Grenze	Schemen, Umrisse	Werte
Instinkt	Bauchgefühl Intuition	Rätsel Verwirrung Erscheinung	Prozessvision	Bewusstsein Transzendenz
Erfahrung	Erinnerung Situationsvergleich	Ahnen Sich Vorstellen Visionen	Lösungsvision	Seele Erleuchtung
Willen	Motivation Antrieb		Leistungsvision	Erfüllung Glück
Konzentration	Siegeswille Kritischer Punkt	Unbekanntes Neues Licht	Erfolgsvision	Das Heilige Das Absolute

Wir verwenden 3D-Symbole für fluide Begriffe

Abb. 26 Grenzerfahrungskompetenz

Klaus Mees zum state-of-the art

Klaus Mees ist der führende Expeditionsarzt bei Höhenbergsteigern im Extrembereich, selbst Extremhöhenbergsteiger und HNO-Professor in München. Er gibt ein Buch heraus, das führende Höhenbergsteiger und alle Beteiligten über ihre Grenzerfahrungen berichten lässt: „Grenzerfahrungen in der Todeszone". 23 Meinungen, die die Grenzerfahrungen als *körperliche Grenzerfahrungen* beschreiben.

23 Meinungen, die den „*state-of-the-art*" ausdrücken. Diesen formuliert Klaus Mees: „Professionelles Bergsteigen wandelt sich immer mehr zu einem Hochleistungssport im hochalpinen Gelände, und in scheinbarer Ermangelung spektakulärer Höhenziele werden die Unternehmungen selbst immer spektakulärer. Immer neue Geschwindigkeitsrekorde im Auf- und Abstieg werden erbracht und Leistungen, die man vor kurzem noch für genauso unmöglich gehalten hätte wie einst die Besteigung des Mount Everest ohne zusätzlichen Sauerstoff. Ein Leben ohne Gipfelerlebnisse bleibt sicher um einige Erfahrungen ärmer. Nicht nur die Herausforderungen an hohen Bergen sind etwas Besonderes, auch die Höhenabenteurer selbst haben sich schon immer von anderen

Bergsteigern unterschieden: stets eine Spur neugieriger, ehrgeiziger, risikobereiter, leidensfähiger und auch eher bereit, bis an die eigenen Grenzen zu gehen." (KM, Grenzerfahrungen, S. 7)

Mees formuliert vier Kerngedanken:
(1) Bergsteigen ist *Hochleistungssport*,
(2) erfordert *Leidensfähigkeit*,
(3) ist *Grenzerfahrung* und
(4) die *Grenze des Möglichen wird ständig erweitert.*

Der Sinn des Höhenbergsteigens: Leitbilder des Fortschritts

In dieser Beurteilung wollen wir einen Schritt weiter gehen. Im Höhenbergsteigen zeigt sich durch die *Leistungssteigerung* und die ständige Präsenz des Todes der Fortschritt der Menschen deutlicher als in jeder anderen Sportart. In nur dreißig Jahren vom Messner-Aufstieg am Nanga-Parbat 1970 bis heute hat sich in diesen Jahren des „Turbo-Bergsteigens" die Leistungsgrenze, die Grenze des Unmöglichen erheblich verschoben. 1975 hielt Messner den Cerro Torre für unmöglich, 2012 hat *David Lama* das Unmögliche möglich gemacht. Der „Skyrunner" oder Schnellhöhenbergsteiger *Christian Stangl* hat die Carstensz-Pyramide, in Papua, Indonesien (einer der „Seven Summits") in unfassbaren 49 min bestiegen. Und dann 2019 eine völlig neue Dimension: Nirmal Purja besteigt alle Achttausender in 6 Monaten! Messner hatte dafür 18 Jahre gebraucht. Sicher der Stil ist nicht vergleichbar, aber immerhin.

Der Sinn des Bergsteigens wird in der Erfahrung seiner Leistungsgrenze gesehen. Das ist eine statische Betrachtungsweise. Der Sinn zeigt sich aber viel klarer, wenn man in einer dynamischen Betrachtungsweise die *Veränderung der Leistungsgrenze* sieht. Der *Sinn des Extremhöhenbergsteigens* lässt sich darin sehen, dass sie *am deutlichsten den Fortschritt der Menschheit ausdrücken*.

Kein anderer Sport hat so viel Aufmerksamkeit wie das Höhenbergsteigen, weil das erstmalige Bezwingen der höchsten Gipfel höchste Medienpräsenz erzeugt, die Nachrichten berichten, die Präsidenten gratulieren. Nun, da nahezu alle Gipfel bezwungen sind, geht es noch um den Stil, die Aufstiegslinie und die Aufstiegs-zeit. Ihre Werte markieren nicht nur individuelle Leistungsverbes-serungen, sondern auch den Fortschritt. Bergsteiger schaffen kei-nen Fortschritt, aber sie *verdeutlichen ihn.*

Messner hat ungefähr 50 Bücher geschrieben, unzählige Vorträge gehalten, aber es scheint, dass er nie auf diesen Gedanken ge-kommen ist. Immer wieder hat er betont, dass der Sinn nur darin liegt, dass er in seinem Tun einen Sinn sieht und das sei genug. Wie Hermann Hesse: Der Sinn des Lebens liegt in dem, den wir ihm geben. Immer wieder betont Messner, dass sein Tun nicht nützlich, ja irrelevant war. Dass sein Tun keinen wirtschaftlichen Nutzen gehabt hat – abgesehen von den Museen – ist offensicht-lich. Aber er sieht nicht den sozialen Nutzen. Er sieht nur sich selbst und nicht die *gesellschaftliche Bedeutung.* Gesellschaften wollen Legenden und Symbolfiguren, die ihre Entwicklung markieren. Er ist eine solche, eine Symbolfigur, die den Fortschritt symbolisiert. **Darin liegt der Sinn seines Lebens.**

Wir bewundern Gipfelleistungen, weil wir Extreme lieben. Aber wir schließen sie nicht in unser Reisekonzept ein, weil erwiesen ist, dass extreme Gipfelleistungen grundsätzlich keine Freude auslö-sen. Es wird beim Höhenbergsteigen weitaus mehr über *Leiden* be-richtet als über Freude. Sie faszinieren, aber passen nicht zum Thema unseres Buches. *Katrin Mees*, die Frau von Klaus Mees, sagt klar, dass ihre Leidensfähigkeit begrenzt sei. Kurz vor dem Gipfel des Elbrus – auch einer der „Seven Summits" - dreht sie um und beschreibt glücklich, wie sie nun ohne Zeitdruck und allein das Wunder der Bergwelt genießt. Sie, die nicht ganz oben war, berich-tet vom Glück (KM, Grenzerfahrungen, S. 130f und S. 135).

Nirmal Purja

„Unter Kollegen der Extrembergsteiger-Szene ist er aktuell der un-bestritten Größte und sein Rekord wird wohl noch Jahre, wenn nicht Jahrzehnte halten. In unfassbaren sechs Monaten und sechs Tagen bestieg der 1983 im nepalesischen Flachland geborene „Nims" Purja alle 14 Achttausender auf diesem Planeten und unterbot den damals gültigen Rekord dabei um sieben Jahre..." (Tom Guise, 2021)

Das Verb "unterbot" trifft es nicht, vielmehr hat er alle Bergsteiger deklassiert. Das klingt hart und es provoziert, trifft es aber. Messner brauchte 18 Jahre. Das wurde später stark unterboten. Der alte Rekord war 2.677 Tage (7,3 Jahre), der neue ist 189 Tage (6 Monate und 6 Tage), das sind nur 7% vom alten Rekord. Das ist keine Verbesserung, das ist eine andere Welt. Aber: Ob die anderen Bergsteiger „deklassiert" wurden, hängt vom Vergleich der Stile ab. Purja stieg mit extremen Teamsupport auf, mit Fixseilen, alles war auf Geschwindigkeit ausgelegt, mit Hubschrauben zwischen den Basiscamps. Purja wollte Geschwindigkeit, Messner wollte den reinen Alpinstil.

Purja ist der neue Star des Bergsteigens geworden.

Er wurde im Tiefland geboren, in einer armen Familie, aber Vater und zwei Brüder waren Gurkhas, sie schickten ihn zur Schule und später wurde auch er Gurkha. In der Schule war er immer unter den 5 Besten mit dem Potenzial zum Besten. Er wurde als Gurkha aufgenommen, dort Gruppenleiter für extreme Einsätze, der einzige Gurkha, der in die britische Eliteeinheit SBS (Special Boat Service) aufgenommen wurde, das war 2009. Er war damit Elitesoldat der Royal Navy, der traditionsreichsten Marine der Welt. Nach geheimen Extremeinsätzen wurde er von der Königin zum Ritter geschlagen. Trotzdem: Er kündigte, weil sein Projekt zum Bergsteigen nicht genehmigt wurde.

Erst im Alter von 29 Jahren fing er an bergzusteigen. Sein erster Berg war der Lobuche mit 6.119 m, sein zweiter war schon ein Achttausender, der Dhaulagiri. Mit 37 war er der schnellste Bergsteiger aller Zeiten.

Sauerstoff benötigt er nicht, nimmt ihn aber mit, aus ethischen Gründen wie er sagt, für den Fall, dass seine Begleiter ihn benötigen. Er kennt seinen Körper, die Höhe ist sein Revier, dort fühlt er sich wohl, dort hat der Spaß. Er vergleicht: Er rennt die 100 m in 11,5 Sekunden auf Meereshöhe, aber er ist genauso schnell auf

8.000 m (er sagt im Original „at the altitude" und meint das) – das ist unfassbar. Seine Regenerationszeiten liegen bei anderen im Bereich von Wochen, bei ihm in wenigen Stunden, wenn überhaupt. Alles bei ihm ist eine andere Dimension.

Tim Mutrie von der New York Times hat Nims Purja interviewt und kommt auf zwei kritische Punkte. Wäre er aus Österreich oder Kalifornien, dann wäre er aufgrund seiner Leistung auf der Titelseite. Aber für ihn gab es hierzu keine Nachfrage, trotz seiner Spitzenleistungen. Der Autor hakt nach und Purja antwortet: "I genuinely feel like, when people climb K2, it's everywhere in the news, everybody covers it. And I think I did something bigger than that, and with four unplanned rescues and everything, and then nothing came of it. There was no justice to the story." (Tim Mutrie, 2021). Seine Enttäuschung wird offensichtlich. Dies erscheint so, als ob es um Rassismus oder Gerechtigkeit ginge. Darauf werden wir in Band 4 (Vorbilder) zurückkommen.

Auch wenn Purja vieles locker sieht, so ist er bei seiner *Ausrüstung* sehr genau, hier besteht er auf neuester Technologie und geringem Gewicht. Er zeigt sie offen im Internet. Und bei der *Disziplin* ist er beharrlich, hier zeigt sich meines Erachtens nicht die Spur des Armeedrills, sondern die Denkweise eines Weltmeisters. Denn nur Disziplin macht den Weltmeister. Zu seinen Erfolgsfaktoren sagt er: "The reason we've been very successful is, of course, we've got an amazing team, we've got good leadership, we've got a really good positive mind set. But the other big component of this is being disciplined. Like discipline, discipline, discipline, 100 percent discipline." (Tim Mutrie, 2021).

Purja hebt das Bergsteigen auf ein anderes Niveau, in der Leistung und in der Philosophie. Hier spricht kein Egozentriker, sondern ein Teamplayer; kein vom Ehrgeiz und Willen Getriebener, sondern einer, der über dem Sport zu stehen scheint. Der Spaß mit Disziplin verbindet, Herz mit Verstand, gesellschaftspolitische Ziele mit Lebensintensität.

Ein *Teamplayer* mit einer positiven Grundeinstellung, der für jedes Problem eine Lösung sieht. Ein *Teamführer*, der Disziplin in der Umsetzung und die Qualität der Ausrüstung sehr hoch bewertet. Seine gesellschaftspolitischen Ziele sind:

(1) Die Sherpas aus dem Schatten ins Rampenlicht zu führen. Ihre wahre Rolle zu zeigen.

(2) Für den Klimawandel einen Beitrag zu leisten, mitzuhelfen, den Gletscherschwund aufzuhalten.

Er beschreibt seine Arbeit: „Ich liebe, was ich tue, aus tiefstem Herzen. Und ich habe so viel Spaß dabei, dass die ganze Müdigkeit verschwindet. Ein Achttausender? Das ist ein Ort, an dem ich erst lebendig werde. Das ist mein Spielplatz." Er sagt Spaß, weil das üblich ist, aber er meint *Freude*, denn das wird aus seiner *zentralen Aussage* deutlich:

„Ich wollte der Welt zeigen, was möglich ist, wenn du Geist, Herz und Seele in ein Projekt hineinwirfst." (Tom Guise, 2021)

Das ist, worum es im Sport, im Leben, im Reisen geht: *Mit allen Wahrnehmungen zu leben*. Das ist Erleben. Purja sieht nicht nur Geist und Herz, sondern auch die *Seele*. Deshalb hat er *ein anderes Niveau begründet*.

Und dann das: Anklagen wegen sexueller Belästigungen, und das in vielen Fällen, wahr oder unwahr, das liegt nicht in unserer Betrachtung.

Rekorde der Weltumrundung

Bergsteiger erleben Grenzerfahrungen mehr als alle anderen Sportler. Da auch unser Konzept auf Extreme zielt, sind ihre Erfahrungen für unsere Reisephilosophie wertvoll.

Aber ihre Rekorde sind in unserem Reisekonzept nicht bedeutsam, weil wir nicht auf die Gipfel zielen. Das haben wir begründet. Uns interessieren vielmehr andere Rekorde, Rekorde für „die ganze Welt sehen", *Rekorde der Weltumrundung*. Sie dienen entweder dem Fortschritt oder der Selbstverwirklichung. Besonders die

Rekorde in jüngster Zeit gelten der Technik, nicht dem Sehen. Der „Reisende" sieht in erster Linie sein Transportmittel. In diesem Fall trifft der Begriff „Reisender" nur begrenzt zu.

Rekorde der Weltumrundung mit Transportmitteln

Die *erste Weltumsegelung* gelang *Magellan und Elcano* mit dem Schiff, 1519-1522. Der wohl bedeutendste Rekord der Reisegeschichte, der unsere Weltanschauung veränderte und Auswirkungen auf den ganzen Planeten hatte.

Magellan erntete den Ruhm, wohl auch durch die Namensgebung der Magellan-Straße. Aber von den 237 Männern der multikulturellen Crew kamen 1522 nur 18 nach Europa zurück, nur ein Schiff mit dem Kapitän Elcano (baskisch Elkano, spanisch Elcano). Ob ihm der Ruhm gebührt, werden wir im Band 4 (Vorbilder) behandeln. Magellan fiel 1521 bei einem Gefecht in Mactan, Philippinen. Die Bedeutung dieser Reise lebt bis heute fort in der Fundación Elkano, in seinem baskischen Geburtsort Getaria unweit von San Sebastian. Von 2019 bis 2022 dauern die Feiern zum 500. Jahrestag dieses bedeutenden Ereignisses.

Die *schnellste Weltumsegelung* gelang *Francis Joyon* und seiner Mannschaft, Dez. 2016 bis Jan. 2017 mit einem Maxi Trimaran in knapp 41 Tagen, 48.915 km.

Den *ersten Flug um die Welt* machte *Hugo Eckener* im Luftschiff Graf Zeppelin, 1929 in 21 Tagen.

Den ersten Nonstop-Flug um die Welt schaffte die *US Air Force* in einem Flugzeug, einer B-50, 1949 in 94 Stunden. Ein Flug ohne Zwischenlandung, aber mit Auftanken in der Luft.

Der *erste Nonstop-Flug* ohne Auftanken und ohne Zwischenlanden gelang *Dick Rutan* 1986 in etwas über 9 Tagen. Er war pensionierter US-amerikanischer Test- und Kampfpilot und bei diesem Flug 48 Jahre alt. Sein Leichtflugzeug, die Voyager, hatte vorn und hinten einen Motor und neben dem Hauptrumpf zwei weitere Rümpfe für den Treibstoff. Der Flug wurde durch ein Team von

Wetterexperten unterstützt. Die geplante Route verlief fast ganz über Wasser. Aufgrund der Wetterverhältnisse wurde sie stark abgeändert. Das Flugzeug hätte wegen der leichten und sehr flexiblen Flügel einen schweren Sturm nicht überstanden. Der damalige Präsident Ronald Reagan verlieh ihm eine Ehrenmedaille.

Der *erste Nonstop-Flug in einem Ballon* machte 1999 der Schweizer *Bertrand Piccard mit Brian Jones*.

Der *erste Solo-Nonstop-Flug in einem Ballon* gelang *Steve Fossett* 2005, der überdies über 100 Weltrekorde erreichte. Er prallte 2007 mit einem Kleinflugzeug in der Sierra Nevada gegen einen Berg.

Den *ersten Flug um die Welt im Hubschrauber* schaffte der Australier *Dick Smith* 1983. Herausragend waren seine Flugstrecken in der Antarktis und seine Fähigkeit, die erforderlichen Genehmigungen zu bekommen.

Zeitliche Rekorde der Weltumrundung

Der Schauspieler, Sänger und Komiker *Michael Palin* reiste 1989 im Auftrag der BBC mit der Zeitvorgabe von **80 Tagen** genau auf der Route von Jules Verne's Roman.

Der Schweizer *Roman Brühwiler* bereiste 135 Länder in 80 Tagen, **194 Länder in einem Jahr** und 22 Länder an einem Tag. Er bemühte sich vergeblich um einen Eintrag im Guinness Buch. Ich habe mich mit ihm mehrfach darüber unterhalten, wie sinnvoll seine Rekorde sind. Für ihn waren es „Projekte", Antworten auf die Fragen, was möglich ist. Im Ländersammeln hat er den Formalismus auf die Spitze getrieben. Später werden wir die Reisestile behandeln und dies wieder aufgreifen.

Sportliche Rekorde der Weltumrundung

Der Deutsche *Heinz Stücke* reiste mit dem **Fahrrad gründlich um die Welt, 52 Jahre lang**, 1962-2014. Dieser Weltrekord wurde bei Guinness eingetragen, aber dann wurde die Sparte „Meistgereiste" bei Guinness gestrichen, und damit sein Eintrag. Diese Weltumrundung war eine sportliche Leistung. Stücke musste den Preis dafür zahlen, eine defekte Hüfte. Er hatte seine Leistungsgrenze überschritten.

Erden Eruç, ein Amerikaner aus Nord-Zypern, war der erste Reisende, der völlig *allein und nur mit menschlicher Kraft eine Weltumrundung* geschafft hat, 2007-2012, im Ruder- und Segelboot über die Ozeane, zu Fuß, mit Kajaks, Kanus und Fahrrad, 66.299 km, diese Leistung wurde bei Guinness eingetragen. Er will noch alle "Seven Summits" einschließen.

Vladimir Lysenko ist ein ausgewiesener russischer Wissenschaftler mit 200 wissenschaftlichen Arbeiten. Zudem ist er ein herausragender Weltreisender *mit dem wohl breitesten Leistungsspektrum*:

- Seine *Raftings* sind spektakulär: Als erster von allen 14 Achttausendern, 1991 und 1992, von den höchsten Bergen je Kontinent (Seven Summits) bis auf die Antarktis, die größte Höhendifferenz mit 4.500m am Khumbu Gletscher vor dem Mt. Everest, 1996 erreichte der im Rafting den Höhenweltrekord und den Länderrekord mit 94 Ländern.
- Eine *Weltumrundung mit dem Auto* führte ihn durch 62 Länder, 160.000km.
- Eine *Weltumrundung mit dem Fahrrad* ging durch 29 Länder, 41.800km.
- Eine *Weltumrundung entlang des Äquators* von Libreville bis Libreville.
- 2003 duplizierte er den *Weg des Klondike Goldrausches.*
- 2004 ging er zu dem vermeintlichen tiefsten Punkt der Erde 3.462m in Südafrika; von dort fuhr er mit dem Auto nach Moskau und stieg dort in die Stratosphäre auf 16,5 km Höhe; damit hat er die größte Höhendifferenz. Im tiefsten Punkt jedoch schlage ich ihn um mehr als 300m.

In der *größten Höhendifferenz* schlägt ihn der Texaner *Victor Vescovo*. Er erreichte 2019 in seinem Tauchboot „Limiting Factor" im **Challenger Graben** die Tiefe von 10.925 m. 2010 stand er auf dem **Mt. Everest**. Damit ist er die *erste Person, die am höchsten und am tiefsten Ort* der Erde war. Aber er hat keine Weltumrundungen gemacht.

Beeindruckend bei diesen drei Reisenden – Stücke, Eruç, Lysenko - ist, dass sie nicht nur Rekorde aufgestellt haben, sondern ihre sportlichen Leistungen *auch mit Reiseerlebnissen* verbunden haben. Lysenko schlägt wohl alle in Bezug auf Intensität und Vielseitigkeit. Aber er ist primär ein Rekordjäger und das ist für höchste Reisequalität nicht ausreichend, so spektakulär seine Rekorde auch sind.

Wir wollen uns mit unseren „6.000 in 12 Jahren" nicht in diese Aufzählung einreihen, weil es uns nie um einen Rekord ging, sondern nur um einen **Maßstab für das Erleben der ganzen Welt**, um den Beweis des Machbaren. Es ist wohl ein Rekord, aber wenn wir den Rekord herausstellen würden, anstelle des Maßstabs, dann würden wir unser Reiseleben auf eine quantitative Dimension reduzieren, und genau das wollen wir nicht. Unser Reiseleben ist nicht in Quantität, sondern in Qualität fassbar, unsere Maßstäbe sind *Schönheit und Freude* und diese Maßstäbe eignen sich nicht für Rekorde. Da die Highlights für Schönheit und Bedeutung stehen, haben wir in der Anzahl einen Maßstab und dadurch eine Begründung für unsere Position. Aber unser Erfolgskonzept steht für weit mehr als das. Es basiert auf einem Sinnsystem, nicht auf einem Sinn, in diesem Kapitel die Leistungsgrenze, sondern auf allen Sinnkategorien, und das mit dem Gewicht auf *Freude*.

5.8   Spiritualität spüren – Transzendenz

Der Sinn des Reisens liegt nicht allein in der Besichtigung und der Wissensvermehrung, sondern auch in der Erweiterung des persönlichen Bewusstseins, insbesondere in der *seelischen Selbsterfahrung*. Für diesen Gedanken findet sich kein einziges Zitat. Alle Zitate zielen auf die Selbsterfahrung schlechthin, also die Erfahrung des eigenen Charakters; einige betonen besondere Charaktereigenschaften, wie die Toleranz, aber sie zielen nicht auf die Spiritualität im Besonderen.

Spiritualität ist die persönliche Beziehung zu einem *„Zentrum" in der Transzendenz.* Sie ist wesentlich für die Persönlichkeit des

Menschen. Deshalb sehen wir in der Spiritualität eine eigene Kategorie des Reisesinns: *Reisen, um seine Spiritualität zu erleben.*

Für das Reisen sollten wir das Erleben differenzieren:
(1) Das Spüren der *Grenzen seiner Gefühle* und dabei beginnt auch das Bewusstsein einer Seele
(2) Das Ahnen der *Transzendenz* und damit beginnt auch das Spüren einer Seele als die Gefühle in der Transzendenz
(3) Die Vorstellung eines *Zentrums* in der Transzendenz
(4) Der Glaube an einen *höheren Wert* des Zentrums.

Für das Reisen sollten wir das Erleben differenzieren, weil das Erleben von unterschiedlichen Reisezielen unterschiedliche Reaktionen des spirituellen Erlebens auslösen kann. Das Spiel der Sonnenstrahlen, die durch die Wand der Kapelle von Ronchamps fallen, lässt das Höherwertige vielleicht *ahnen*, ohne dass es schon vorstellbar ist.

Wir empfinden den Begriff „Glaube" als zu einfach, als zu wenig differenziert. Spiritualität ist die *Gestaltung unserer Beziehung* zu einem höheren Wert im Transzendenten.

Die Gestaltung der Beziehung zu einem höheren Wert umfasst
(1) das Auseinandersetzen,
(2) das Verstehen,
(3) das Anerkennen und
(4) das Akzeptieren als Handlungsmaxime.

Die Gestaltung der spirituellen Beziehung hat also mehrere Aktivitäten. Für das Reisen sollte man differenzieren, denn verschiedene Reiseziele gestalten unsere Spiritualität unterschiedlich. Eine Wanderung über den Athos initiiert die *Auseinandersetzung* mit der Spiritualität; der Besuch der Kathedrale von Chartres führt zum *Verständnis* der Transzendenz; ein Nordlicht bringt mich – über das physikalische Verständnis der Ionisierung hinaus - vielleicht zur *Anerkennung* eines höheren Werts. Erst ein dramatisches Ereignis bringt mich zur *Entscheidung,* den „höheren Wert" als ethische Handlungsmaxime zu akzeptieren und etwas zu spenden und anderen zu helfen.

Spiritualität ist in unserem System eine Sinnkategorie. Und wie jeder Sinnkategorie wird auch dieser ein *Wert* zugeordnet. Wir nennen diesen Wert die „*Transzendenz*". Damit wählen wir bewusst einen allgemeinen Begriff, um einen großen Spielraum für persönliche Interpretationen zu lassen. Transzendenz steht für alles, was *jenseits des Erfassbaren* liegt, gemeint ist dabei aber auch das Höherwertige im Vergleich zu den bekannten Werten. Stellt man sich nun ein „Zentrum" in dieser Transzendenz vor, dann kann man diesem verschiedene Namen geben. Üblich sind *Gott oder Allah*. Die Namen sind zweitrangig. Zu viele Menschen messen diesen Namen eine zu große Bedeutung bei und übersehen dabei, dass es auf die *Beziehung mit diesem höheren Wert* ankommt.

Spiritualität darf nicht nur das *Suchen* – die seelische Selbsterfahrung – beinhalten, sondern auch das *Finden* – die Harmonie oder das Glück. Spirituelles Reisen ist ein Suchen nach der Erfahrung seiner Seele, aber auch ein Streben nach einem Wert, ein Streben nach Harmonie und Glück.

Siddhartha von *Herman Hesse* ist die weltberühmte, geniale Legende von der Selbstbefreiung eines jungen Menschen. Die *Geschichte vom Suchen und Finden*. Der Wandel von gesellschaftlicher Fremdbestimmung zu einem selbstbestimmten Leben. Es zeigt, dass spirituelle Erkenntnis nur begrenzt durch Lehren zu vermitteln ist, sondern vor allem durch *eigene Erfahrung* erworben wird.

Und damit trifft er den *Kernpunkt des Reisens: Die eigene Erfahrung.*

Hesse erzählt die fiktive *Lebensgeschichte Buddhas*. Er versucht zu ergründen, was allen Konfessionen und menschlichen Formen der Frömmigkeit *gemeinsam* ist, was über allen nationalen Verschiedenheiten steht, was von jeder Rasse und von jedem einzelnen geglaubt werden kann. Hesses Dichtung ist mehr als 21 Mio Mal verbreitet worden und hat durch ihre Authentizität auch in den asiatischen Ländern eine große Akzeptanz gefunden. Hesse war mit den kulturellen Traditionen Indiens und Chinas sehr vertraut. Er vermochte, das Komplizierte auf seinen Kern zu reduzieren. Er wurde der meistgelesene europäische Autor des 20. Jahrhunderts. 1946 erhielt er den Nobelpreis für Literatur.

Keine Dichtung vermag unser spirituelles Anliegen, die Toleranz und die kulturelle Integration so klar darzustellen wie „Siddhartha". Wir beschränken uns auf einen Auszug – die *Bewertung von Suchen und Finden*.

Siddhartha und sein Jugendfreund Govinda hatten sich seit Jahrzehnten aus den Augen verloren und beide waren alt geworden.

Siddhartha war nun Fährmann, **Govinda** noch immer Mönch.

Sie trafen sich am Fluss wieder und Govinda erkannte Siddhartha nicht mehr.

Hier die Kerngedanken aus ihrer Unterhaltung:

Siddhartha: „Nennst Du dich einen Sucher, o Ehrwürdiger, und bist doch schon hoch in den Jahren…"

Govinda: „Wohl bin ich alt … zu suchen aber habe ich nicht aufgehört. Nie werde ich aufhören zu suchen, dies scheint meine Bestimmung."

Er bittet um einen Rat.

Siddhartha: „Was sollte ich dir, Ehrwürdiger, wohl zu sagen haben? Vielleicht das, dass du allzu viel suchst? Dass du vor Suchen nicht zum Finden kommst?"

„Wenn jemand sucht … dann geschieht es leicht, dass sein Auge nur noch das Ding sieht, das er sucht, dass er nichts zu finden, nichts in sich einzulassen vermag, weil er nur immer an das Gesuchte denkt, weil er ein Ziel hat, weil er vom Ziel besessen ist.

Suchen heißt: ein Ziel haben.

Finden aber heißt: frei sein, offenstehen, kein Ziel haben".

„…denn, deinem Ziel nachstrebend, siehst du manches nicht, was nah vor deinen Augen steht." (HH, Siddhartha, S. 111f)

Nun erst erkennt Govinda seinen Jugendfreund Siddhartha.

Henry Miller pointiert in seiner Rezension: „Einen Buddha zu schaffen, der den allgemein respektierten Buddha übertrifft, das ist eine ungeheure Tat, gerade für einen Deutschen. Siddhartha ist für mich eine wirksamere Medizin als das Neue Testament." (HM, Zitat, S. 302).

Das ist Spiritualität im Extremen - der Ausgangspunkt für die ganzheitliche Selbsterfahrung, die wir im übernächsten Unterkapitel behandeln werden. Die Ausgangsfrage lautet: Übertrifft der „Hesse'sche" Buddha den „allgemein respektierten" Buddha?

5.9 Selbstverantwortung übernehmen: Fortschritt

Die Selbstverantwortung analytisch

Hermann Hesses indische Dichtung „Siddhartha" handelt vom Bewusstsein seiner Werte und seiner Seele und führt über die Selbstaufklärung zur Selbstbestimmung und Selbstverwirklichung als ein Buddha. Aber in dieser Dichtung fehlt der gesellschaftliche Bezug. Das wäre gegeben, wenn Hesse die Toleranz als einen Beitrag zur gesellschaftlichen Veränderung verstehen würde, einen Beitrag zur Weltharmonie. Dann würde sich die Selbstbestimmung, die Befreiung vom Vater, zur *Selbstverantwortung* wandeln. Allerdings müssen wir einräumen, dass Siddhartha nicht mehr Mönch, sondern Fährmann geworden ist, so dass hier ein gesellschaftlicher Beitrag erkennbar ist, ein Beitrag für die Mönche und Pilger, die er über den Fluss bringt. Aber Hesse geht es nicht um die Fähre, sondern nur um den Fluss. Daran werden wir im nächsten Kapitel anknüpfen.

Im vorigen Kapitel war die Sinnkategorie so interpretiert worden, dass der Reisende sich nur mit sich selbst beschäftigt. Für ein erfülltes Leben ebenso wie ein Reiseleben genügt das nach unserer

Auffassung nicht, sondern eine *nachhaltige Harmonie* kann erst dann erreicht werden, wenn man etwas für den Anderen bzw. die Anderen - die Gesellschaft - erreicht. Zum Egoismus sollte der Altruismus dazukommen. Im Christentum die Nächstenliebe, im Buddhismus das Mitgefühl, im Islam der Zakat, der Almosen. In unserem Lebensmodell hatten wir das verankert, das Lebensziel der Hilfe, anders formuliert das soziale Anliegen. Und das fordert zur Selbstverantwortung heraus.

Selbstverantwortung beim Reisen übernimmt *Beiträge zur Verbesserung der Gesellschaft,*
* der eigene Beitrag für den Schutz von Kultur und Natur
* die Motivation anderer, einen Beitrag für den Schutz zu leisten
* den Fortschritt durch neue, bessere Reisekonzepte.
In diesen Beiträgen ist die *ethische Haltung* zum Reisen begründet. Dafür gibt es auch den Begriff der *Verantwortungsethik.*

Die Selbstverantwortung empirisch

Florence Nightingale (1820-1910) war eine britische Krankenpflegerin, sie wurde weltbekannt als Gründerin der modernen Krankenpflege. Sie war eine Sozialreformerin. Sie begründete auch die Statistiken im Gesundheitswesen.

Ihre beiden Reisen nach Istanbul und nach Indien waren ethisch motiviert. Ihre Reisen nach Scutari (Istanbul) in die englischen Lazarette im Krimkrieg haben dazu geführt, die Krankenpflege grundlegend zu wandeln und zu verbessern. Der *Berufsstand* wurde durch ihre Leistungen generell anerkannt. Eine Ausbildung für diesen Beruf wurde etabliert. Sie unternahm weitere Reisen nach Indien und leistete Hilfe bei der Bewässerung und bei der Linderung von Hungersnöten.

Nightingale wurde nicht beauftragt, im Gegenteil, sie musste sich gegen erhebliche Widerstände durchsetzen, ihr Antrieb kam aus einer einzigen Quelle: Der *Selbstverantwortung.*

Sie entstammte einer reichen Familie und überwand die begrenzten Möglichkeiten, die Mädchen ihres Standes hatten. 1851 absolvierte sie in Deutschland einen *Krankenpflegekurs* sehr zur Missbilligung ihrer Familie.

1853 brach der *Krimkrieg* aus. Das britische Reich trat in den Krieg mit dem russischen Reich ein, um die Kontrolle über das ottomanische Reich zu gewinnen. Tausende britischer Soldaten wurden zum Schwarzen Meer gesandt, aber ihre Versorgung war völlig unzureichend und sie verschlechterte sich immer mehr. 1854 wurden über 18.000 Soldaten in den Militärkrankenhäusern völlig unzureichend behandelt. Die Zeitungen berichteten über die Leiden der Soldaten, was Florence tief bewegte. Die britische Regierung appellierte an die Bevölkerung zu helfen. Sie bewarb sich erfolgreich und wurde bald zur Aufseherin über die Krankenpflegerinnen in den östlichen Krankenhäusern.

Ihre Erfahrungen als Krankenpflegerin in den Militärkrankenhäusern im Krimkrieg waren grundlegend für ihre Arbeiten im Gesundheitswesen. Sie gründete 1860 das St. Thomas Hospital und die Nightingale Training School for Nurses. Sie unternahm große Anstrengungen, das Gesundheitswesen zu reformieren und beeinflusste die Qualität der Krankenpflege im 19. und 20. Jh. maßgeblich. Ihr ganzes Leben widmete sie einer Kampagne zur Verbesserung der sanitären Bedingungen sowohl in den militärischen als auch zivilen Krankenhäusern.

Sie war schon zu Lebzeiten eine Legende und *eine der berühmtesten Frauen in der britischen Geschichte. I*hr Name steht für den **Fortschritt in der Gesundheitspflege**.

Im Band 4 Vorbilder werden wir noch auf Albert Schweitzer vertieft eingehen. Hier geht es um den Kerngedanken seiner Ethik: **Die Ehrfurcht vor dem Leben**.

Albert Schweitzer (1875-1965) war ein deutscher Arzt, Philosoph, evangelischer Theologe, Organist, Musikwissenschaftler, Pazifist, Friedensnobelpreisträger. Er stammte aus einer elsässisch-alemannischen Familie, war deutscher Staatsbürger. Er gilt als einer der bedeutendsten Denker des 20. Jahrhunderts.

In vielen philosophischen Schriften steht seine Lehre *„Ehrfurcht vor dem Leben"* im Zentrum. Schweitzer sah in den Kriegen einen Ausdruck für den Verfall der menschlichen Kultur. Er bezeichnete die Ethik der Ehrfurcht vor dem Leben als eine ins Universelle erweiterte *Ethik der Liebe* und damit als eine auf alles Leben auf unserer Erde bezogene Ethik Jesu. Sie betrifft nicht nur die Menschen, sondern ebenso die Tiere und die Pflanzen sowie alles, was für das Leben auf der Erde notwendig ist, wie die reine Luft, das saubere Wasser und der fruchtbare Boden.

Wir Menschen können zur *Verwirklichung der Ethik der Ehrfurcht vor dem Leben* beitragen, indem wir alles unterstützen, was in diesem Geiste wirkt, aber allem gewaltlos, doch mutig entgegentreten, was ihm widerspricht. So kann die Ethik der Ehrfurcht vor dem Leben eine Hilfe und eine Richtschnur dafür sein, den Weg zu einem glücklichen Leben und zu einer friedvolleren und gerechteren Welt zu finden.

Selbstverantwortung zur Weltverbesserung

Hierzu haben wir keine Zitate gefunden, aber *Vorbilder*, die uns auf unseren Reisen oft begegnet sind, als Statuen, Gedenkstätten oder von ihnen geschaffene Einrichtungen. Herausragende Persönlichkeiten, die die Welt verbessert haben. Mit einem phänomenalen Willen zur Verbesserung, mit einer Eigeninitiative, die oft gegen die herrschende Gesellschaft gerichtet war, die über das Kurzfristige hinaus, die langfristige Entwicklung sah.

Ihr Leben war nicht dem Reisen gewidmet, aber Reisen waren für ihren Beitrag zur Weltverbesserung wesentlich. Reisen standen nur im Hintergrund, waren nur Hilfsmittel, daher wollen wir auf ihre Beiträge nur kurz eingehen, wir wollen mehr erinnern als erläutern.

Mutter Teresa wurde 1910 in Skopje, Albanien geboren. Mit achtzehn Jahren folgte sie ihrer Sehnsucht, „in die Welt zu ziehen und das Leben Christi den Menschen weiter zu geben". 1928 trat sie bei der Ordensgemeinschaft der Loreto-Sisters in Irland ein und kam mit ihrer Gemeinschaft 1929 nach Kalkutta. Neben ihrer Aufgabe als Lehrerin besuchte sie in ihrer Freizeit die Menschen in den

Slums. 1950 gründete sie die Missionaries of Charity (MC), heute sind sie eine weltweite Familie, bestehend aus über 750 Niederlassungen, sowie den MC-Priestern. Sie starb 1997 in Kalkutta und erhielt dort eine Gedenkstätte. *Mutter Teresa wurde weltweit zum Symbol für Barmherzigkeit und Nächstenliebe.*

Drei herausragende Beispiele zur Selbstverantwortung und Weltverbesserung, Mutter Teresa, Ignatius von Loyola und Mahatma Gandhi, kamen durch Reisen zu ihrer Berufung. Mutter Teresa reiste nach Indien, Ignatius von Loyola nach Jerusalem, Gandhi nach Südafrika. Diese Reisen haben ihr Leben verändert, weil sie *ihre Werte verändert* haben. Reisen als Erleuchtung. Aber dazu gab es keine Zitate.

Wir haben auch kein Zitat gefunden, das Reisen in einen gesellschaftlichen Zusammenhang stellt. Damit *fehlt die Sicht auf die Ethik,* auf persönliche und gesellschaftliche Werte. Das Bewusstsein hat sich hier in den letzten Jahrzehnten offensichtlich weiterentwickelt, weil die Probleme evidenter wurden. Die Belastung der Umwelt durch das Reisen, die Ausbeutung der Ressourcen, der Klimaschutz und der Schutz von Natur und Kultur.

Reisen bildet den Reisenden, es vermehrt nicht nur sein Wissen, sondern stärkt auch sein *Wertebewusstsein*, sein ethisches Bewusstsein. Der Sinn des Reisens besteht darin, durch das Erleben der ganzen Vielfalt seine eigenen *Werte zu hinterfragen* und aus der Erkenntnis von Schönheit und *Gefahren* sich für den *Schutz des Planeten* einzusetzen.

Deshalb wollen wir diese Lücke in den Zitaten hier mit folgendem Gedanken füllen:

Wer viel gesehen hat, ist auch bereit, viel zu geben.

Der höchste Sinn des Reisens besteht darin, einen Beitrag zur Verbesserung der Gesellschaft zu leisten. Das hat zwei Aspekte:
- *Reisen um zu bewahren*
- *Reisen um zu verändern.*

Der Sinn des Reisens geht über Bildung und Selbsterfahrung hinaus. Wenn der Reisende offen für ein ganzheitliches Erleben ist, dann erlebt er nicht nur Schönheit und Gefahren, sondern auch *Ungerechtigkeit*. Daher muss ein sinnvolles Reisen seine Haltung verändern, von einer egozentrischen zu einer altruistischen Haltung. Er muss nicht nur seine Ethik – seine Werte - sehen, sondern auch die Ethik der Gesellschaft – die *gesellschaftlichen Werte*. Wer die Ungerechtigkeiten auf diesem Planeten auf allen Kontinenten gesehen hat, der muss dazu beitragen, sich und andere zu motivieren, die *Missstände zu ändern*. So könnte der folgende Gedanke unsere Betrachtung vom Sinn des Reisens abschließen:

Durch Reisen werden wir so geläutert, dass wir bereit sind, zu geben, weil wir so viel empfangen haben. Aufgrund dieser Selbsterfahrung sind wir bereit,

- *uns für den Schutz und die Entwicklung der Gesellschaft einzusetzen und*
- *andere für den Schutz des Planeten zu motivieren.*

5.10 Selbsterfahrung und Sinnfindung

Selbsterfahrung in der Literatur

Reisen fördert die Selbsterfahrung. Diese Auffassung findet breite Zustimmung. Viele Reiseschriftsteller messen der Selbsterfahrung hohe, wenn nicht sogar *höchste Bedeutung* zu, *klären aber weder den Prozess noch den Inhalt*. Das aber wollen wir versuchen. Der Selbsterfahrung messen auch wir höchste Bedeutung zu, auch deshalb, weil es ein Boden ist, auf dem höchste Reiselust gedeiht. Aber die Fragen nach dem Sinn des Reisens sind die komplexesten Fragen überhaupt, vor allem, wenn sie *ein ganzes Reiseleben* betreffen, weil sie dann in die Nähe der Frage nach dem Sinn des Lebens kommen.

Wir wollen diese Fragen gründlich beantworten. Aber das verlangt auch Verständnis für etwas Theorie, auch wenn wir die empirische

Basis nie verlassen werden, sondern nur kleinere Ausflüge in die Theorie machen wollen, um komplexe Zusammenhänge aufzulösen.

Wie bisher beginnen wir mit einer empirischen Basis, in diesem Fall mit allen gefundenen Zitaten. Wir ordnen sie bereits in drei *Prozessstufen* ein: *Selbstbewusstsein, Selbstkenntnis und Selbständerung.*

Selbsterfahrung und Selbstbewusstsein

„Desto weiter ich reise, desto näher komme ich an mich heran." Andrew McCarthy

„Eine Investition ins Reisen ist eine Investition in dich selbst!" Matthew Karsten

„Ich habe viele Leute in Europa getroffen, ich bin sogar mir selbst begegnet." James Baldwin

"To travel is to take a journey into yourself" Danny Kaye

„Fantasie ist das Auge der Seele." Joseph Joubert

„Die Logik bringt dich von A nach B, deine Vorstellungskraft bringt dich überall hin." Albert Einstein

Die ersten drei Zitate zielen auf das Selbstbewusstsein, die letzten beiden darauf, wie man es gewinnt und beleuchten dabei aber nur einen Teilaspekt. Um das Bewusstsein zu bekommen, spielen Fantasie, Vorstellungskraft und die Seele eine entscheidende Rolle.

Unter *Selbstbewusstsein* verstehen wir das Bewusstsein seiner eigenen Werte und Kompetenzen.

Selbsterfahrung und Selbstkenntnis

„Reisen bedeutet Grenzen zu überschreiten, auch die eigenen." Wanda Rezat

"We wander for distraction, but we travel for fulfillment." Hilaire Belloc

In der Kenntnis seiner selbst spielt das Bewusstsein seiner eigenen *Grenzen* eine wesentliche Rolle. Was kann man, was traut man sich gerade noch zu, was kann man nicht mehr. Wenn Reisen zu Extremen führen soll, wird dieser Gesichtspunkt entscheidend. Extreme können den Reisenden bis zum Äußersten fordern, im Äußersten macht er *Grenzerfahrungen*, die wir in einem eigenen Kapitel und darüber hinaus behandelt haben.

Selbsterfahrung wird zur Selbstkenntnis, der Kenntnis seiner *eigenen Grenzen,* all seiner Grenzen. So wird sein Profil deutlich. Aber noch kein Portrait.

Das zweite Zitat zielt auf den Inhalt. Hier auf den Unterschied zwischen Reisestilen. Wir beziehen das auf Urlaubsreisen und längere Weltreisen. Urlaubsreisen zielen Abwechslung, auf ein Kontrastprogramm, einen Kontrast gegenüber dem Alltag, Längere Weltreisen verlangen wegen ihres hohen Einsatzes nach Reisesinn. Das Zitat spricht nur von „Erfüllung", weil es ihm um den Gegensatz zu Abwechslung geht. In unserer Terminologie können es alle Werte der 9 Sinnkategorien sein.

Damit sind Eckpfeiler markiert, aber es fehlt der Gedanke, dass Reisen zu neuen Situationen führt, in denen wir bisher *unbekannte Fähigkeiten* erproben müssen.

So mussten wir in der Arktis Skifahren, Eisklettern, Skibobfahren, Ziplining lernen. In Höhlen und Bergwerken die Platzangst überwinden, oft, besonders in Nepal, schwankende Hängebrücken überqueren, mit Walen tauchen u.v.a.m.

Wir wollen die obigen Zitate – Grenzüberschreitung und Erfüllung – ergänzen: Reisen führt dazu, sich über *seine Werte* im Klaren zu werden. Mehr noch. Es ist nicht nur das Klären der Werte, sondern auch das **Formen der Werte**. Damit sind wir beim der abschließenden Prozessstufe der Selbsterfahrung, der Selbständerung.

Selbsterfahrung und Selbständerung

Reisen führt zu einer Veränderung der Werte.

„Reisen veredelt den Geist und räumt mit unseren Vorurteilen auf."
Oscar Wilde

„Die gefährlichste Weltanschauung ist die Weltanschauung der
Leute, welche die Welt nicht angeschaut haben." Alexander von
Humboldt

Wilde und Humboldt weisen auf den wichtigen Aspekt hin, dass
Reisen toleranter macht. Bei Humboldt kommt im Begriff der Weltanschauung bereits sein ganzheitliches Denken zum Ausdruck, für
das er so berühmt werden sollte. Trotzdem verbleiben beide Zitate
bei einem Teilaspekt der Selbsterfahrung, die Veränderung zu
mehr Toleranz.

Die Veränderung der ganzen Persönlichkeit, ohne sie weiter zu
spezifizieren, sprechen zwei weitere Zitate an:

„Nichts ist vergleichbar mit dem guten Gefühl, an einen vertrauten
Ort zurückzukehren und zu merken, wie sehr man sich verändert
hat." Nelson Mandela

„There ain't no journey what don't change you some." David Mit-
chell

Eindringlicher als diese Zitate ist eine Geschichte zur Veränderung
durch das Reisen, die auf Facebook erzählt wird: *„Franz Kafka und*
das Mädchen mit der Puppe".

Franz Kafka ging im Steglitz-Park in Berlin spazieren, 1923, ein
Jahr vor seinem Tod. Er traf ein Mädchen, das bitterlich weinte, weil
es seine Puppe verloren hatte. Beide suchten vergeblich und ver-
abredeten, am nächsten Tag weiter zu suchen. Bei der erneuten
Suche übergab Kafka dem Mädchen einen Brief von der Puppe und
las diesen dem Mädchen vor: „Weine bitte nicht. Ich bin auf eine
Reise gegangen, um die Welt zu sehen. Ich werde dir von meinen
Abenteuern schreiben". Kafka traf das Mädchen in den nächsten

Wochen fast täglich und las ihr jedes Mal einen Brief von der Puppe mit ihren Erlebnissen vor. Das Mädchen fand die Briefe bezaubernd und vergaß den Verlust der Puppe. Schließlich las Kafka ihr den letzten Brief vor, in dem die Geschichte von der Rückkehr der Puppe nach Berlin beschrieben wurde und schenkte ihr eine Puppe, die er vorher gekauft hatte. „Diese Puppe", sagte das Mädchen, „sieht meiner Puppe nicht ähnlich". Kafka las ihr den letzten Teil des Briefes vor: „Meine Reisen, sie haben mich verändert." Das Mädchen umarmte die Puppe und nahm sie glücklich mit nach Hause. Ein Jahr später starb Kafka.

Obwohl es für unseren Zusammenhang unwesentlich ist, sei doch um der richtigen Zitierweise willen gesagt, dass sich die Geschichte etwas anders zugetragen hat und das Original bei Dora Diamant „Mein Leben mit Franz Kafka" beschrieben ist.

Entscheidend ist, dass Reisen durch Selbsterfahrung verändert. Ein Reisen zur ganzen Welt verändert nicht nur Einzelaspekte, sondern das ganze Leben. In diesem Punkt weichen wir von allen bisherigen Auffassungen ab, denn alle Zitate sind eindimensional. Damit wollen wir nicht sagen, dass die Autoren der Zitate eindimensional gedacht haben, sondern nur, dass die Zitate aus einem Zusammenhang herausgelöst sind und nur eine Dimension erfassen. Verständlich, denn Zitate pointieren. Aber sie erfassen den Sinn des Reisens nicht ausreichend. Dafür müssen wir die analytischen Grundlagen legen, denn die Zusammenhänge sind komplex.

Selbsterfahrung und umfassende Sinnfindung

Die empirische Basis hat gezeigt, dass dem Reisesinn „Selbsterfahrung" größte Bedeutung zugemessen wird. Wir bilden da keine Ausnahme. Vor allem, wenn man die ganze Welt sehen will und diese Reiseart ein Lebensziel wird, dann wird dieser Sinn des Reisens zum Bestandteil der Frage nach dem *Sinn des Lebens*. Daher müssen wir diesen Sinn genau und umfassend verstehen. Und das geschieht dadurch, dass wir die Selbsterfahrung in einem *umfassenden Sinnsystem* behandeln wollen.

Das *Sinnsystem* soll vieles leisten: Es soll

- den *Sinn finden* und nicht nur Sinne suchen,
- den *Gesamtzusammenhang* für die Selbsterfahrung erläutern,
- den *Gestaltungsprozess* für die Selbsterfahrung aufzeigen,
- die Beziehung zur *Persönlichkeitsbildung* und
- die Auswirkungen des *Paradigmenwechsels* klären.

Wir knüpfen wieder bei Hermann Hesse an, der „Indischen Dichtung" „Siddharta". Jahre später - als der *Gautama Buddha* schon gestorben ist – treffen Siddhartha und sein Jugendfreund Govinda sich wieder. In ihrer Kernunterhaltung geht es um die Essenz ihrer beiden Leben. Siddharta offenbart Govinda seine Weisheit. Nun nimmt Govinda seinen Jugendfreund als Buddha wahr, den *Siddharta Buddha*. Damit gibt es in der Hesse-Dichtung zwei Buddhas: *Gautama Buddha*, der Buddha als Lehrer, der Mitgefühl und die Erlösung vom Leiden predigt, aber die Liebe zum Irdischen verbietet und den *Siddharta Buddha,* der in der Liebe die „Hauptsache" sieht (HH, S. 117) und der in der Verschmelzung aller Erscheinungen zu einer zeitlosen Einheit das Ziel des Suchens sieht. Nie ist eine Grenzerfahrung – die Verschmelzung - besser beschrieben worden als bei Hesse.

Im Sanskrit heißt der geschichtliche Buddha: Siddhartha Gautama Buddha und Siddhartha bedeutet: Der gefunden hat, wonach er gesucht hat. Der Sanskrit spricht also von *einer* Person. Warum unterscheidet Hesse in *zwei* Personen? Weil es ihm auf die Botschaft ankommt. *Wissen kann man lehren, Weisheit nicht.* Weisheit kann man nur erfahren, auch den Sinn des Lebens kann man nur durch eigene Erfahrung finden, in diesem Sinne „*Selbsterfahrung*". Nochmals: Die eigene Erfahrung, *das eigene Erleben ist der Kern des Reisens*.

Siddharta ist in jungen Jahren nicht zum Gautama gegangen wie sein Freund Govinda, weil er von Lehre grundsätzlich nichts hielt. Das war nicht, was er suchte, die Lehre vom Mitgefühl, die Lehre von der Erlösung von dem Leiden. Er suchte und fand die *Liebe* und die *Verschmelzung aller Erscheinungen zu einer zeitlosen Einheit.* Deshalb nannte er seinen Buddha nicht „Gautama", sondern „Siddhartha" - Der gefunden hat, wonach er gesucht hat.

Es gibt kaum ein anderes Buch, was mich so berührt hat wie „Sid-dhartha". Aber ich sehe einiges anders, ich hoffe, einfacher und klarer. Der Schlüssel dafür ist *die positive Grundeinstellung.*

Siddharta hat zur *Liebe* ein ambivalentes Verhältnis. In seinem Leben kann er nicht lieben, nicht den Vater, nicht den Jugendfreund Govinda, nicht die schöne Kurtisane. Die Kurtisane sagt ihm das geradeheraus und er bestätigt das. Erst im Alter entdeckt er die Liebe, zum Fährmann, zum Fluss, zum Sohn. Den Fährmann, seinen Vorgänger, hat er als Lehrer geliebt, so wie auch den Fluss, von dem er alles gelernt hatte, der Fährmann war nur Mittler gewesen. Die Liebe zum Sohn war sehr kurz und blieb unbeantwortet. Liebe bleibt für ihn Sehnsucht, eine große vollkommene Liebe hat er nie erlebt. Wenn er also sagt, dass *Liebe die Hauptsache* ist, dann bleibt da ein *Widerspruch* zwischen Wert und Tat.

Liebe ist für uns eines von drei Lebenszielen: *Lieben, Helfen, Reisen.*

Das Suchen und Finden der *Verschmelzung aller Erscheinungen zu einer zeitlosen Einheit* ist schwer nachvollziehbar. Aber für die Selbsterfahrung ist es ein großartiges Bild. Der Fluss als Bild für die Verschmelzung zur Einheit ist stimmig. Aus diesen Bildern destillieren wir drei Begriffe des Findens: *Finden, Verschmelzung und Einheit.*

Wir ersetzen diese durch drei positive Begriffe des Findens, die den „destillierten" Begriffen exakt entsprechen: *Werte, Sinnsystem und Harmonie.*
- Das ist *was* wir suchen und finden: Werte. (bei Hesse Finden)
- Das ist *wie* wir Werte ordnen: Sinnsystem. (bei Hesse Verschmelzung)
- Das ist *was* wir letztlich finden: Harmonie. (bei Hesse Einheit).

Wir haben damit alles durch einfache und *positive Begriffe* ersetzt. Grundbegriffe unserer Reisephilosophie.

Warum hat für Siddhartha das Leid überwogen, obwohl er aus adeligem Hause kam und alle an Schönheit und Intelligenz übertraf?

Warum diese tiefen *Selbstzweifel*? Warum drei Jahre Askese bis zum Nahtod? Warum Wollust bis zur Todesnähe? Warum Reichtum sinnlos anhäufen und im Jähzorn verspielen? Warum prassen und saufen bis zum Erbrechen?

Weil es alles nur *körperliche Grenzerfahrungen* waren, *keine seelischen*! Weil er alles *exzessiv* trieb! Weil er alles zügellos auslebte und die Vernunft seinem Treiben keine Zügel anlegte! Diese Interpretation, so vermuten wir, hat wohl auch mit den persönlichen Erfahrungen von Hesse zu tun, seinen Lebenskrisen. Sieht man aber davon ab, dann ist *Exzessivität* der Stoff, aus dem Dramen gewebt werden, aber kein Hinweis auf reales Leben. Wir schreiben ein Sachbuch und kein Drama. Aber wir sollten das im Hinterkopf haben: So nicht! Richtig ist, dass man Weisheit nicht lehren kann, sondern erfahren muss. Aber die Erleuchtung erst am Ende des Lebens? Erst nach exzessivem Erleben der Alternativen?

So schön und berührend die Geschichte ist, es ist eine Geschichte mit einer Alles-oder-Nichts-Einstellung. Siddhartha setzt im jeweiligen Lebensabschnitt auf *einen* Sinn und wertet ihn dann zu hoch, hat im jeweiligen Abschnitt eine eindimensionale Sicht. Aber das Leben bekommt erst dann einen Sinn, wenn man mehrere Möglichkeiten sieht, diese nicht in Schwarz-Weiß sondern abgestuft betrachtet und das Sinnsystem individuell auf sich selbst zuschneidet, zu seinem Sinnprofil. Mit *Vernunft und einer positiven Grundeinstellung* wird das alles viel leichter. Wir wollen Lust am Leben und vor allem Lust am Reisen.

Die Sinnfindung

Wir wollen nicht so lange suchen, wir wollen vor allem finden. Wir wollen *Werte* finden: Die höchsten *gesellschaftlichen Werte* sind *Menschenwürde und Menschenrechte*. Die höchsten *persönlichen Werte* sind *Liebe, Harmonie, Glück*.

Abb. 27 stellt alle Objekte zusammen, um die es beim Finden geht: Vor allem *Werte*. Das umfassende Beziehungsnetz für das Suchen nennen wir Sinnsystem. Die individuelle Auswahl der Sinnkategorien der zugehörigen Werte kann man als *Sinnprofil* des Reisenden bezeichnen. Wenn man eine Idee als ein Suchen versteht, dann ist

Das Suchen nach Sinn und das Finden von Werten

Suchen heißt, ein **Ziel** haben, **Finden** heißt **kein Ziel** haben.   *Siddharta (Buddha)   (Herman Hesse)*
Mit dieser Formulierung wird die Frage „Was heißt Finden?" nicht beantwortet.
Finden heißt, einen Wert gefunden zu haben. Das beendet das Ziel.

Begriffe des Suchens

Sinn
Sinnsystem
Idee
Selbsterfahrung

Begriffe des Findens

Wert
Sinnprofil
Tat
Selbstverwirklichung

Abb. 27 Suchen und Finden

die *Tat* dazu das Finden. Der Prozess der Selbsterfahrung lässt sich sowohl als Suchen als auch als Finden verstehen. Wenn man es als Suchen versteht und auch einen *gedanklich* abgeschlossenen Prozess als nicht ausreichend ansieht, weil man die Tat fordert, dann ist erst die *Selbstverwirklichung* das Finden.

Hermann Hesse: „Wir verlangen, das Leben müsse einen Sinn haben - aber es hat nur ganz genau so viel Sinn, als wir selber ihm zu geben imstande sind."

Reinhold Messner teilt diese Auffassung: Wenn er eine für unmöglich gehaltene Wand durchstiegen hatte und das für ihn Sinn machte, dann war für ihn die Sinnfrage beantwortet. Er hielt es für sinnvoll, also war es für ihn sinnvoll.

Die Frage bleibt, ob das die Sinnfrage beantwortet oder nur umdreht und relativiert, ob das Leben nicht auch einen **absoluten Sinn hat.**

Die Antwort: Freude, Glück und Harmonie

David Lama fand bei der Bewältigung des Unmöglichen höchste Freude. So bewältigte er schließlich den wohl schwierigsten Berg überhaupt, den Cerro Torre. Jahrzehnte hatte Messner gesagt, dass dieser Berg unmöglich sei; ein Urteil von dem, der das Unmögliche möglich gemacht hatte. Wenn man das zusammenzieht, dann war der Cerro Torre unmöglich zum Quadrat. Aber David Lama hat ihn bezwungen. Man kann es sich vorstellen: Sein Glück ist unfassbar; aber sein Bericht lässt offen, ob nun *Freude* der Sinn seines Bergsteigens war oder die Verschiebung der *Leistungsgrenzen* oder ein Beitrag zum *Fortschritt*. Alles schwingt mit. Und hier sehen wir nicht eine Dimension, sondern drei Dimensionen.

Der *Dalai Lama* drückt es einfach und klar aus: Der Sinn des Lebens ist das Erleben von *Glück*. Er ergänzt die individuelle Sicht um die gesellschaftliche Sicht und stellt das Mitgefühl als gleichgewichtiges Ziel neben das individuelle Ziel. Zwei Hauptwerte.

Wir beziehen aber auch die *Naturvölker* mit ein. Sie haben Jahrtausende durch ihre Lebensform überlebt, weil ihr Leben auf gesellschaftliche *Harmonie* ausgerichtet war. Wir hatten die Entwicklung der Gesellschaften schon betrachtet und die Bedeutung der Harmonie herausgestellt.

Mahatma Gandhi verbindet Glück und Harmonie: *Glück* ist, wenn das, was du denkst, was du sagst und was du tust, in *Harmonie* ist.

Der Dalai Lama sieht den Weg zum *Glück über Liebe und Mitgefühl.* Liebe bezieht sich auf die Person, Mitgefühl auf die Gesellschaft. Wir beziehen uns beim Sinn des Lebens auf die Person; später beim Reisen auch auf die Gesellschaft. Für den einzelnen

Menschen stellen wir die *Liebe* über alles und stimmen *Nat King Cole* zu. Er hat den „Nature boy" besungen: „The greatest thing you'll ever learn is just to love and be loved in return." Ich kenne nichts Besseres.

Und so kommen wir, ohne uns zu verlaufen und ohne zu tief zu schürfen, zu unserer erweiterten positiven Sicht auf das Leben:

Der Sinn des Lebens ist das Erreichen von Liebe, Glück und Harmonie.

Dieses Dreigestirn verstehen wir als absolut, und zwar in dem Sinne, dass diese Werte für jeden gelten. Aber mit dem Einfluss von Hesse: Jeder muss das für sich gewichten und ergänzen, jeder muss **sein eigenes Sinnprofil** finden. Aber diese drei Werte zeigen für jeden auf den Sinn des Lebens. Wie erbärmlich ist ein Leben ohne Liebe, ohne Harmonie, ohne Glück? Sie sind die *Kräfte* des Lebens, sie <u>sind</u> das Leben.

Wenn Reisen einen erheblichen Teil des Lebens ausfüllt, dann ist die Frage nach dem *Sinn des Reisens* gleichbedeutend mit dem *Sinn des Lebens*. Da wir von einem Sinn<u>system</u> ausgehen und mehrere Dimensionen berücksichtigen wollen, lässt sich die Antwort auch in einem mehrstufigen System aus Ober- und Unterzielen geben. Wir sprechen neben den Sinnkategorien von den Werten. Und hier sprechen wir von Haupt- und Grundwerten. Die Grundwerte sind keine „Nebenwerte", sondern sie tragen den Hauptwert, daher sind sie *Grund*werte.

Um die Frage nach dem *Sinn des Reisens* tiefergehend zu beantworten, stellen wir *vier Thesen* auf:
(1) In unserem Reisekonzept ist der Hauptsinn des Reisens gleichbedeutend mit dem Hauptsinn des Lebens.
(2) Beim Reisen ist das *Suchen* nach dem Sinn die *Selbsterfahrung*.
(3) In unserem Reisekonzept ist das *Finden* des Sinns nicht eine einzelne Sinnkategorie, sondern ein *Sinnsystem*, das alle neun Kategorien und ihre Werte umfasst und so den höchsten Wert darstellt (vgl. nochmals Abb. 25).

(4) Der Sinn des Reisens für den individuellen Reisenden besteht im Finden eines *individuellen Sinnsystems (einer individuellen Ordnung der Kategorien)* mit Haupt- und Grundwerten, seinem **Sinnprofil** (den individuellen Ausprägungen der Werte).

Diese Thesen klären die Sinnfrage in unserem Reisekonzept grundsätzlich. Im Folgenden wollen wir das *Grundsätzliche* konkretisieren. Diese Gedanken veranschaulichen, sie entsprechen unserem Reisekonzept, sind aber nicht grundsätzlich.

Nochmals berufen wir uns auf den *Dalai Lama*, der den Sinn des Lebens im Erleben von Glück sieht. Der Weg dorthin führt über Liebe und Mitgefühl. Also ist Glück der Hauptwert. Liebe ist auf die Person bezogen, Mitgefühl auf die Gesellschaft. Für das Reisen scheidet Liebe aus, es bleiben *Glück und Mitgefühl*. Wieder argumentieren wir für die Naturvölker, die ein Leben in *Harmonie* anstreben. Unser Reiseparadigma ist, dass individuelles Glück und gesellschaftliche Werte in einem ausgewogenen Verhältnis – also in Harmonie - stehen sollten. Das ist es, was wir von den Naturvölkern gelernt haben.

Der Sinn des Reisens ist das Erreichen von Glück, Mitgefühl und Harmonie.

Der große Unterschied zwischen dem Lebensziel und dem obersten Reiseziel liegt in der Bewertung von Liebe und Mitgefühl. *Reisen* hat einen gesellschaftlichen Bezug, daher hat das *Mitgefühl* den weitaus höheren Stellenwert, ganz besonders im aktuellen Kontext, den wir als Paradigmenwechsel (Wertewandel) verstehen.

Glück bedeutet im Reisezusammenhang natürlich *Reiseglück*. Dies ist der Hauptwert. Um die Basiswerte in dem Sinnsystem zu beschreiben und den Weg zum Reiseglück, wollen wir die wissenschaftliche Sprache verlassen zugunsten einer künstlerischen Sprache. Alexander von Humboldt fasste seine Erkenntnisse über die Natur als lebenden Organismus, die die Welt revolutionierten, in einer Darstellung zusammen, die er „*Naturgemälde*" nannte.

Das Reisegemälde

Humboldt und sein Naturgemälde sind für uns Vorbild, deshalb wollen wir ein Reisegemälde skizzieren:

- Wer seine Freude überschäumen ließ und in Ekstase fast zersprang,
- wer über die Vielfalt der Welt atemlos staunte und dennoch ihre Entwicklung verstand,
- wer seine Fantasie beflügelte, bis sie die Zukunft erahnte,
- wer gelernt hat, für Werte einzustehen und so bedrohlichen Entwicklungen mit Weitsicht zu begegnen,
- wer in sich hineingehört hat und so seine Seele spürte,
- wer sich überzeugt hat, dass unser Planet unfassbar schön ist und seine Schönheiten als Wunder begriff,
- wer sich bemühte, dass seine Empfindungen etwas bewirkten und die Welt ein bisschen besser wurde,

der hat *höchstes Reiseglück* erfahren.

5.11 Das Sinnsystem

Wir haben bisher begründet, dass der Sinn des Reisens nicht wie in den obigen Zitaten eindimensional, sondern *mehrdimensional* ist. Dem wird man nur gerecht, wenn man von einem Sinnsystem ausgeht, weil nur dieses nicht nur den Gesamtzusammenhang, sondern auch die *Differenzierungsmöglichkeiten* aufzeigen kann. Wir müssen für unterschiedliche *Gruppen von Reisenden* differenzieren und für unterschiedliche *Lebensabschnitte* im Wandel des Lebens. Wir müssen den *Wandel der Umweltbedingungen* berücksichtigen. Das Sinnsystem zeigt *Alternativen* auf, zwischen denen sich derjenige entscheiden muss, der wirklich die ganze Welt sehen will, er muss wie schon erwähnt sich für das eine und gegen das andere entscheiden. Das geht nicht eindimensional, das verlangt ein *System*.

Das Sinnsystem ist in der einfachsten Form die *Anordnung von Sinnkategorien* mit den normalerweise zugeordneten Werten, so wie es in den Abb. 23 und Abb. 24 schon dargestellt worden ist. Das ist die *generelle Form*. Demgegenüber ist die *individuelle Form* eine Auswahl und Gewichtung der Sinnkategorien und eine individuelle Modifizierung der Werte, so dass sie der Vorstellung des individuellen Reisenden entspricht. Das bezeichnen wir als sein *Sinnprofil*. Es ist das Ende eines Selbsterfahrungsprozesses, den wir nun ausführlicher darstellen wollen.

Wir stellen diese Kategorie des Reisesinns – das Sinnsystem - an das Ende der Reihe von insgesamt neun Sinnkategorien, weil wir diesen Sinn <u>umfassend</u> sehen, so dass er alle anderen Sinne einschließt. Und wir sehen diesen Sinn als den *höchsten Sinn,* weil er die anderen 8 Sinnauffassungen *ordnet*. Wir sehen im Sinnsystem aus Gründen der Vereinfachung eine gesonderte Kategorie *neben* den anderen Kategorien, obwohl sie andere umfasst.

Diese *umfassende Sicht* ist für uns von fundamentaler Bedeutung, weil wir gegenüber allen eindimensionalen Sichtweisen zutiefst skeptisch sind. Wie oft ist es zu Konflikten gekommen, wenn Menschen die *eine* Wahrheit predigen, den *einen* Sinn, den *einen* Wert.

Fundamentalistische Interpretationen von Religionen haben so oft die eine Lehre als wahr bezeichnet, das Dogma, und Hinterfragungen als Ketzerei auf den Scheiterhaufen geschickt.

Keine Religion betont den Monotheismus so ausdrücklich wie der *Islam*: Das Glaubensbekenntnis, die Schahada beginnt: Lā ilāha illā ʾllāh – es gibt keinen Gott außer Gott. Die erste Silbe „La" ist eine Verneinung. Das ist – gleich am Anfang - eine außergewöhnlich starke Formulierung, eine gewisse Radikalität. Man würde doch normalerweise positiv beginnen: Gott ist der einzige Gott, es gibt keinen anderen Gott; und nicht negativ: Keinen Gott außer Gott. Die Verneinung am Beginn hat etwas Hämmerndes. Liegt in dem Beginn mit der Verneinung *auch* eine Wurzel für radikale Interpretationsformen, die zu einem *politischen Islam* geführt haben?

Aber allein das ist nicht ausreichend. Der Islam hat eine besonders ausgeprägte *soziologische Dimension*: Die „fünf Säulen" und Vorschriften des Koran. Das fünfmalige Gebet zu festen Zeiträumen dominieren den Tagesablauf, und diese Strenge ist problematisch. Glaubensbekenntnis, Fasten, Almosenabgabe und Wallfahrt sind sinnvolle Regeln, die auch als Vorbild verstanden werden können.

Essens- und Trinkvorschriften hatten Gründe, die aber weder aktuell noch global sinnvoll sind. Das Problem der soziologischen Dimension ist die *Strenge, das Absolute, die Regel.*

Der Islam ist von allen Weltreligionen in allen drei Dimensionen am ausgeprägtesten. Als *religiöse Lebensform*, als *soziologische Lebensform*, aber auch als *politische Aggressionsform*. In jeder Dimension ist der Islam extrem oder kann Extreme aufweisen. Das Problem, das sich durch alle Dimensionen durchzieht, ist die Strenge. Dem Islam fehlt das Lächeln, die Gelassenheit, die Toleranz.

Ich habe den Islam in der *Wüste* schätzen gelernt, die Rufe des Muezzins, die religiöse Gemeinschaft, die Unbedingtheit. Ich liebe die Wüste, ihre Bewohner, ihre Klarheit, ihre Herausforderung.

Deshalb habe ich den Islam als Religion angenommen. Ich wollte, dass Allah in meinem Bewusstsein ist. Also: Ich akzeptiere den *religiösen Islam.*

Aber den *soziologischen Islam* akzeptiere ich teilweise nicht. Die Ismailiten, eine religiöse Richtung im Islam, die sich als direkte Nachkommen Fatimas (Tochter von Mohammed) sieht, halten das fünfmalige Gebet nicht für erforderlich. Schweine hatten zu Zeiten Mohammeds Salmonellen; heute gilt das nicht. Alkohol ist in heißen Ländern problematisch. Aber in Europa ist Wein Teil einer Kultur. Jedoch die Umrah hat mich tief beeindruckt und religiös geprägt. Die Wallfahrt nach Mekka ist der stärkste Ausdruck des soziologischen Islams.

Meine Abneigung gegenüber dem *politischen Islam* ist total. Gewalt hat in keiner Religion etwas zu suchen. Religion ist das persönliche Verhältnis zum höchsten Wert und zur Ethik.

Wir meinen, dass eine *eindimensionale Sicht in der Philosophie* mit einem Reisen in die ganze Welt *völlig unvereinbar* ist. Reisen in die ganze Welt beansprucht ein ganzes Reiseleben, daher ist die Selbsterfahrung die vielleicht wichtigste Sinnkategorie, die aber andere nicht aus- sondern einschließen sollte. Wir ordnen in unserem

Reisekonzept der *neunten Sinnkategorie „Selbsterfahrung"*, besonders als ganzheitliche Selbsterfahrung, den Wert *„Sinnsystem"* zu. Das ist die generelle Sicht des Reisekonzepts. In diesem Rahmen muss der individuelle Reisende seine individuelle Konstellation von Sinnkategorien und persönlichen Werten finden, sein *Sinnprofil*. Damit hat das Suchen nach dem Sinn sein Ende gefunden. Man hat gefunden, wonach man gesucht hat.

Auf unser Reisekonzept übertragen heißt das, man suchte nach dem *Wesentlichen der ganzen Welt*. Wenn man sich selbst sagen kann, man das Wesentliche der ganzen Welt erlebt und sind dann *alle Werte in Harmonie*, dann hat man das **Reiseglück** gefunden.

Der *Gesamtzusammenhang* besteht aus *mehreren* Sinnkategorien und daher der Möglichkeit einer Auswahl und einer Gewichtung. Der Gesamtzusammenhang besteht außerdem in *Werten*, die den

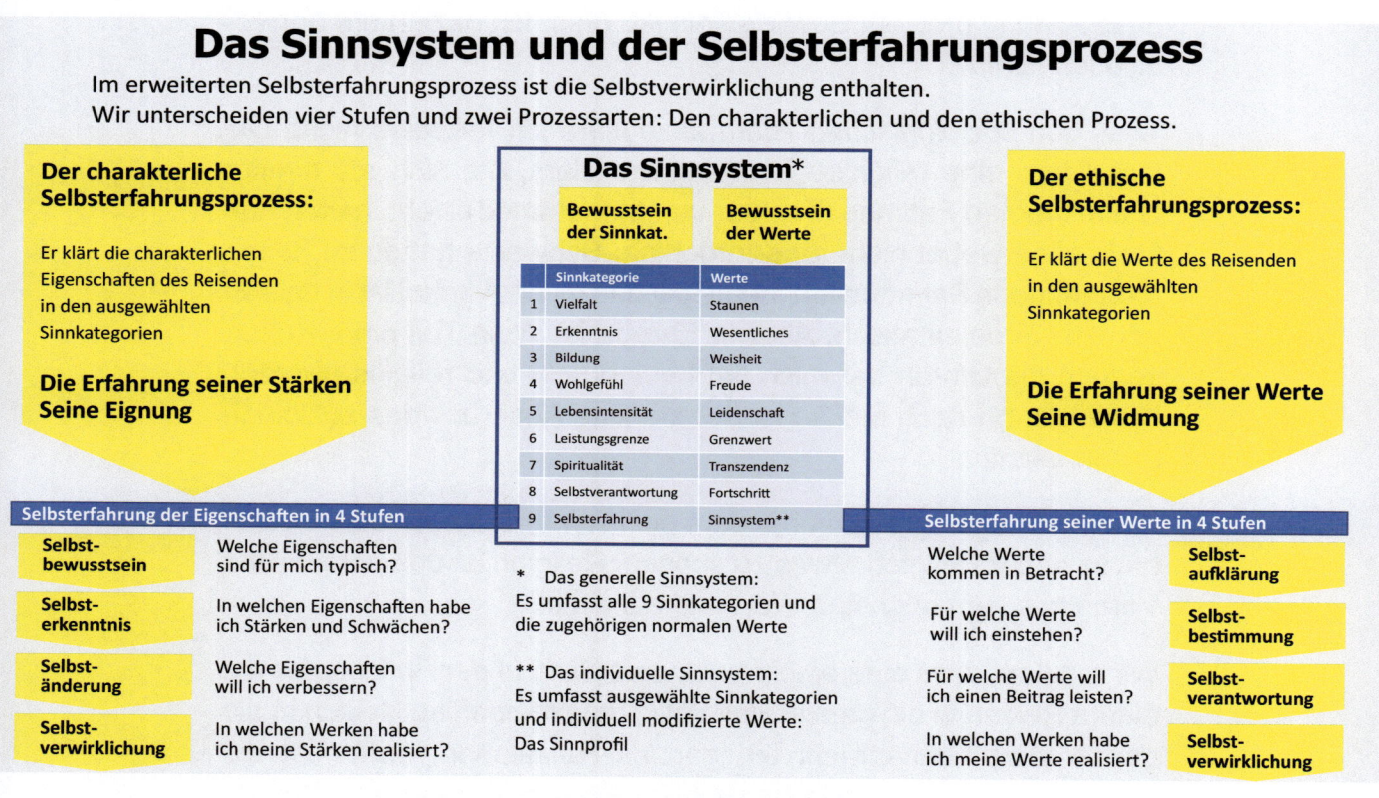

Abb. 28 Sinnsystem und Selbsterfahrung

Sinnkategorien entsprechen. Auf dieser Basis kann jeder seine für ihn gültige Konstellation bestimmen.

Entscheidend für eine Persönlichkeitsbildung ist, dass die Person zunächst den Gesamtzusammenhang bzw. die Basis bzw. das Ganze kennenlernt. Das ist die *Selbstaufklärung*. Und erst dann erfolgt eine bewusste Entscheidung für eine Auswahl. Das ist die *Selbstbestimmung*.

Wir sind nicht für eine Gleichmacherei, eine Einheitsansicht. Man soll verschiedene Standpunkte haben und zu diesen stehen. Aber der Respekt vor dem anderen Standpunkt, die *Toleranz*, setzt voraus, dass man den *Gesamtzusammenhang kennt*.

Gestaltung der Selbsterfahrung

Abb. 28 zeigt nahezu selbsterklärend die Gestaltungsprozesse für die Selbsterfahrung, jeweils vier Stufen in Form von vier Fragen. In der Mitte steht das Sinnsystem, das wir in den vorigen Absätzen erläutert haben. Nun erweitern wir den Gesamtzusammenhang über das Sinnsystem hinaus und sehen nicht nur wie bisher die Ordnung, sondern die Umsetzung. Von der *Selbstaufklärung* über die *Selbsterfahrung* bis hin zur *Selbstverwirklichung*. Dabei unterscheiden wir *zwei Gestaltungsprozesse*: Die charakterliche und die ethische Selbsterfahrung. Beide wollen wir kurz analytisch einleiten, aber dann empirisch behandeln, mit den Beispielen von Alexander von Humboldt und Charles Darwin.

Die charakterliche Selbsterfahrung ist ein Kennenlernen der charakterlichen Eigenschaften in vier Stufen, links in Abb. 28. Wir gehen dabei vom Sinnsystem und hier von der neunten Sinnkategorie „Selbsterfahrung" aus und fragen, ob unsere Eigenschaften den Sinnkategorien entsprechen. Das ist eine Frage nach der *Eignung* des Reisenden. Es geht um seine Stärken und Schwächen. Hierzu verweisen wir auf unsere grundsätzlichen Darstellungen zu Beginn, auf die Kompetenzkette. Auf die Selbsterfahrung folgt die Selbstverwirklichung. Hier geht es um die Kernfrage: In welchen Werken will der Reisende seine *Stärken* einbringen.

Alexander von Humboldt machte 1799-1804 eine Südamerika-Reise mit zusätzlichen Aufenthalten in Mexiko und den USA. Er war stark im Reisen und im Klettern. Ihm machten Stürme auf See nichts aus und er bezwang den Chimborazo bis kurz unter dem Gipfel. Er war der erste Mensch in dieser Höhe. Er revolutionierte das Naturverständnis mit dem *Lebensnetz* bereits <u>während</u> der Reise und der Chimborazo wurde im Hintergrund seiner wichtigsten Portraits abgebildet, „sein" Berg, Teil seiner Identität. Humboldt verwirklichte sich im Naturverständnis <u>während der Reise</u>. Er reiste, um zu forschen.

Charles Darwin war schwach im Reisen. Er machte 1831-1836 mit der „Beagle" eine Weltreise, die er oft verfluchte, weil er nicht nur die Verdauung sondern auch das Nachdenken erbrach. Bei ruhiger See jedoch schrieb er 2.000 Seiten Notizen. Aber der *Lebensbaum* entstand erst 23 Jahre <u>nach der Reise</u> in der gemütlichen Ruhe seines Studierzimmers, in dem auch seine Portraits entstanden, also die, die ihn nicht auf einem Affen reitend zeigen. Seine Evolutionstheorie, die 1859 herauskam, hatte nicht mehr viel mit Reisen zu tun, nicht einmal die Finken auf den Galapagos (vgl. CD, Reise, Voss, S. 12ff), die in den Notizen festgehalten waren. Seine Forschung hatte vielmehr mit den mitgebrachten Sammlungen und den Notizen zu tun. Seine Schaffenskraft war begrenzt, seine Gesundheit nahm stetig ab; lebenslange Schwächeanfälle und Atemprobleme bis zu seinem Tod 1882.

Allein die 50.000 Briefe, die *Humboldt* schrieb und damit das erste weltweite Wissensnetzwerk aufbaute, übertrafen im Umfang das Werk von Darwin beträchtlich. Allein die Briefe würden etwa 140 Bände ausmachen. Sein Amerikawerk in 30 Bänden, sein Lebenswerk „Kosmos" und seine Tagebücher verwirklichen ein Leben in Dimensionen, die unfassbar sind.

Darwin verwirklichte sich im *Lebensbaum* weit <u>nach</u> der Reise, eine bahnbrechende gedankliche Leistung. Humboldt verwirklichte sich schon <u>beim</u> Reisen, Darwin nicht, er reiste, um zu sammeln.

Die *ethische Selbsterfahrung* ist ein *Klären der Werte des Reisenden*, auch wieder in vier Stufen, rechts im Abb. 28. Wir gehen dabei vom generellen Sinnsystem und hier dem neunten Wert „Sinnsystem" (individuelle Fassung bzw. Sinnprofil) aus und fragen nach den Werten in jeder für den Reisenden wichtigen Sinnkategorie. Wir fragen nach der *Widmung* des Reisenden: Was ist ihm wichtig, wofür engagiert er sich, für was widmet er sein Leben, für welche Werte will er einen Beitrag leisten. Auch hier folgt auf die Selbsterfahrung die Selbstverwirklichung mit der Kernfrage: In welchen Werken will der Reisende seine *Werte* realisieren?

Selbständerung und Selbstverwirklichung

Reisen verändert. Wenn wir Länder durchfahren haben, dann ändert sich unser Verhältnis zu ihnen. Sie werden mindestens Teil unseres Bewusstseins. Je intensiver wir sie bereist haben, dessen tiefer dringen sie uns ins Bewusstsein. Aber wir können diese Veränderung auch *steuern*, und zwar durch unsere Werte, durch unsere Reiseziele und die Art des Besuchs.

Die Steuerung durch unsere *Reiseziele* ist offensichtlich. Spirituelle Orte werden uns wahrscheinlich verändern; bei Segeltörns oder Vergnügungsorten ist das unwahrscheinlich. Individualreisen mit individuellen Pausen können uns verändern, bei Gruppenreisen ist das eher unwahrscheinlich. Spa-Reisen mit Yoga-Programmen können uns anders verändern als aktive Erlebnisreisen, z.B. Tauchreisen. Wer sich selbst erfahren und sich ändern will, muss sein Reiseprogramm auf dieses Ziel hin gestalten. Eine Selbsterfahrung auf einer Gruppenreise mit dichtem Besichtigungsprogramm wird schwierig. Eine Selbständerung vor diesem Hintergrund ist ziemlich unrealistisch.

Die Steuerung durch die *Art des Besuchs* kann bei entsprechenden Voraussetzungen Grundlage für die Selbständerung sein. Hier geht es vor allem um die Frage, wie tief man sich auf das Reiseziel einlassen will. Das totale Ausgesetztsein, das die Wahrnehmungen und die Kompetenzen des Reisenden bis zum Äußersten fordert, nennt Messner – wie erwähnt - *Exposition*. Exposition in seinem

Sinne ist ein Extrembegriff. Für ihn ist es der Schlüsselbegriff für das Erleben eines *Abenteuers*.

Aber das *Ausgesetztsein* kann abgestuft werden, von dem totalen Ausgesetztsein ohne Nothaltesystem (Messner) bis zu einem intensiven Sich-Einlassen auf den Ort, aber mit einem Nothaltesystem (unsere Sicht). Aber jeder Besucher, der nicht nur besichtigen will, sondern sich selbst erfahren und womöglich ändern will, muss sich ganz auf den Ort einlassen. Das Nothaltesystem ist dabei unerheblich, weil es uns nicht auf das Risiko ankommt. Das Todesrisiko gehört für Messner dazu, für uns keinesfalls. Wir gehen dabei auch nicht jedem Rísiko aus dem Wege, aber wir wollen es möglichst vermeiden, zumindest abschätzen können. In Mogadishu hatten wir die Grenze wohl überschritten.

Die Berlitz-School wurde für seinen Sprachunterricht berühmt, weil sie die Programme der *Total Immersion* angeboten hatte. Der Schüler wird den ganzen Tag der Sprache ausgesetzt, so dass er keine Gelegenheit hat, in seine angestammte Sprache zurückzufallen. Das hat Schule gemacht, nicht nur bei ähnlichen Formen des Schwimmunterrichts. Es gibt viele Beispiele. Wer die ganze Welt sehen will, nochmals „die ganze", für den kann es nichts anderes geben als Total Immersion. Er sollte sich der Fremde vollständig aussetzen bis die Fremde das Eigene wird. Das ist *Selbständerung*. Sie gehört dazu, wenn man die ganze Welt gesehen haben will.

Der Weltreisende, der in den Zielen das Wesen voll erleben will, sucht dieses Ausgesetztsein. Der Kreuzfahrer meidet es; er nimmt seinen *Kokon* stets mit und schlüpft nur hin und wieder kurz hinaus, um gleich wieder zurückzukehren. Selbsterfahrung und Selbständerung sind im Kokon nicht zu haben.

Persönlichkeitsbildung

Reisequalität hat zwei Aspekte: Die *Qualität des Reisens* und die *Qualität des Reisenden*.

Die *Qualität des Reisens* wird durch zwei grundsätzliche Werte bestimmt, die *Einzigartigkeit des Ziels* und die *Intensität seines Besuchs*. Eine Kernaussage dieses Buchs.

Aber die *Qualität des Reisenden* hatten wir noch nicht behandelt. Sie zeigt sich in seiner *persönlichen Bereicherung*, darin, was das Reisen mit ihm gemacht hat. Dafür ist der Begriff Selbsterfahrung zu unscharf, denn es geht um die Selbständerung, genauer die *positive Selbständerung*, um den Aufbau seiner Persönlichkeit.

Die Qualität des Weltreisenden zeigt sich darin, dass es für ihn *kein Fremdsein* gibt, weil die ganze Welt Teil seines Bewusstseins ist. Er hat die Vielfalt erfahren und so in sich aufgenommen, verinnerlicht, dass sie ihn zu einer *ausgeformten Persönlichkeit* gereift hat. Seine Qualität ist die *ganzheitliche Selbsterfahrung*, durch die seine Persönlichkeit *ausgewogen* wurde, weil die Werte im Gleichgewicht sind.

Die Qualität des Weltreisenden entsteht nicht durch eine große Summe von Geschichten, wenn die *Geschichten* nichts Wesentliches erzählen, sondern an Zufallsbekanntschaften erinnern. Auch eine hohe Summe von *Punkten* misst nicht die Qualität des Reisenden, wenn die Punkte eine falsche Messlatte haben. In den Reiseclubs geht um den Wettbewerb um Punkte, das ist der Lebensnerv der Clubs. Gemessen wird das an Grenzüberschreitungen und dem Betreten von möglichst entlegenen Inseln. Die Frage ist, was das mit Reisequalität zu tun hat. Die Antwort: Überhaupt nichts, denn die Grenze bietet ebenso wenig wie das Ufer einer entlegenen Insel. Die Messlatte ist falsch. Die richtige Messlatte ist die Anzahl von *Highlights,* denn es geht nicht um Formen, sondern um *Inhalte*.

Aber Geschichten, Punkte, Highlights sind alles Maßstäbe für das *Reisen*, nicht den *Reisenden*. Das wird oft verwechselt. Beim Reisenden geht es um seine *Persönlichkeitsentwicklung.* Zwei Maßstäbe indizieren größtmögliche Reisequalität.

Seine Persönlichkeit hat sich dann entwickelt, wenn – wie schon einmal gesagt - am Ende des Reiselebens *alle Sinnkategorien des*

Sinnsystems in Harmonie zueinanderstehen, dann ist seine *Persönlichkeit ausgewogen*.

Darüber hinaus sollte sich seine *Persönlichkeit erweitert* haben durch eine **größtmögliche persönliche Bereicherung**:

- Der Reisende ging mit Fernweh hinaus und kommt mit *Harmonie* zurück,
- ihn beseelte zunächst eine Religion und schließlich bereicherte ihn eine *Philosophie*,
- er sah am Anfang die Unterschiede und sieht am Ende die *Gemeinsamkeiten*,
- er zählte zu Beginn die Orte und reflektiert zum Schluss die *Erkenntnisse*,
- er suchte zunächst das Andere und findet schließlich das *Eigene*.

6 Erfolgreiches Reisen

6.1 Definition der Maßstäbe

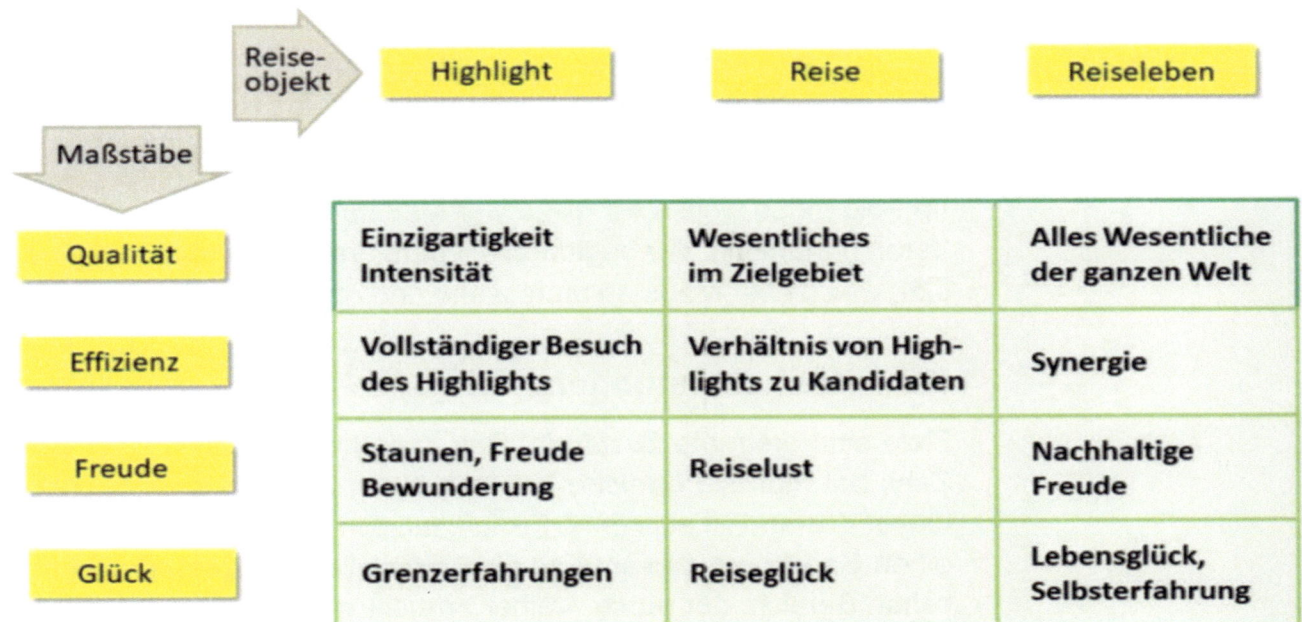

Abb. 29 Maßstäbe für den Reiseerfolg

Die Leitgedanken der Maßstäbe für erfolgreiches Reisen sind *Qualität, Effizienz, Freude* und *Glück*. Wenn man sie konkretisieren will, so dass es wirklich *Maßstäbe* werden, muss man auch das *Objekt* der Reise definieren. Insofern muss man unterscheiden zwischen einem Maßstab für den Besuch *eines* Highlights, der Bewertung einer *ganzen Reise* und schließlich der Bewertung eines *ganzen Reiselebens*. Maßstäbe und Objekt bilden somit eine Matrix aus Maßstäben und Objekten Abb. 29.

Diese vier Maßstäbe sind sehr unterschiedlich. Sie berücksichtigen *die ganze Breite von Reiseauffassungen*.

(1) Der Maßstab *Qualität* berücksichtigt die Kerninhalte des Reisekonzepts, nämlich Einzigartigkeit, Intensität und *Wesentliches*,

(2) der Maßstab *Effizienz* bewertet wie ein Manager, weil er *Input und Output miteinander vergleicht*.

Es sind 2 Maßstäbe, die systematisch ansetzen. Die beiden weiteren Maßstäbe setzen ganzheitlich an.

(3) Der Maßstab *Freude* reicht von der Vielfalt der Gefühle bis hin zu ihrer Nachhaltigkeit.

(4) Der Maßstab *Glück* geht tiefer und stellt das Reisen in den *Zusammenhang mit dem Leben* des Reisenden.

Im Folgenden wollen wir diese vier Maßstäbe einen nach dem anderen behandeln. Wir beginnen mit dem ersten Maßstab, der Qualität, weil dieser Maßstab umfassend und grundlegend ist.

6.2 Höchstleistungen

Ziele sind erstrebte Zustände. Das Ziel, 6.000 Highlights, ist eine Zahl; hat man sie erreicht, hat man einen Zustand erreicht. Aber dieser Zustand ist eine reine Fiktion, tatsächlich markiert diese Zahl einen Bereich, in diesem Fall eine Höchstleistung, einen dynamischen Bereich, der durch Treiber erreicht wird, die auf Höchstleistungen ausgerichtet sind. Abb. 30 zeigt fünf Treiber und die jeweiligen Höchstleistungsbereiche.

Höchstleistungen definieren sich durch einen Vergleich mit den Besten, also durch Wettbewerb. Reiseclubs leben von diesem Wettbewerb, denn sie stellen eine Clubliste auf, die die jeweilige Position des Reisenden zeigt, der an diesem Wettbewerb teilnimmt. Aber es gibt auch weltweit anerkannte Listen, die Weltmaßstäbe formulieren, allen voran die UN-Liste der 193 Mitgliedsstaaten, vereinfacht von vielen als Länder bezeichnet. Diese Liste hat für Reisende schwere Mängel.

Eine große Lücke ist die Antarktis, kein Land, sondern ein Konti-

Was sind Höchstleistungen im Reisen?

Höchstleistungen sind keine Ziele, also keine Zustände, sondern dynamische Bereiche.
Sie werden erreicht durch Treiber, die auf Höchstleistungen ausgerichtet sind.

Bereich der Höchstleistung

Wenn alle acht Sinnkategorien erfüllt sind

Wenn sich das eigene Sinnprofil in Harmonie befindet

Wenn Qualität, Effizienz, Freude und Glück das Reisen geprägt haben

Wenn man sicher ist, das Wesentliche der ganzen Welt erlebt zu haben

Wenn Freude stets die Triebfeder seiner Höchstleistungen war

Treiber der Leistung

Sinnkategorien

Sinnprofil

Erfolgsfaktoren

Effektivität

Antriebsstärke

Abb. 30 Höchstleistungen im Reisen

nent, der aber nicht auf der Liste steht, weil diese Liste ausschließlich unter dem politischen Gesichtspunkt definiert ist. Die Antarktis ist rechtlich gesehen, ein Vertrag, der 1959 in Washington geschlossen wurde und 1961 in Kraft trat. Der Vertrag wurde damals von 12 Staaten geschlossen. 2024 gehören dem Vertrag 56 Staaten an, davon haben 29 Staaten Konsultativstatus, was bedeutet, dass sie bei Entscheidungen über die Verwaltung der Antarktis mitbestimmen können.

Ein anderer Fall: Grönland und Dänemark sind auf der UN-Liste ein Land, obwohl Geografie und Ethnologie sehr unterschiedlich sind. Dieses Beispiel könnte eine lange Liste von weit über hundert ähnlichen Beispielen anführen. TCC (Travelers` Century Club) hat daraus Konsequenzen gezogen und definiert die Länder nach *politischen, geografischen und ethnologischen Gesichtspunkten*. Dies ergibt 330 Länder, eine Liste die unter Reisenden anerkannt ist.

Wann erreicht man Höchstleistungen im Reisen?

Höchstleistungen definieren sich durch Dynamik, durch Vergleich, durch Wettbewerb.
Dies sind alle bekannten Messlatten im Reisen. Die vorletzte Messlatte ist für unser Reisewerk relevant.
Aber kann man die Messlatte noch höher legen?

Kriterium	Quelle	Anforderung	Anzahl	Urteil
Alle Länder	UN	Mindest: Grundstufe	193	Zu lückenhaft
Alle Länder	TCC (Travelers' Century Club)	Mindest: Reifezeugnis	330	4 ohne Highlights
Alle Regionen	NM (NomadMania)	Hoch	1.301	Alle mit Highlights
Alle Regionen	MTP (Most Traveled People)	Höher	1.500	ca. 100 ohne Highlights
Alle Subdivisions	ISO 3166-2	Sehr hoch	ca. 4.000	In bearbeiteter Version von Jeff Shea und ähnliche Version von NM, ca. 1.000 ohne Highlight
Alle Kategorien	Frank Grosse World List®	Sehr hoch	1.500	Nebenbedingung
Highlights	Frank Grosse World List®	Extrem	6.000 Highlights	Ganze Welt
Highlights je Kategorie	Frank Grosse World List®	Unerreichbar?	6.000 Highlights verteilt über 1.500 Kategorien	Ganze Welt perfekt

Abb. 31 Wann erreicht man Höchstleistungen?

Eine zweite Weltliste ist die ISO 3166-2. Sie definiert offiziell die Unterteilungen der UN-Länder in „Provinzen" (Subdivisions), die je nach Land unterschiedliche Namen haben: Staaten (USA), Länder (Deutschland), Verwaltungseinheiten (Russland), Departments (Frankreich), Präfekturen (Japan) usw. Es gibt also fünf Listen: 3 Clublisten und 2 Weltlisten. Siehe Abb. 31.

Wir kommen nun mit einer völlig neuen Idee, die die Welt nicht nach formellen Kriterien (Grenzen), sondern nach *inhaltlichen Kriterien* aufteilt, nach Kategorien.

Man kann die Vielfalt aller Erscheinungsformen der Welt sinnvoll in *1.500 Kategorien* einteilen. Die Hauptkategorien sind Kultur, Natur, Menschliches Leben. Geht man von 6.000 Highlights als Oberziel für das Reisen aus und teilt alle Erscheinungsformen in 1.500 Kategorien, dann ergeben sich rein rechnerisch pro Kategorie 4 Highlights. Anders formuliert: Hat man 4 Highlights pro Kategorie gesehen, dann hat man 6.000 Highlights gesehen.

Entscheidend ist, dass hier ein **neuer Maßstab** eingeführt wird, nicht Länder – wie üblich – sondern **Kategorien**. Kein alternativer Maßstab, sondern ein zusätzlicher. Aber ein wesentlicher, wenn es darum geht, die ganze Welt zu erfassen. Man hat die ganze Welt keineswegs gesehen, wenn man nur in allen 193 Ländern war. Wie sprechen hier über Höchstleistungen. Und dieser UN-Maßstab ist das absolute Minimum auf unserem Weg, quasi die Grundstufe. Höchstleistungen liegen in einem anderen Bereich.

Wir werden in Band 2 mit der Definition von Highlights und der Definition von Kategorien ein System aufbauen, das mit diesen Zahlen in sich schlüssig ist, sowohl in empirischer als auch in theoretischer Ableitung. Hier genügt der Hinweis, dass die Kategorien bzw. die **sinnvolle Verteilung der Highlights über die Kategorien** *ein neuer Maßstab für Höchstleistungen* sind.

Die empirische Aussage hat einen simplen Kern. Ich bin der Einzige, der fast alle 6.000 Highlights besucht hat, der also bewiesen hat, dass das in sinnvoller Weise machbar ist. Dabei habe ich die Messlatte gar nicht so hochgelegt.

Abb. 31 zeigt alle wichtigen Messlatten auch unsere, obwohl sie noch nicht etabliert ist. Wir bemühen uns, sie zu etablieren und sind davon überzeugt, dass sie entscheidende Vorteile hat. Daher schreiben wir dieses Reisewerk.

Nun sprechen einige von einer „Revolution", weil wir einen neuen Gedanken etablieren wollen. 6.000 Highlights sind uns, obwohl bisher einzigartig, noch nicht genug, wir wollen mehr. Wir wollen der reinen Zahl 6.000 noch *eine qualitative Dimension* hinzufügen. Nochmals: Bei 6.000 Highlights und 1.500 Kategorien ergeben sich

im Durchschnitt 4 Highlights. Man könnte diese Zahl auch erreichen, wenn man – rein rechnerisch - nur 350 Kategorien mit 17
Highlights besucht. Das wäre nach unserer Meinung nicht die
ganze Welt, weil 1.150 Kategorien nicht besucht wären, ganze
Hauptgruppen könnten wegfallen, z.B. die Natur mit ihren 399 Kategorien, wie wir später zeigen werden. Ohne Natur, nur mit Kultur
und Menschlichem Leben, hat man wohl kaum die ganze Welt gesehen.

Unvorstellbare Höchstleistungen im Reisen?

Eine Innovation, ein Paradigmenwechsel, etwas noch nie Gedachtes, eine neue Ära:

Vorstellbar: **Eine neue Leistungsdimension: Alle 6.000 Highlights verteilt über 1.500 Kategorien**
Unvorstellbar: **Zwei neue Leistungsdimensionen: In allen Ländern ethische Leistungen**

Die ethisch motivierte Höchstleistung

Kriterium	Quelle	Anforderung	Anzahl	Urteil
Highlights	Frank Grosse World List®	Extrem, aber machbar	6.000	Ganze Welt
Highlights	Frank Grosse World List®	Extrem, zukünftig machbar, Neue Leistungshöhe	8.000	Ganze Welt
Highlights je Kategorie	Frank Grosse World List®	Unerreichbar, Neue Leistungsdimension: Alle Kategorien	6.000 Highlights über alle 1.500 Kategorien verteilt	Ganze Welt perfekt in Reisezielen
Highlights, Verteilung und ethische Aktionen	Reiselust, Band 1	Unvorstellbar Zwei neue Leistungsdimensionen: Kategorien und Ethik	Kontakte zur UNESCO und zu Helfenden und Schützenden	Ganze Welt perfekt im Reisestil

Abb. 32 Unvorstellbare Höchstleistungen beim Reisen

Wir haben zwar in der Definition der Highlights eine Verteilung der
Highlights über die Kategorien schon weitgehend berücksichtigt,
weil wir die „Besten" je Kategorie ausgewählt haben, aber diese
Systematik hat Grenzen, die in der verständlichen Begriffsbildung
der Kategorien liegen. Kurz: Es kommt bei der Zahl 6.000 auf eine
sinnvolle Verteilung über die Kategorien an, erst dann erfüllt man
die Voraussetzung für ein perfektes Erlebnis der ganzen Welt.

Wir wollen jedoch noch einen Schritt weiter gehen. Abb. 32 zeigt
diesen Gedanken. Wir wollen in den Bereich des *Unvorstellbaren*

eindringen. Höchstleistung, so hatten wir gesagt, sind dynamische Bereiche, die sich im Wettbewerb ändern. Was heute als unvorstellbar gilt, kann morgen schon vorstellbar sein.

Das Bergsteigen ist dafür ein perfektes Beispiel, weil es hier um Höchstleistungen geht und diese Höchstleistungen auch noch höchste Aufmerksamkeit haben. Noch 1953 galt die Ersteigung des Nanga Parbat als unmöglich. **Hermann Buhl** schaffte es mit einer Nahtoderfahrung. 1972 galt die Ersteigung des Nanga Parbat über die höchste Steilwand der Welt, die Rupalwand, als unmöglich. **Reinhold Messner** machte nicht nur das Unmögliche möglich, er machte noch mehr, er überstieg den Nanga Parbat, also auf seiner höchsten Wand hinauf und auf der dramatischen Diamirflanke hinab, allerdings mit Todeserfahrung und mit Nahtoderfahrung.

Er, der das Unmögliche möglich gemacht hat, sagte, der Cerro Torre ist unmöglich. **David Lama** macht es in der schönsten Bergbesteigung aller Zeiten möglich. Aber selbst er, der der Freude näher stand als andere, sagte, Glück empfindet man nicht oben, sondern erst dann, wenn man wieder unten ist.

Es gibt keinen Extrembergsteiger, der **Gipfelglück** erlebt hat, also in unserer Terminologie, Freude. Deshalb hat es mich nie nach oben gezogen, denn wir wollen zwar Höchstleistungen, aber nur die in Freude. Gipfel sind Momente des Überlebens, nicht des Glücks. Messner sprach vom „leeren Gipfel". Die, die oben waren, sprachen von Angst, Erschöpfung und Leere. Reiselust liegt nicht in formalen Rekorden, sondern in der **Tiefe der Erfahrung**.

Und dann kam **Nirmal Purja**, genannt Nimsdai. Hier sei nur verraten, dass er alle Achttausender in 6 Monaten bezwang, für die Messner 18 Jahre gebraucht hat. Hier nur die simplen Fakten, die klar machen, Nimsdai hat eine – wie schon erwähnt - neue Dimension erschlossen, die des Unvorstellbaren, aber im Team, mit Fixseilen, mit unklarem Sauerstoffgebrauch und eiserner Disziplin, mit Sendungsbewusstsein für die Sherpas und dazu das Unvorstellbare: Die Todeszone beginnt bei 7.000 m, er fühle sich aber bei 8.000 m „erst so richtig wohl", sein „playground". Dazu und zu

anderen Kernpunkten wollte ich ihn interviewen, aber „Catherine"
wacht über seine Kontakte und hat es noch nicht zugelassen.

6.000 Highlights sind eine Höchstleistung, aber wir wollen nicht,
dass sie auf das Quantitative reduziert wird, die Freude ist das Entscheidende und unsere ethischen Erfahrungen und Aktionen. Wir
setzen an der **Qualität** an:

Nach unserer Meinung liegt die **unvorstellbare Höchstleistung**
im Reisen:

Bei **6.000 Highlights mit zwei qualitativen Bedingungen**:
- eine **sinnvolle Verteilung über alle Kategorien** und
- mit **ethischen Erfolgen in allen Ländern**.

Aber sie liegt nicht darin, die Zahl 6.000 noch höher zu schrauben,
die Höchstleistung liegt in der **Qualität: Freude, Kategorien und
Ethik.**

Das hat auch eine aktuelle Bedeutung. Wir wissen nicht, wie sich
die Reisebedingungen angesichts der neuen Zeitenwende verändert, einer Zeit, in der das transatlantische Bündnis zerbricht, in der
Europa auf sich gestellt ist, Putin droht, der Klimawandel gefährdet
ist, sich die USA auf ihre Prioritäten zurückzieht und Wahrheiten
nichts mehr gelten, so dass die Wertordnung auf dem Kopf steht.

Abb. 33 zeigt eine systematische Betrachtung von zwei Bilanzen,
einer gesellschaftlichen und einer des individuellen Reisenden, die
Treiber und Maßstäbe der Höchstleistungen und ihre Einnahmen
und Nutzen auf der einen Seite und die Schäden auf der anderen
Seite. In der individuellen Betrachtung vergleicht der Reisende sein
Sinnprofil und Überlegungen, die sein Streben nach Höchstleistungen dämpfen. Was macht für ihn mehr Sinn: Hemmungsloses Streben nach Höchstleistungen ohne Rücksicht auf Umwelt und Gesellschaft, oder weniger Höchstleistung und mehr Qualität: Freude,
Hilfe, Ethik.

Das alles ist nicht unvorstellbar: Wen unsere Liste überzeugt, der
hat einen sehr guten Fahrplan, wer früh anfängt, systematisch und

konsequent zu reisen, kann das schaffen. Auch die zweite Quali-
tätsdimension: *Ethik* fängt mit kleinen Schritten an: Jeder kann in
jedem Land einen Baum pflanzen. Die Hauptsache ist, dass etwas
getan wird.

Was dämpft Höchstleistungen?

Die Einsicht, dass bei allem Leistungsstreben die Gesamtbilanz aus Erfolgen und Schäden
für die Gesellschaft und den Reisenden positiv sein muss

Abb. 33 Was dämpft Höchstleistungen?

Diese Ermutigung schreibe ich aus voller Überzeugung. Sie soll
auch folgenden Gedanken vertreiben: Ich hätte die Messlatte so
hoch gesetzt, dass keiner mir folgen könne. Das ist völliger Unsinn
und das soll im folgenden Abschnitt begründet werden.

6.3   Die ultimative Liste

Ich bin davon überzeugt, dass ich die Messlatte 6.000 so umschrie-
ben habe, dass sie Nutzen stiftet und zum Fortschritt beiträgt. Man

kann sie übertreffen und ich spreche mich nicht für eine höhere Zahl, sondern für eine höhere Qualität aus.

Ich würde mich sehr freuen, wenn einer mich übertrifft. Ich würde ihm in Demut gratulieren und versuchen, ihn als Lehrer und Freund zu gewinnen, denn von ihm könnte ich lernen, wie man es besser macht. Die Freude kommt aus dem Beweis, den er geliefert hat, dass ich zum Fortschritt beigetragen habe. Und darin ist mir gelegen, an gesellschaftlichem Nutzen und am Fortschritt.

Die schon im Internet vorhandene Liste zur Systematik der 1.500 Kategorien wird das *Herzstück* werden. 2025 werden in dieser Liste die jeweiligen Superlative, die Nr. 1, eingetragen werden. Ein bis zwei Jahre später werden daneben die numerischen Rangfolgen eingetragen, 3 bis 20. Mit den Rangfolgen wird die bisherige Nr. 1 überprüft und die Definition der Highlights wird eine höchstmögliche Transparenz erhalten. Die Rangfolge ist nicht das Wichtigste, ob ein Highlight Nr. 3 oder Nr. 5 ist, wichtig ist die Gruppe.

Die Gruppe der geordneten Highlights je Kategorie definiert das *Nonplusultra in der Reisequalität*, denn diese Rangfolgen werden die Highlights nochmals überprüfen. Empirie und Theorie werden sich treffen und dieser Treffpunkt definiert ein Nonplusultra. Nicht die Quantität, sondern die Qualität, in der sich dann auch die Schönheit und Bedeutung der ganzen Welt mit der Ethik treffen. Die 6.000 sind relativ leicht übertreffbar, aber die qualitativen Bedingungen sind nicht so einfach, vielleicht auch schwer vorstellbar. Deshalb ist diese *Liste aller Kategorien mit allen relevanten Highlight-Rangfolgen* die ultimative Liste. Sie definiert den Fortschritt.

6.4 Der Weg zur höchsten Reisequalität

Unsere Reisephilosophie stellt den Gedanken der Qualität über den der Quantität. Ihre Kerngedanken im Überblick: Man kann Reisequalität pointiert formulieren und auf zwei Eigenschaften reduzieren: *Einzigartigkeit* der Reiseziele und *Intensität* des Besuchs dieser Ziele. Diese beiden Maßstäbe beziehen sich auf das *Highlight*. Erweitert man die Betrachtung auf die ganze Reise, bewertet aber weiterhin den Inhalt, dann bemisst sich die Qualität danach, ob man das *Wesentliche des Zielgebiets* bereist hat. Bezieht man sich aber auf *die ganze Welt*, dann erweitert sich die Betrachtung auf das Reiseleben und mir ihr geht es um *alles Wesentliche der ganzen Welt.* Das ist unser primärer Maßstab.

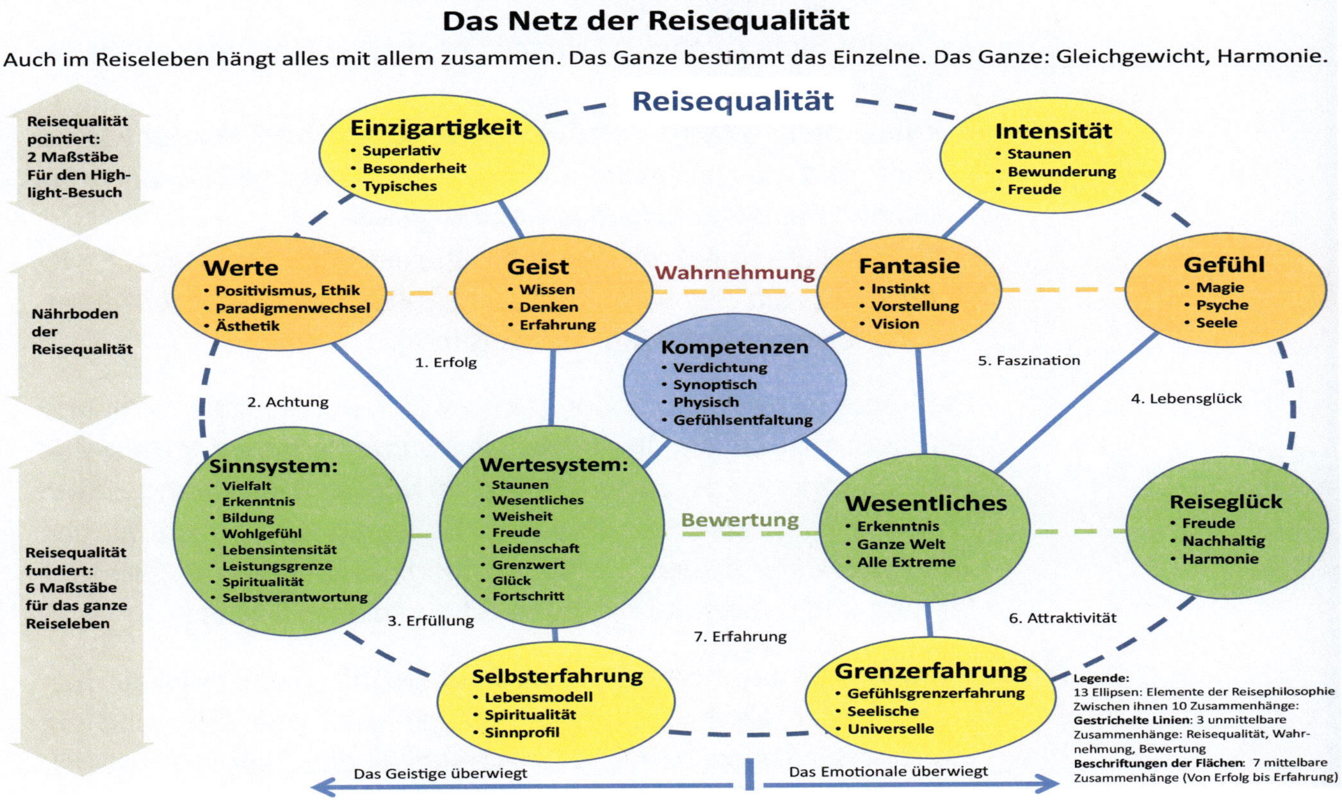

Das Netz der Reisequalität

Auch im Reiseleben hängt alles mit allem zusammen. Das Ganze bestimmt das Einzelne. Das Ganze: Gleichgewicht, Harmonie.

Abb. 34 Das Netz der Reisequalität

Das klingt in dieser Formulierung einfach, aber in dem *Begriff des Wesentlichen* liegt die Komplexität, denn dieser Begriff enthält den Bezug zum Sinn- und Wertesystem. Der Maßstab für die Qualität eines ganzen Reiselebens ist in der Tat sehr komplex. Wir lehnen uns an den Naturbegriff von Alexander von Humboldt an, heute eine Standardauffassung: Die Natur ist ein lebendiger Organismus, in dem alles mit allem zusammenhängt und in dem das Ganze das Einzelne bestimmt. So ist es auch im Reiseleben, das Ganze ist hier die Harmonie bzw. das Gleichgewicht. Abb. 34 zeigt in Anlehnung an das Humboldt'sche Lebensnetz das *Netz der Reisequalität*.

Aber in dem Netz ist auch der **Weg zur höchsten Reisequalität** enthalten, ein Weg in vier Stufen.

- Erste Stufe (gelb): Der Fokus auf *Einzigartigkeit* des Ziels und *Intensität* des Besuchs.
- Zweite Stufe (orange): Differenzierung durch die **vier** *Arten der Wahrnehmung*.
- Dritte Stufe (grün): Verbindung von ***Sinn- und Wertesystem***. Hier wird das Schwergewicht auf das Wesentliche und das Glück bzw. die *nachhaltige Freude* gelegt.
- Vierte Stufe (gelb): die Stufe des maximalen Erlebnisses. Es ist einerseits die *Selbsterfahrung* und andererseits die *Grenzerfahrung*, also das Erfahren von Extremen.

Die Farbe ist bewusst wieder gelb gewählt, um den Bezug zur ersten Stufe anzudeuten, in der *Selbsterfahrung* erfährt der Reisende *seine Einzigartigkeit,* seine Identität, in der Grenzerfahrung erfährt er *höchste Intensität* des Besuchs. Es ist ein Kreisbezug mit den vier *Qualitätselementen* (gelb). Einzigartigkeit, Intensität, Selbsterfahrung und Grenzerfahrung. Die Säulen dieses Buches.

Hinweis: Für den Kreisbezug wird der Begriff „Einzigartigkeit" hier im doppelten Sinn verwendet. Einzigartigkeit des Ziels und die Identität des Reisenden. Die Einzigartigkeit des Ziels spiegelt sich in der Selbsterfahrung, vereinfacht: Im Ziel erkennt sich der Reisende.

Auf diesem Weg über die vier Stufen, bildlich gesprochen, von oben nach unten, gehen wir aber auch einen Weg von der Einzelbetrachtung des Highlights zu einer *Gesamtbetrachtung eines ganzen Reiselebens.* Vereinfacht: Die Anzahl der Maßstäbe steigt und sie setzen tiefer an (die grauen Doppelpfeile links).

Aber das Bild hat nicht nur eine vertikale Logik, sondern auch eine waagerechte Logik, eine *linke und rechte Hälfte,* so wie unser Gehirn. In der linken Hälfte überwiegt das *Geistige,* die intellektuelle Sicht auf Werte und Erfolg, das Besinnliche und Nachdenkliche. In der rechten Hälfte das *Emotionale,* die Spontaneität und das Lebensfrohe, die spontane Freude und das tief empfundene Glück. Es zeigt sich – nicht nur hier – sondern stets unser Bestreben, unsere Überlegungen breit anzulegen und nicht subjektiv zu fokussieren. Allerdings werden die Darstellungen in einer breiten Sicht auch komplexer. Wir behalten unseren Fokus bei – 6.000 in 12 Jahren in Freude - aber wir stellen ihn auf eine breite Grundlage, weil der hohe Anspruch des Ziels eine solide Grundlage verdient.

Das Netz der Reisequalität ist nur sekundär eine Stufenfolge, es ist primär die Darstellung von netzartigen Zusammenhängen. Der *Qualitätszusammenhang* ist dominierend, er prägt die Gestalt des ganzen Netzes, in der Grafik der Abb. 34 als Ellipsoid abgebildet. Inhaltlich ist die Gestalt das Gleichgewicht, die Harmonie. Auf dem Außenring wird dieser Zusammenhang durch 6 weitere Maßstäbe bestimmt.

Der *Zusammenhang der Wahrnehmungsarten mit den Kompetenzen* bildet quasi den Nährboden der Qualität. Die Wahrnehmungen bestimmen das, was wir vom Reisen auf- und mitnehmen, die Bereicherung.

Aus Qualitätsmaßstäben und Wahrnehmungen entsteht der *Bewertungszusammenhang* mit vier Maßstäben. Dem (1) Sinnsystem und dem entsprechenden (2) Wertesystem und in unserem Fall die herausragende Bewertung des (3) Wesentlichen und des (4) Glücks.

Beide setzen den Rahmen für die Maximalstufe: *Selbsterfahrung* und *Grenzerfahrung.* Grenzerfahrungen beziehen sich meist auf einzelne Highlights, aber in der Bewertung des Reiselebens ist der Anteil von Grenzerfahrungen, die zur Selbsterfahrung geführt haben, ein wichtiger Maßstab. Für Reinhold Messner der entscheidende Maßstab, weil er seine Identität – Grenzgänger - bestimmt.

Wir haben *unmittelbare Zusammenhänge* zwischen den 8 Qualitätsmaßstäben, den 4 Wahrnehmungsmaßstäben und den 4 Bewertungsmaßstäben. Wir haben auch *mittelbare Zusammenhänge,* also über mehr als 2 Elemente hinaus. Wir benennen einige wichtige davon auf den Zwischenflächen. Im „intellektuellen" Teil sind es vor allem Erfolg in den Kriterien, Achtung vor den Werten, Erfüllung des Sinns. Im „emotionalen" Teil, sind es vor allem Lebensglück, Faszination und Attraktivität.

Damit haben wir die *Reisequalität kohärent und konsistent* dargestellt. Umfassend in allen Gesichtspunkten. Ein konsistentes theoretisches Gerüst. Ein Gerüst für diejenigen, die ihre Reisequalität auf den Prüfstand legen wollen. Ein Gerüst aus 13 Haupt- und 50 Unterbegriffen, aus denen sich Fragen bzw. Kriterien zur Qualität ergeben. Ein Gerüst, das für weitere Kriterien offen ist. Am besten man stellt die wichtigsten Fragen am Ende jeder Reise und dokumentiert sie.

Das war viel Begrifflichkeit und Systematik. Wenn man immer mit so klaren Zielen zur Qualität reist, wie Reinhold Messner, dann braucht man die verschiedenen Überlegungen der Abb. 34 nicht. In seinem Buch „Mein Weg" hat er alle seine Reisen aufgelistet. Schon der Titel lässt Rückschlüsse auf das Konzept zu, wenn man die Biografie von Messner kennt. Wenn er die Ténéré durchquert, geht es nur um die Vorbereitung der Gobi-Durchquerung. Und in der Gobi geht es wie fast immer um Grenzerfahrungen, Leistungsgrenzen, seelische Grenzerfahrungen, Grenzen der Leidensfähigkeit.

Aber im Normalfall gibt es eine derartige Klarheit zur Qualität nicht; die Reisen sind vom Reiseziel bestimmt, häufig auch vom Agenten, bei spontanen Reisen wird sie oft erst vor Ort bestimmt. Kurz, bei vielen Reisen ist sie vielfältig. Dann muss man überlegen, welche Reiseerlebnisse den Reisenden bei der Umsetzung seiner

Sinnvorstellungen nähergebracht haben. Und dann können die Eckpunkte der Abb. 34 sehr wohl hilfreich sein.

Wem die Begrifflichkeit zu umfangreich ist, der möchte vielleicht die *Definition von Qualität verkürzen.*

- Wer keine Systematik mag, setzt auf **Freude**.
- Wer wenigstens Grundlegendes haben will, setzt auf den *Anteil von einzigartigen Reisezielen* von allen Reisezielen und den *Anteil von intensiven Besuchen* von allen Besuchen.
- Wer tiefer will, strebt nach *Selbsterfahrung* und *Grenzerfahrungen.*
- Wer aber die ganze Welt sehen will, der wird die Vielfalt der Erscheinungen in einer *mehrschichtigen Qualitätsbetrachtung* verstehen und dann auch genießen wollen. Abb. 34 zeigt sie klar.

6.5   Der Weg zur höchsten Reiseeffizienz

Den Begriff der Effizienz kann man unterschiedlich sehen. In der Betriebswirtschaft ist es das *Verhältnis von Output zu Input.* In erweiterter Sichtweise ist Effizienz ein Maßstab des Erfolges. In dieser Sicht wollen wir zwei weitere Möglichkeiten, Erfolg zu definieren, betrachten. Einmal ist es das Verhältnis von erreichter Aktivität zur Zielaktivität, das man auch als *Effektivität* bezeichnet. Und schließlich das Verhältnis einer Mehrleistung zu einer Zielleistung, was man auch als *Synergie* bezeichnen kann. Beim Reisen brauchen wir alle *drei Möglichkeiten*, wenn wir den Reiseerfolg aus der Sicht eines Managers betrachten wollen, und das ist die Sicht dieses Unterkapitels.

Was macht Reisen erfolgreich? Die Anzahl der betretenen Länder? Versteht man darunter die 193 UN-Staaten, dann erfasst man durch den *Besuch aller Länder* den für viele wichtigsten Aspekt der ganzen Welt, ihre Vertretung in den United Nations. Dieses Ziel hat bei den Reisenden eine hohe Attraktivität, für viele die höchste Attraktivität. Für uns ist dies ein Ziel, das man unbedingt erreicht haben sollte, wenn man auf hohe Reiseerfolge Wert legt. Aber auch alle Regionen? – alle Inseln? Das ist der quantitative Aspekt. Auch wir haben ihn im Auge, setzen aber überwiegend auf den *qualitativen Aspekt: Einzigartiges und Freude.*

Den *Erfolg* erfassen wir in zwei Sichtweisen, der ganzheitlichen und der manageriellen Sichtweise.

In der *ganzheitlichen Sichtweise* liegt der Erfolg in der Sinnerfüllung und im Glück. Die einfache Frage ist, hat das Reisen einen Sinn ergeben und hat es den Reisenden glücklich gemacht. Beide Fragen werden wir in den nächsten Unterkapiteln vertiefen.

In diesem Unterkapitel werden wir den Erfolg aus der *Sicht eines Managers* betrachten. Vielleicht ist das für einige auf den ersten Blick unbehaglich. Aber will man die *ganze Welt* sehen, dann kostet es viel Zeit und erhebliches Geld. Das macht man nicht so nebenbei und stolpert ins Reiseleben hinein. Das will überlegt sein. Ein Reiseleben mit anspruchsvollen Zielen ist eine erhebliche Investition. Aber würde man sie wirtschaftlich betrachten und versuchen, ihren Ertrag zu ermitteln, dann wäre diese Sichtweise falsch, weil es nicht um einen Ertrag geht, sondern um *Lebensgestaltung.* Und gewiss geht es dabei vor allem um Lust, Sinn und Glück. Aber trotzdem muss die Frage erlaubt sein, ob sich die große Investition gelohnt hat, es fragt sich nur, mit welchen Kriterien dieses „Sich-Lohnen" erfasst werden soll.

Das wollen wir aus der deutschen Kulturgeschichte ableiten, denn in der deutschen Kultur spielen zwei Begriffe eine wichtige Rolle: Vernunft und Gestalt.

Vernunft ist nicht nur die Fähigkeit des Denkens, sondern auch Maßstab des Denkens, also auch ein Moralbegriff. Das ist die Sicht von Immanuel Kant.

Gestalt ist die ganzheitliche Erscheinung des Seins, eben nicht nur die Form, wie es Wörterbücher in andere Sprachen übersetzen. Diesen Gestalt-Begriff gibt es im Englischen nicht. Gestalt ist das Ergebnis einer ganzheitlichen Handlung, dem Gestalten. Gestalten ist formen und schaffen, formen zielt auf eine ganzheitliche Form, eine Form, in der etwas Neues sichtbar wird, das Schaffen zielt auf ein ganzheitliches Produzieren, in dem ein Neues und ein Mehr produziert wird.

Die Gestalt ist ein Mehr im Vergleich zur Summe der Teile.

Manager nennen das die *Synergie*: 2 + 2 = 5. Eins ist der Mehrwert. Auch dieser Begriff hat in der deutschen Kultur eine fundamentale Tradition, in der Wirtschaftstheorie von Karl Marx, wenngleich wirtschaftlich interpretiert im Kontext von Arbeit und Kapital. Wir dagegen verfolgen den Mehrwert im Kontext des Reisens.

Auch hier steht Alexander von Humboldt Pate. Die Natur ist eben nicht eine Maschine, in der das Ganze die Summe der Teile ist. Die Natur ist das lebendige Ganze, das die Teile bestimmt.

Damit haben wir alle Elemente der *manageriellen Sicht*: Sie beurteilt Effizienz, Effektivität und Synergie. Diese Zielkriterien wenden wir auf das Reisen an.

Effizienz zeigt sich im Verhältnis von Erlebniswert und dem Aufwand von Zeit und Geld.

Den Erlebniswert zu messen, ist fast unmöglich. Es sind Ersatzmaßstäbe denkbar, eine Punktebewertung, die Anzahl von Reiseberichtsseiten, die Anzahl von Fotos. Damit haben wir uns nie beschäftigt, weil wir keinen praktikablen Weg gefunden haben, der diesem Zielmaßstab entspricht.

Wir gehen anders vor, wirksam und einfach. Wir gehen von der Annahme aus, dass jedes Highlight denselben Erlebniswert hat. Wir kontrollieren für jede Reise die *Kosten pro Highlight*. Es sind etwa 400 € im Durchschnitt. Die Schwankungen sind beträchtlich, in der Antarktis sind sie ca. 70mal so hoch. Aber die Antarktis hatte bisher den höchsten Erlebniswert. Über ein Highlight mit durchschnittlichen Kosten haben wir nur gelegentlich geredet, aber über die Antarktis zigmal. Es gibt keine Korrelation zwischen Erlebniswert und Kosten pro Highlight. Der Kölner Dom hat einen hohen Erlebniswert und sehr geringe Kosten.

Im Reiseleben kann man den Erlebniswert nicht messen, sondern nur qualitativ beurteilen. Das aber ändert nichts daran, dass der Effizienzbegriff, der Vergleich von Erlebniswert und Aufwand sinnvoll ist. Er ist Ausdruck der Vernunft.

Der Effizienzbegriff muss dem Reiseprojekt angepasst werden. Für den *Besuch eines Highlights* gelten zwei Formen. Erstens *Erlebniswert pro Aufwand*, zweitens für die Vollständigkeit des Besuchs der *besuchte Anteil zu dem Gesamt des Highlights*. Da wir alles in einer Datenbank erfassen, müssen wir binär formulieren, ob wir das Highlight gesehen haben, Ja oder Nein, obwohl Teile fehlen, weil sie renoviert werden, das Highlight geschlossen war oder die Besichtigung zu gefährlich war oder die Zeit nicht gereicht hat. Wir fragen uns, ob wir das Wesen erlebt haben oder nicht, J oder N. Wenn wir das Wesen erfasst haben, aber doch wichtige Teile nicht sehen konnten, erfassen wir das mit einem J-. Haben wir das Highlight nicht gesehen, waren aber in der Nähe, so dass wir das Umfeld erfasst haben, dann ergibt das ein N-. Vier Abstufungen also. Das hat sich bewährt. Der Computer macht dann einen Besuchsvorschlag für die nächste Reise, er listet die Highlights mit dem Eintrag: N, N- und J-.

Für die Beurteilung der *Effizienz einer Reise* haben wir zwei Maßstäbe. Das Besuchsprogramm listet alle Highlights auf, Highlights, von denen wir glauben, über deren Definition sicher zu sein und die, für die das nicht zutrifft, die sogenannten Highlight-Kandidaten. Wir vergleichen die *Highlights vor und nach der Reise*. Wir erwarten, dass die endgültige Highlight-Anzahl etwa doppelt so hoch ist.

Der zweite Maßstab für die Reise ist die *Anzahl der Highlights pro Tag*. Sie sollte dem Gesamtziel entsprechen, 1,4 (= 6.000 pro 12 Jahre). Diesen Maßstab wenden wir besonders in der Planungsphase an: Wir schauen bei jedem Reiseprogramm zuerst auf zwei Zahlen: Dauer und Anzahl der Highlights. Die Division sollte 1,4 übersteigen. Wenn nicht, unterhalten wir uns nicht über Einzelheiten, sondern das Konzept. Das werden wir später aufgreifen.

Für die *Beurteilung eines Reiselebens* gilt ein ganz anderer Maßstab, der der *Synergie*.

In einem Reiseleben muss mehr gewesen sein als eine Ansammlung von Reiseerlebnissen. Ein Mehr als die Summe. Diese Beur-

Ein erfolgreiches Reiseleben

Ein Reiseleben ist erfolgreich, wenn es einen synergistischen Mehrwert erzielt hat:

Ein Reiseleben ist mehr als die Summe der Reisen		Stufen des Erlebens		
4 Arten der Wahrnehmung	**9 Unterarten der Wahrnehmung**	**Erleben von Vielfalt in wachsender Intensität**		**Der synergistische Mehrwert** Der Zusammenhang schafft diesen Mehrwert
Geist	(11) **Wissen** Fakten, Instinkt, Erfahrung	Neue Reiseziele	Erkennen von Zusammenhängen	**Bildung**
	(12) **Denken** Willw, Konzentration, Logik	Probleme bei der Zielerreichung	Ganzheitliche Lösungen	**Gerechtigkeit**
Fantasie	(21) **Traum**	Vorstellung von Zielen	Vorstellung eines Zielsystems im Reiseleben	**Erfüllung**
	(22) **Vision**	Vorstellung von Vorteilen	Vorstellung eine utopischen Gesellschaft	**Fortschritt**
Gefühle	(31) **Körperliche Gefühle**	Wohlgefühl, Hochgefühl	Belastungsgrenze	**Reife**
	(32) **Psychische Gefühle**	Begeisterung, Freude	Psychische Grenzerfahrungen	**Ausgeglichenheit**
	(33) **Seelische Gefühle**	Bewusstsein der Transzendenz	Seelische Grenzerfahrungen	**Höchste Ordnung**
Werte	(41) **Ästhetik**	Harmonie in Proportionen und Farben	Auslöser einer Bewusstseins- veränderung	**Harmonie**
	(42) **Ethik**	Helfen und Schützen	Interessenausgleich, Selbstbeschränkung	**Verantwortung**

Abb. 35 Synergie im erfolgreichen Reiseleben

teilung sieht die **Gestalt, das ganzheitliche Bild** des Reisens, der
besuchten Orte. Abb. 35 zeigt nur diese Sicht auf den Reiseerfolg.
Sie bewertet das Reiseleben danach, ob es am Ende zu einem
Mehrwert gekommen ist und nicht bei einer reinen Ansammlung
von Reiseerlebnissen geblieben ist.

Abstrakt gesehen ist Reisen ein *Erleben von Vielfalt*. Wir streben
nach Qualität, also vor allem Einzigartigkeit und Intensität. Die Intensität steigert sich im Verlauf des Reiselebens. Sie ist am Anfang

des Reisens noch schwach, wenn alles neu ist, das Transporterlebnis ist oft dominant, man reist oberflächlicher, am Ende des Reisens ist die Intensität stärker, wenn das Ziel, die ganze Welt zu sehen, immer mehr erreicht wird, man erkennt die Zusammenhänge und konzentriert sich stärker auf die Ziele. Der blau-grün unterlegte Mittelteil der Abb. 35 zeigt die *Bandbreite in der Intensität* über alle Arten des Erlebens.

Die Arten des Erlebens gehen wieder von den vier Wahrnehmungsarten aus, die wie bisher in *neun Dimensionen* (gelb unterlegt rechts) unterteilt werden. In jeder Dimension wollen wir bei einem erfolgreichen Reiseleben einen synergistischen Mehrwert erreichen.

Wahrnehmungsart Geist: (11) Das Wissen führt über das Erleben von Zielen mit einer Beziehung zu den Werten zur *Bildung*. (12) Das Erfahren von Problemen und das Nachdenken über universale Lösungen führen zu Engagement und zur Übernahme von **Verantwortung**.

Wahrnehmungsart Fantasie: (21) Sie führt zur Vorstellung von Reisezielen und zur Vorstellung von Zielen für das Reiseleben. Im Vergleich mit der Wirklichkeit ist das Reiseleben erfolgreich, wenn *Träume erfüllt* wurden. (22) Die Vorstellung von Verbesserungsmöglichkeiten vor allem im gesellschaftlichen Kontext führt zum **Fortschritt**.

Wahrnehmungsart Gefühl: (31) Reisen beginnt mit dem Feststellen von Mängeln, in der Beseitigung werden Belastungsgrenzen erreicht. Werden sie beachtet, führt dies zum Erhalt der *Gesundheit*. (32) Die Entfaltung der Freude bis hin zum Ausleben von psychischen Grenzerfahrungen führt zu einem *inneren Gleichgewicht*. (33) Das transzendentale Bewusstsein und bis hin zu einer intensiven transzendentalen Erfahrung führt zur Anerkennung einer **höchsten Ordnung**.

Wahrnehmungsart Werte: (41) In der Schönheit erkennt man im Vergleich die Proportion und schließlich auch das *Vollkommene*. (42) Zwischen Übermaß und Mangel erkennen wir die maßvolle

Mitte als ein Ziel für die Selbstbeschränkung. Das Erfahren von Interessenskonflikten führt über Interessenausgleich und Nächstenliebe zu einem Bewusstsein von **Gerechtigkeit.**

Damit haben wir *alle neun synergistischen Mehrwerte* erfasst. Mehr ist gedanklich nicht möglich. Und damit auch nicht mehr Reiseerfolg, vorausgesetzt, dass auch die Effizienz stimmt.

6.6 Der Weg zur höchsten Reiselust

Die Lust, das Verlangen nach Freude, ist der *zentrale Maßstab dieses Buches*. Er steht nicht allein, sondern wie in Abb. 29 dargestellt wurde, neben der Qualität, der Effizienz und dem Glück, die vier Maßstäbe erfolgreichen Reisens.

Die Art der Freude variiert mit dem Reiseobjekt. Beim Besuch eines *Highlights* ist es Staunen, Freude und Bewunderung des Besuchten. Für eine *ganze Reise* ist es die Freude über die Reise, also das Gesamt des Besuchten. Nochmals erweitert geht es im *Reiseleben* um die nachhaltige Freude, um das, was bleibt. Die Freude erweitert sich zur Selbsterfahrung, in der Spiritualität und Grenzerfahrungen prägend sind. Mit der Veränderung des Reiseobjekts – vom Highlight über die ganze Reise hin zum ganzen Reiseleben - erweitert sich der Blickwinkel. Das sind keine Stufen eines Weges, sondern allmähliche *Veränderungen des Blickwinkels,* die immer mehr das Ganze betrachten und nicht das einzelne Reiseziel.

Der *Weg zur höchsten Reiselust* fokussiert sich jedoch auf die einzelnen Reiseziele, in unserem Fall die Highlights, die wir mit höchster Reiselust besuchen wollen. Dieser Weg ist pragmatisch und logisch und kann in Stufen gegliedert werden. Wir möchten diesen Weg stufenweise aufzeigen, nicht in Ablaufstufen, sondern in logischen Stufen. Wir haben im Titel versprochen, den *Weg zur höchsten Reiselust* aufzuzeigen. Wir haben bereits kurze Formen dargestellt. Hier nun die umfassende Form in *zwanzig Stufen.*

Man erfährt **höchste Reiselust**, wenn man

(1) sein Wissen zur Auswahl der Reiseziele einsetzt und die Reise sorgfältig vorbereitet,

(2) Risiken im Besuch vernünftig beurteilt,

(3) Wissen während des Besuchs vermehrt,

(4) die Lücken durch Fantasie schließt,

(5) das Wesentliche des Ortes erkennt,

(6) das Wesentliche in einen Gesamtzusammenhang stellt,

(7) mit allen Wahrnehmungsarten reist,

(8) seinen Gefühlen in ihrer ganzen Breite beim Besuch freien Lauf lässt,

(9) im Staunen die Größe erkennt,

(10) in der Bewunderung die Ehrfurcht bewahrt,

(11) Freude bis zur Ekstase voll entfaltet,

(12) eine offene, positive und tolerante Einstellung hat,

(13) die kritischen Punkte sieht, aber sich beim Besuch mit Kritik so weit zurückhält, dass es nicht die Stimmung verdirbt,

(14) in Pausen ein Gefühl der Nachdenklichkeit entfaltet, sein Reisekonzept hinterfragt und sein Konzept bestätigen kann,

(15) seine persönlichen Werte klärt,

(16) eine Stimmigkeit zwischen Reisezielen und seinen Werten feststellt,

(17) im Erspüren seiner Seele und seiner Gefühle Harmonie empfindet,

(18) über den Besuch hinausdenkt und die Zusammenhänge der Orte sieht,

(19) über die Nachhaltigkeit seiner Reiselust nachdenkt, über das, was trägt und was bleibt,

(20) den Reiseabschnitten die für ihn wichtigen Werte zuordnet, und zwar so, dass sich daraus Harmonie und Glück im Reiseleben ergeben.

6.7 Der Weg zum Reiseglück

Die letzten Stufen – ab Stufe 14 – zeigen schon einen Weg auf, der allmählich über den Besuch eines Highlights hinausführt, man sieht noch primär das Highlight, aber doch auch die Zusammenhänge und das Ganze. Das ist der *Beginn des Weges zum Reiseglück.* Er beginnt mit Stufe 14, der Nachdenklichkeit, laut Plutchik ein Gefühl (vgl. Abb. 11). Hier sehen wir jedoch einen anderen Zusammenhang, nämlich den der Neugierde und Achtsamkeit, eine Nachdenklichkeit, die nach Erkenntnissen strebt. Durch Meditation vertiefen wir dieses Gefühl. Wir denken über Werte nach (Stufe 15) und klären unsere Werte und ordnen die Reiseziele diesen Werten zu (Stufe 16). Passen sie zu unseren Werten? Und wir fragen, welche Reiseziele unsere Spiritualität stimulieren und ob sich das Gesamt des Gesehenen und Erlebten zu einer Harmonie fügt (Stufe 17).

Es gibt keinen direkten Weg zum Glück, den man Stufe für Stufe gehen kann. Daher ist der Begriff „Weg zum Glück" missverständlich. Lust kann man konkret beeinflussen, Glück nicht. Glück stellt sich ein. Aber man kann einen Nährboden schaffen, auf dem Glück gedeiht. Insofern ist der *Weg zum Reiseglück indirekt*.

Glück entsteht aus der *Betrachtung des ganzen Reiselebens*. Der Weg zur höchsten Reiselust ist ein Teil dieses Gesamtweges. Wir benutzen also den Begriff „Weg" hier unter Vorbehalt.

Der *Weg von der Reiselust zum Reiseglück* zeigt sich in der schrittweisen Erweiterung der Betrachtungsweise.

Der Weg beginnt mit dem *einzelnen Highlight*. Alle Highlights, die ausgewählt wurden, haben das Potenzial, ein Reiseerlebnis voller Lust zu erleben, wenn man den Begriff Lust breit versteht, also über die Freude hinaus auch Staunen und Bewunderung einbezieht.

Nicht alle Highlights inspirieren, aber viele haben das Potenzial, wenn es auch nicht immer offensichtlich ist. Die Reaktion der Besucher ist sehr unterschiedlich. Immer aber sollte der Besucher grundsätzlich für die *Inspiration* offen sein. Tibetische Klöster inspirieren wohl jeden. Straßenbrücken normalerweise nicht. Aber die Golden Gate Bridge? Oder die Brücke von Mostar? Zerstört und wiederaufgebaut, eine Kriegslegende ebenso wie die Brücke von Cham, ebenfalls zerstört und wiederaufgebaut, ein Mahnmal an die sinnlose Opferung von Jugendlichen in den letzten Weltkriegstagen, meisterlich 1959 verfilmt von Bernhard Wicki in „Die Brücke".

Nicht das Bauwerk inspiriert, sondern das Wissen um die Geschichte, die Wahrnehmung.

Der Reisende sollte sich der *Spiritualität* öffnen. Sie geht über die Reiselust hinaus und erfasst den ganzen Menschen. Sie kann zu einer Wahrnehmung führen, die wir grenzenlose Reiselust nennen.

Diese Arten der Wahrnehmung – Freude und Inspiration – erfahren wir beim Besuch eines einzelnen Highlights.

Wenn wir den *Blickwinkel erweitern* und über einen einzelnen Besuch hinaussehen, dann können wir die **Zusammenhänge** zwischen besuchten und vielleicht auch noch geplanten Orten sehen. Dann erlebt man in dieser Dimension eine weit höhere Reiselust, als wenn man die Zusammenhänge nicht sieht und nur den Ort für sich allein betrachtet.

Wenn ich nur den Fundort Sterkfontein in Afrika betrachte, sehe ich nur einen *Fundort*, den von „Mrs. Ples" und ich bewundere ihr Alter von 2,5 Mio. Jahren. Wenn ich aber den Zusammenhang mit mehreren anderen Fundorten sehe, den von „Toumai" in N'Djamena, Tschad, „Lucy" in Addis Abeba und den „Homo Georgicus" in Dmanisi, Georgien, und den „Peking Man", in Zhoukoudian bei Peking und den „Java Man", in Sangiran, Java (vgl. Webseite, FGWL, Konzept, Unsere Reisen), dann sehe ich die **Entwicklung der Menschheit**. Betrachte ich einen Ort, dann staune ich über das Alter, erkenne ich aber *im Zusammenhang die Entwicklung der Menschheit,* dann geht das Gefühl weit tiefer, es ist eine tiefe Freude über die Erkenntnis bis hin zur Ehrfurcht vor der Evolution, also eine spirituelle Dimension.

Wir erweitern den Blickwinkel nochmals und sehen nicht nur thematisch zusammenhängende Orte, sondern sehen auf das Gesamt unseres Reisens in seinen *Lebensabschnitten*. Dann erkennen wir, dass sich die Zielsetzungen für das Gesamt unserer Reiseziele geändert haben und so Lebensabschnitte markieren: Spaß am Vergnügen, Lust auf Abenteuer, Neugierde auf Wissen und schließlich Selbsterfahrung. Wenn wir diesen Wandel im Zusammenhang sehen, erfahren wir etwas, das über Reiselust hinausgeht.

Schauen wir über die Lebensabschnitte hinweg und können dann erkennen, dass wir im Verlauf des Reiselebens den unterschiedlichen Zielen in jedem Lebensabschnitt entsprochen und diese *unterschiedlichen Ziele erfüllt* haben, dann kommen wir zu einem Bewusstsein, nichts versäumt zu haben. Wenn wir erkennen, dass wir verschiedene Träume gehabt haben und dass sie mehr oder weniger erfüllt wurden, dann erfahren wir *Reiseglück*.

In diesem Blickwinkel stellen wir auch die Frage nach der *Nachhaltigkeit*. Was ist geblieben? Was wirkt nach? Und das wirft die Frage nach den Wertmaßstäben auf. Was ist geblieben, beurteilt unter welchem Maßstab? *Individuellen oder gesellschaftlichen Maßstäben*? Und dieser Blick reicht über die Reiseabschnitte hinaus.

Derjenige, der am Anfang seines Reiselebens steht, hat nur schemenhafte Vorstellungen seines ganzen Reiselebens. Aber gerade er zieht den höchsten Nutzen daraus, wenn er sich rechtzeitig die Frage stellt, worin denn der Sinn seines Reisens bestehen soll. Schon die Römer gebrauchten die Redewendung: „Jeder ist seines Glückes Schmied." Man sollte sich nicht auf den Zufall verlassen, sondern *frühzeitig Reisen* so *planen*, dass sie am Ende des Reiselebens bestehen können.

Das Reiseglück stellt sich wohl für die meisten erst gegen Ende ein, wenn man alles überblickt und erkennt, ob die Ziele erfüllt wurden. Wenn alles positiv war und alles im Einklang zueinanderstand, so dass sich alles zu einer *Harmonie* zusammenfügt, dann entsteht *Reiseglück*.

Derjenige, der die ganze Welt sehen will, braucht dafür einen erheblichen Teil seines Lebens, eine Zeit, die er nicht zweimal hat. Sollte er zu spät feststellen, dass seine Reisen keinen Sinn gemacht haben, weil er die Zeit mit Rekordjagden vergeudet hat, dann kann es zu spät sein. Je früher er beginnt, sich mit dem Sinn des Reisens zu beschäftigen, desto besser.

Die Suche nach dem Sinn des Reisens führt zu den Werten, für die man lebt. In der Ethik liegt die Antwort auf die Sinnfrage. Für uns ist die *ethische Bewertung* die ultimative Bewertung eines Reiselebens.

Wenn man die Frage nach dem Sinn des Reisens für sich **klar** beantworten kann, dann erlebt man *volles Reiseglück.*

Man muss unterscheiden, ob man *ein* Reiseziel, einen Reise*abschnitt* oder ein Reise*leben* beurteilt und ob man im *Nach*hinein beurteilt oder im *Vor*hinein plant. Die Werte verändern sich im Laufe des Lebens. Das Verhältnis zur Spiritualität verändert sich. Tief religiöse Menschen haben vielleicht ihr gesamtes Reiseleben einem göttlichen Gedanken gewidmet. Wir nicht. Spiritualität haben wir nur bei einzelnen Highlights erfahren, nicht über einen Reiseabschnitt hinweg und auch nicht über das ganze Reiseleben hinweg. Aber man kann die Summe seiner Erfahrung auch als ein Erkennen von sich selbst begreifen, das ganze Reiseleben als Selbsterfahrung.

Wir möchten den *Weg zum Reiseglück* nochmals im Überblick aufzeigen: Wer die *Reiselust voll entfaltet* und sich einer *spirituellen Erfahrung öffnet* und einige *Grenzerfahrungen* macht, der hat das Potenzial für Reiseglück. Dieses Potenzial kann man durch Werte, also durch *Ethik*, nutzen, dadurch, dass man dem Reisen Werte zuordnet. Unsere Werte sind Naturschutz und Erhaltung des Welterbes. Reisen kann man auch als ein „Nehmen" verstehen, wir haben uns der Schönheit bedient, insofern genommen. Aber wir haben auch die Gefahren gesehen, bedrohte Tiere, bedrohte Natur und Kultur. Aus dem Bewusstsein der Gefahren sollte sich das Reisen vom „Nehmen" zu einem „Geben" wandeln. Wir dürfen uns wiederholen: Wer viel gesehen hat, ist auch bereit, viel zu geben.

Wer über die Lust hinaussieht und sich die verschiedenen Ziele in den Reiseabschnitten erfüllt und am Ende des Reiselebens feststellen kann, dass etwas *Sinnvolles und Wertvolles* geblieben ist, der erreicht Reiseglück.

6.8 Reiseglück in ganzheitlicher Sicht - analytisch

Der Weg zur höchsten Reiselust ist – wie schon gesagt – nur ein Stück des Weges zum Reiseglück. Quasi das Bindeglied zwischen diesem Teil und dem Weg zum Reiseglück ist der Blick auf das Ganze. Der Begriff vom „Weg zum Glück" ist sehr eingängig, aber auch sehr missverständlich, weil es keinen direkten Weg gibt. Glück erreicht man nicht, in dem man einen Schritt nach dem anderen setzt.

- Glück erreicht man durch eine *Betrachtungsweise*, durch den *Blick auf das Ganze:*
- alle Wahrnehmungsarten
- die ganze Welt,
- das ganze Leben.
- Glück erreicht man unter diesem Blickwinkel durch eine *Denkweise*, durch *positive Antworten auf Lebensfragen*
- Habe ich alle Wahrnehmungsarten ausgeschöpft?
- Habe ich die Vielfalt des Lebens ausgeschöpft?
- Hat mein Handeln zu einer inneren Harmonie geführt?

Die Antworten werden vielleicht kein einfaches Ja sein, sondern ein Ja-Aber.

Das Leben wird in unterschiedlichen Kulturen mit unterschiedlichen Gegenständen verglichen, in Europa meist mit einem *Buch*. Ich meine, das ist zu eindimensional, zu intellektuell und es geht nicht auf den Inhalt ein, nur auf die Form. Aber seit Augustinus wird dieses Bild gebraucht. Wir hatten ihn schon zitiert: „Das Leben ist ein Buch und wer nicht reist hat davon nur eine Seite gelesen". Das vielleicht bekannteste Reisezitat.

Ich möchte das Leben eher mit einem *Kunstwerk* vergleichen. Ein Kunstwerk, das jeder kennt und benutzt. Ein Kunstwerk, dem nicht der Verdacht europäischer Hochmut anhaftet, weil es ein asiatisches Kulturgut ist, ein Teppich. Ein Wohnstück für Asiaten, ein Bodenbelag für Europäer. Wenn das Europäer stört, können wir auch einen Wandteppich nehmen, einen Gobelin, wenn es recht ist.

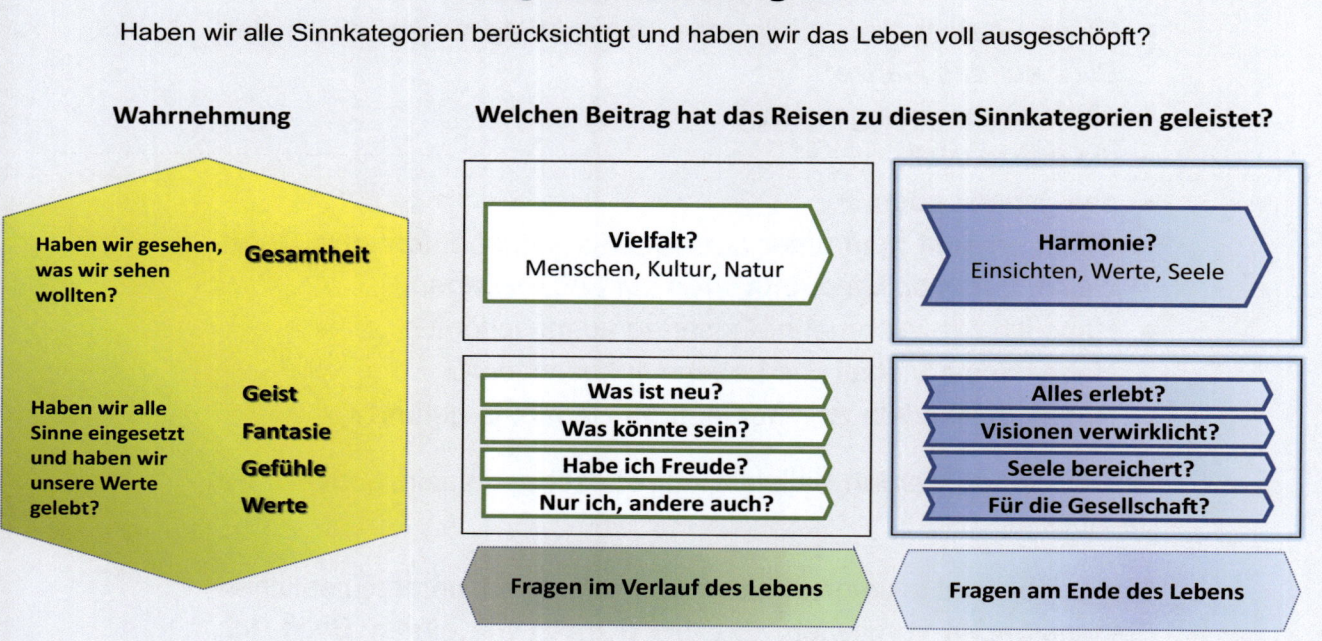

Abb. 36 Fragen zum Reiseglück

Um einen *Teppich* kunstvoll zu weben, braucht man alle Wahrnehmungen, Geist, Werte, Fantasie und Gefühl. Am Ende zählt, ob der Teppich fertig ist, gut aussieht und vor allem ein ganzheitliches Kunstwerk ist mit Stil, einem unverwechselbaren Ausdruck, dem Ausdruck der Fantasie, der Seele des Webers. Es kommt nicht auf den Stil und das Muster an, Hauptsache alles ist harmonisch - und dann ist ein Kunstwerk entstanden.

Genauso ist es mit dem Leben und dem Glück. Wenn alle Wahrnehmungen zu einem persönlichen Ganzen gefunden haben, einem Ganzen, das die Persönlichkeit ausdrückt, dann hat man

Glück erreicht. Wieder abstrakter formuliert. Glück erreichen wir, wenn sich eine *harmonische Lebenseinheit* ergibt. Abb. 36 stellt diese Lebenseinheit in ihren Kernpunkten dar, ein analytisches Raster zur Beurteilung des Reiseglücks. Formal gesehen ist das Raster eine Matrix: Wir unterscheiden eine Gesamtwahrnehmung (oben) und die vier Wahrnehmungsarten (unten) und wir unterscheiden zwei Lebenszeiten, den Verlauf des Lebens (links) und das Lebensende (rechts).

In Anwendung auf den Teppich: Wir können uns den gesamten Teppich einfach nur betrachten (oben) oder den gesamten Entstehungsprozess des Teppichs von der Idee bis zum Produkt auf uns wirken lassen (unten). Dazu müssen wir alle Wahrnehmungsarten aktivieren. Die Fragen zum Kunstwerk ändern sich: Im Verlauf der Entstehung wird der Teppich gewebt (links); am Lebensende muss er fertig sein (rechts).

Es ergeben sich vier Situationen, die mit den Doppelpfeilen beschriftet sind: (1) Undifferenzierte und (2) Differenzierte Wahrnehmung und Wahrnehmungen (3) während des Reiselebens und (4) am Ende des Reiselebens.

Wir wollen die Anwendung dieser Matrix für das Reisen erläutern. Wir überlassen es dem Leser, die Anwendung auch auf den Teppich zu übertragen. Die 10 Kernfragen müssen etwas angepasst werden, daher erörtern wir nur das Reisen.

Die obere Hälfte: Die undifferenzierte Sicht: Wenn ich das Reiseleben nur *in seiner Gesamtheit* sehe, ohne Reiseziele zu unterscheiden, dann bleiben auch die Fragen allgemein. Zu Beginn des Reisens starten die meisten Reisenden wegen ihrer Neugierde auf die *Vielfalt der Lebensformen*. Vielfalt ist dann ein Wert an sich. Hauptsächlich Neues, Anderes, man will die Vielfalt ausschöpfen. Das macht glücklich. Aber am Ende muss die Vielfalt einen Sinn ergeben, nicht einseitig, sondern vielseitig, nicht nur Vielfalt in der Kultur, sondern auch Vielfalt in der Natur. Die Frage nach dem Gleichgewicht, der Harmonie stellt sich. Im Endeffekt muss alles Erleben zur Harmonie beigetragen haben. Das ist ein allgemeiner Begriff, trifft aber den gemeinsamen Kern verschiedener Auffassungen. Harmonie ist eine Vorstufe zum Glück.

Aber am Ende hat man die Vielfalt gesehen, in welchem Ausmaß auch immer, vielleicht nur in einem Eindruck davon, vielleicht im Übermaß, aber am Ende muss die Bewertung aller Reiseaktivitäten zu einer *Harmonie* führen, wenn man glücklich sein will. Wer am Ende mit einem Gefühl des Mangels zurückbleibt, nämlich ich hätte noch dies oder jenes tun können und nur den Mangel des Nichterreichten empfindet, wird kein Glück empfinden.

Das gilt nicht nur für das Reisen, sondern für alle Lebensaktivitäten, am Ende muss das *Gefühl des Mangels überwunden* werden, damit sich zumindest Zufriedenheit einstellt, ein Gleichgewicht verschiedener Werte, ein Einklang, eine Harmonie. Für jeden ist die Ausgestaltung der Harmonie unterschiedlich, weil die persönlichen Wertesysteme unterschiedlich sind. Aber nur der wird die Harmonie der Seele finden, der sich über seine persönlichen Werte im Klaren ist und die Werte ganzheitlich sieht.

Wenn Reisen ein Lebensziel werden soll, dann muss der Sinn des Reisens in Harmonie stehen mit dem *Sinn des Lebens*. Diesen hatten wir im Sinnsystem ausführlich behandelt. Unsere Kernaussagen waren: Der Sinn des Lebens ist das Erreichen von Liebe, Glück und Harmonie und der Sinn des Reisens ist das Erreichen von Glück, Mitgefühl und Harmonie. Es geht immer um Glück und Harmonie. Im Leben aber geht es vor allem um Liebe und die Harmonie der Seele, im Reisen um Mitgefühl und Harmonie der Gesellschaft, im Leben stehen die eigenen Werte im Vordergrund, beim Reisen die Werte der Anderen. Vor allem modernes Reisen sieht die Reiseziele nicht nur als Orte, sondern auch als Werte. Es versteht sich als reisen zu den Werten der anderen.

Ganzheitlich reisen bedeutet auch, die ganze *Vielfalt des Lebens* zu erfahren. Dafür ist die Fantasie kein Ersatz. Einsteins bekanntes Bonmot „Reisen bringt dich von A nach B, die Fantasie überall hin" ist in dieser Pointierung ein reizvoller Gedanke, aber auch missverständlich. *Fantasie* beim Reisen ist sehr wichtig, aber für sich allein keineswegs ausreichend, denn das Vorstellen von Orten macht nicht glücklich. Die Reiselust und dann letztlich das Reiseglück kommen <u>nur</u> aus dem *realen Erleben*.

Und einem realen Erleben *mit allen Wahrnehmungsarten*: Wissen, Fantasie, Werte (Ästhetik und Ethik) und Gefühl, denn die Ausgewogenheit führt zur Harmonie.

Die analytische Betrachtungsweise wollen wir im Folgenden empirisch belegen, mit unseren realen Reiseerfahrungen.

6.9 Reiseglück in ganzheitlicher Sicht – empirisch

Beim Reisen geht es immer wieder um drei wichtige Themen: *Essen, Trinken und Schlafen*. Anhand dieser Themen wollen wir die ganzheitliche Sicht empirisch behandeln und nicht analytisch. Zum Trinken hatten wir schon einige Orte in ganzheitlicher Sicht beschrieben. Nun zum Essen, später dann zum Schlafen.

Wir wollen die ganzheitliche Sicht und das Erlebnis mit allen Wahrnehmungen an *Restaurants in Japan* erläutern. Außerdem wollen wir auch Aspekte der Highlight-Definition erläutern.

Für unsere Bewertung zählt nicht nur die Qualität des Essens und des Service, sondern auch das *Gesamterlebnis*, das über das Restaurant hinausgeht, in anderen Worten - der gesellschaftliche Bezug des Essens. Und natürlich das Ambiente und die Ästhetik des Restaurants. Wir *bewerten als Reisender* und nicht als Restauranttester. Tests und Rezensionen gibt es zuhauf. Wir haben einen anderen Ansatz, nämlich den des Reisenden. Wir wollen im Restaurant *auch einen wesentlichen Teil des Landes* erfahren.

Die Eckpfeiler japanischer Küche sind: *Kaiseki* – die elegante Menüfolge, *Sashimi / Sushi* – roher Fisch als das spezifisch japanische Kerngericht und *Fugu* als die ausgefallenste japanische Spezialität. Auf der Suche nach Extremen stellen wir die Frage, wo es das beste Restaurant für Kaiseki, Sashimi und Fugu gibt. Und das wollen wir ganzheitlich bewerten. Der Maßstab für das „beste" ist also ein Gesamterlebnis, nicht allein die drei Michelin-Sterne.

In Tokyo gibt es drei Spitzenrestaurants für Kaiseki, Sashimi/Sushi und Fugu.

Kaiseki: *Kagurazaka Ishikawa*, 3 Michelin-Sterne, 8 Jahre in Folge, japanische Kochkunst in Vollendung mit einem sehr guten Preis-Leistungsverhältnis und authentischem Ambiente, im Kagurazaka Distrikt, geführt vom Eigentümer-Koch Ishikawa. Es ist sehr schwer zu buchen.

Sashimi: *Sashimi Bar Kashigashira*. Der Eigentümer hat jahrelange Erfahrung im Bieten auf der Fischauktion im Fischmarkt von Tsukiji. Er garantiert die beste Qualität. Unsere Empfehlung: Zuerst ein Besuch auf dem Fischmarkt, wo die gefrorenen und frischen Tunas verladen werden und dann ein Lunch hier. Das ist ein großes Gesamterlebnis.

Fugu: Das *Usukifugu Yamadaya* in Tokyo ist auf Fugu spezialisiert und gilt als das beste in Japan wegen seiner 3 Michelin-Sterne. Diese Bewertung ist praktisch absolut, also gehört es auf unsere Liste wegen seiner absoluten Qualität.

Aber: Im ersten und dritten Restaurant ist der *Erlebniswert nicht maximal*, sie bestechen durch ihre überragende Qualität, im Essen und im Service. Aber wir wollen mehr: Essen als ganzheitliches Erlebnis, mit einem gesellschaftlichen Bezug, authentisch und mit einem typischen, einzigartigen Ambiente. Nur dann kann ein Restaurant als ein *gesondertes* Highlight auf unsere Liste kommen. Nur Qualität allein begründet das nicht, deshalb fassen wir die drei Top-Restaurants von Tokyo unter „Die besten Restaurants von Tokyo" als ein Highlight zusammen, und zwar mit drei „Unterorten" (ein Begriff aus unserer Systematik), eins für Fugu, eins für Kaiseki, eins für Sashimi.

Restauranttester bewerten nur die Qualität. Wir sehen als Reisende den Erlebniswert, genauer die *Authentizität* und die *Integrität*. Mit genau diesen beiden Kriterien bewertet die UNESCO die Kandidaten für die „Tentative List". Wir übernehmen damit ein weltweit anerkanntes Verfahren. Lediglich seine Anwendung für

Restaurants – und später auch für Hotels – ist neu und weicht von allen Restaurant- und Hotelbewertungen ab.

Ein Restaurant – und dann auch ein Hotel - muss also **drei** *Kriterien* erfüllen: *Qualität, Authentizität und Integrität.* Authentizität bedeutet, es hat Landesküche im Original. Integrität bedeutet, das Restaurant wird zuverlässig geführt und existiert als eine Einheit und umfasst alle Funktionen eines Restaurants und hat Bezug zu seiner Umgebung und den Menschen. Ein Thai-Restaurant in den USA oder ein japanisches Restaurant, das in einem Hotel nur gelieferte Speisen zubereitet, kann auf unserer Liste nicht aufgenommen werden.

Shimonoseki ist Japans Fugu-Hauptstadt. Alle, die wir zu diesem Thema gesprochen haben, sagten, dass man in Shimonoseki den besten Fugu Japans essen kann. Weil die Urteile konsistent waren, haben wir „die besten Fugu-Restaurants in Shimonoseki" als ein Highlight definiert. Das bedeutet, wir haben kein eindeutig bestes Restaurant in Shimonoseki gefunden, das ein perfektes Gesamterlebnis bot. Das *„Tanabe Shokudu"* war zwar in der Bewertung eines Fugu-Experten aus Shimonoseki das renommierteste Fugu-Restaurant, in unserer Highlight-Definition war es nur ein „Unterort" von mehreren „besten", weil das perfekte Gesamterlebnis fehlte. Dieses Erlebnis werden wir in Beppu erläutern.

Unser Agent hatte auch recherchiert und seine Partner befragt. Die rieten zum Ryokan Shunpanro, weil es die älteste Fugu-Lizenz in Japan hat, also über die längste Tradition verfügt. Die *Authentizität* war gegeben. Die älteste Fugu-Lizenz ist zwar ein klarer Superlativ, aber davon hat der Reisende nicht viel, denn die Empfangsdame servierte die einzelnen Fugu-Gänge in einem Privatzimmer und das macht noch kein Restaurant aus. Die *Integrität fehlte.* Sie bereitete die Gänge lediglich vor, sie wurden aus der Küche angeliefert und dorthin zugeliefert. Wir erfuhren nichts über den Fisch und seine kunstvolle Zubereitung. Als Restaurant scheidet das „Shunpanro" aus, obwohl es vom Hotel „Ryokan Shunpanro" als Restaurant geführt wird.

Das Essen war geschmacklos, die Zutaten einfallslos, das Ambiente kalt und unpersönlich. Die *Qualität* fehlte.

Aber die *Lage* des Ryokans an der Wasserstraße zwischen Honshu und Kyushu gleich neben der großen Brücke, die beide Inseln verbindet, ist grandios. Die Wasserstraße ist eine der meistbefahrenen der Welt. Daher bezieht sich das Highlight nur auf das Ryokan und seine Lage, also: „Ryokan Shunpanro an der Honshu-Kuyshu-Wasserstraße". Das „Restaurant" ist nur ein Unterort und das nur wegen der Lizenz, also der *längsten Tradition.*

In Beppu fanden wir ein Fugu-Restaurant, das *Chikuden*, das unseren Vorstellungen von einem Gesamterlebnis entsprach. Es lag im Altstadtviertel, ein typisch japanisches Haus, ein kleines Wohnhaus für die Familie mit ihrem Restaurant. Integriert und authentisch. Es wurde nur von Japanern besucht. Für Ausländer gab es nur zwei Plätze an der Theke mit Blick in die Küche und die Aquarien. Wir hatten erfahren, dass der Koch eine umfassende Lizenz habe und in Beppu berühmt sei. Wie umfassend die Lizenz war, mussten wir erst herausfinden.

Er fischte den Kugelfisch vor unseren Augen aus den Aquarien und tötete ihn mit zwei Schlägen in den Kopf. Wir sahen, wie er ihn filetierte und das Fugu-Sashimi zubereitete. Wir konnten alles fotografieren. Aber dann ein plötzliches Verbot: Er nähme die **Leber** heraus und das sei sein Geheimnis.

Wenn die Entnahme nicht ganz präzise erfolgt, könnte sich die Leber zum giftigsten Teil des für sein Gift so berühmten Fisches wandeln. Wir mussten uns extrem zusammennehmen. Viele hatten das Essen als ein Spiel mit dem Tod bezeichnet. Der Koch wiegelte ab, das seien alles Übertreibungen; ein Fugu-Koch müsste nur die entsprechenden Fähigkeiten haben und die hätte er. Wir sollten ihm vertrauen. Nun verstanden wir, was eine umfassende Lizenz bedeutete.

Und wir aßen die Leber. Das ist in Japan sehr selten und nur wenige haben gesehen, wie sie entnommen wird. Ein wirkliches *Grenzerlebnis*. Interessant, aber Beluga-Kaviar schmeckt uns besser.

Dieses Restaurant *„Chikuden" in Beppu* kam auf unsere Liste als das interessanteste Fugu-Restaurant Japans; ein volles Fugu-Erlebnis mit der Leber des Fugu, damit eine Art Superlativ. Authentizität und Integrität waren voll erfüllt. Wir glauben nicht, dass es etwas Vergleichbares gibt und wir haben uns für dieses Thema viel Zeit genommen. Denn Fugu gibt es nur in Japan. Das Gesamterlebnis macht den Unterschied zu den erwähnten Alternativen,

Kaiseki ist kein Gericht, sondern ein Menü, eine Menüfolge, eine Dekoration in perfekter Eleganz. Hier isst nicht nur das Auge mit, sondern – soweit würde ich gehen – auch die Seele. Es kommt auf das Ambiente und die Art des Servierens an. Kaiseki ist eine Kunstform. Hier entscheidet nicht die Qualität des Essens, sie ist Nebenbedingung, hier entscheidet das Erlebnis der Harmonie. Ein Gesamterlebnis, das perfekt wird, wenn sich das Restaurant noch in eine perfekte Umgebung harmonisch einfügt.

Im *Hotel Sunroute in Nara* haben wir ein Kaiseki-Dinner mit 10 Gängen, japanisch vom Feinsten, kein Fleisch, sondern Gemüse und Meeresfrüchte in großer Vielfalt, innovativ. Es wird im Kimono serviert. Alles wird höflich und leise erläutert. Wir erkennen die frischesten Zutaten aus dem saisonalen Angebot. Wir fragen, warum das Fleisch fehlt. Es gäbe beim Kaiseki auch Fleisch, normalerweise dann Rind, aber das käme auf das Restaurant und den Ort an. Hier habe man sich auf Meeresfrüchte spezialisiert. Die Dekoration ist geradezu liebevoll auf die Farben des Ambiente abgestimmt. Das Restaurant ist von der ältesten Kulturstadt Japans mit einer Fülle japanischer Kunst geprägt. Tagsüber haben wir in Kunst „gebadet" abends genießen wir Kaiseki inmitten von Kunst. Hier erleben wir, achtsam zu essen. Unsere Seele wird gestreichelt. Spirituelle Lust.

Im *Hotel Seaside* auf der kleinen *Insel Yakushima* haben wir ein anderes Kaiseki-Erlebnis: 13 Gänge mit Fisch, Gemüse, Fischeiern, Kobe-Rind, Teriyaki, Sushi, Sashimi, Tofu und wie immer Miso. Das Essen ist köstlich, liebevoll mit Meeres- und Naturmotiven dekoriert, das Arrangement begeistert, dazu ein sehr guter Service und immer schweift der Blick vom Essen und der Dekoration hinaus aufs Meer. Die Dekoration induziert das. Die großen Fensterscheiben geben den vollen Blick auf den Pazifik frei. Tagsüber das Erlebnis der Küste und der – nach Meinung der Japaner - ältesten Bäume der Welt. In Nara war es Kaiseki mit Kultur, hier ist es Kaiseki mit Natur. Das ist Essen mit ganzheitlicher Sicht.

Das *Kikunoi-Restaurant* in Kyoto wird zweifelsfrei als eines der besten Restaurants Japans beurteilt. Es besticht in jeder Hinsicht. Ein Gesamterlebnis von *Kaiseki*, das aber vor allem durch die herausragende Qualität besticht. Und es ist eine Einheit, die sich in die Umgebung einfügt. Authentisch. Ein gesondertes Highlight.

Das beste Sashimi-Restaurant mit einem ganzheitlichen Erlebnis entdeckten wir im *Hotel Katsuura Gyoen in Katsuuara.* Japaner und die Bewohner der Stadt meinen, hier gäbe es das beste Sashimi Japans. Für die Authentizität ist dieses Urteil wichtig. Das Hotel hat ausgezeichnete Onsen mit Innen- und Außenbereich alle mit Blick auf den Pazifik. Man kommt von den Onsen im Yukata direkt ins Restaurant. Serviert wird auf einer Schüssel mit Eis, darauf ein Blumenarrangement und Kräuter und dazwischen sind fünf Sashimi vom Thunfisch drapiert. Es schmeckt köstlich und zergeht auf der Zunge. Es wird herausgestellt als Kerngericht, aber es ist in ein exzellentes Sea-food-Buffet integriert. Das Ambiente wird vom Blick auf den Pazifik und den Außen-Onsen geprägt. Zum Gesamterlebnis gehört nicht nur der Onsen, sondern weit vor dem Essen eine spirituelle Wanderung durch die Kii-Berge zu den Welterbe-Stätten. Der Onsen und die Wanderung haben zwar direkt nichts mit dem Restaurant zu tun, aber indirekt, denn sie beeinflussen die Stimmung, mit der man zum Essen geht. In einer ganzheitlichen Bewertung ist dies auch ein Einflussfaktor.

Diese *ganzheitliche Bewertung bewertet das Erleben*, nicht nur das Essen. Das Erleben ist die Grundlage für Reisefreude und letztlich dann Reiseglück. Das Erleben ist eine Verkettung von Erlebnissen, im vorigen Beispiel Essen, Baden, Pilgern, Tempelmeditation und Natur. Die ganzheitliche Verkettung macht das Reisen aus, die Erlebnisse verstärken sich *synergistisch*. Es lässt sich keine direkte Verbindung zwischen dem einzelnen Restauranterlebnis und dem

Glück ziehen. Eine Verbindung ergibt sich erst dann, wenn sich eine Folge eindrucksvoller und thematisch zusammenhängender Wahrnehmungen zu einem Ganzen fügt, in unserem Beispiel ist dieses Ganze die japanische Spiritualität, japanische Werte, die besondere Verbindung von Ästhetik und Ethik.

So gesehen ist *Ganzheitlichkeit* ein *essentieller Gedanke unserer Reisephilosophie.*

6.10 Zusammenfassung: Unser Erfolgskonzept

Damit haben wir unser *Reisekonzept* bis auf das Reiseziel - die Definition der Highlights – umfassend dargestellt. Kapitel 2 behandelte die Qualität. Kapitel 3 die Ethik. Kapitel 4 das Wesen in vier Merkmalen, Reisesinne, Reisegrund und Reiseziel. Kapitel 5 den Sinn und Kapitel 6 den Erfolg. Schwerpunkte waren die Konzentration auf das Wesentliche und das Extreme, die Sicht auf das Ganze und die Entfaltung der Reisefreude.

Wir fokussieren auf *Qualität*, definiert durch Einzigartigkeit (Highlights) und Intensität (Reiselust, Freude). Der Freude haben wir den breitesten Raum gewidmet. Das entspricht dem Titel. Wir haben eine Philosophie vorgestellt, die wir als den *Nährboden für die Freude* sehen.

Da wir Reisen als Lebensziel verstehen, hat die Frage nach dem Reisesinn höchste Bedeutung. Dazu haben wir ein *Sinnsystem* vorgestellt.

In nachhaltiger und ganzheitlicher Sicht verstehen wir Reisen als *Lebensgestaltung* und zielen auf *Glück und Harmonie.* Um das zu erreichen, haben wir einen Prozess vorgestellt, der auch der *Ethik* hohe Bedeutung einräumt, nicht nur als Wertordnung, sondern auch als Verhalten und darüber hinaus als Verpflichtung.

Wir haben ein *Konzept der Eckpunkte* vorgestellt, das offen bleibt für eine individuelle Modifizierung. Wir wollen den Prozess und nicht die Moral.

Da wir ein ehrgeiziges Ziel haben, 6.000 Highlights in 12 Jahren, müssen wir die Zeit effizient einsetzen und auf den *Erfolg* achten. Wir fragen nach Effizienz: Verkürzt: Sind 1,4 Highlights pro Tag erreicht? Aber wir fragen auch nach Synergie: Bildung, Verantwortung, Erfüllung, Fortschritt, Gesundheit, inneres Gleichgewicht und höchste Ordnung, Vollkommenheit und Gerechtigkeit. Neben der Effizienz wird der Reiseerfolg an den Beiträgen zu diesen *Synergiezielen* gemessen.

Abb. 37 Unser Erfolgskonzept: Ekzellenz im Reisen

Abb. 37 zeigt unser **Erfolgskonzept** auf der Basis unserer Reise-philosophie. Die Werte stehen im Mittelpunkt, das ist das Ergebnis des Paradigmenwechsels: Am Anfang unserer Reisekarriere standen die *Erfolgskriterien* in der Mitte. Als wir die Hälfte unseres Reiselebens erreicht hatten, vollzog sich dieser *Paradigmenwechsel*, beeinflusst durch unsere Erfahrungen in den Reiseclubs. Im letzten Drittel unseres Reiselebens standen klar die Werte im Mittelpunkt.

Das war auch durch den Wandel der Umwelt beeinflusst. Die Kompetenzen haben wir in diesem Band nur kurz behandelt. Die Verbindung von Werten und Kompetenzen wird im Band 3 (Training) zentral behandelt. Abb. 37 zeigt die elementaren Begriffe, ihre Ordnung und ihr Zusammenwirken, damit zeigt sie **unsere Reiseidentität**.

Wir haben angefangen mit drei Gedanken: **Schönheit der ganzen Welt, Freude als Antrieb zum Reisen, Spagat zwischen Reisequalität und Reiseeffizienz**. In Abb. 37 fingen wir oben links an, an den **Erfolg** denkend. Die Qualität wurde zur Definition der Highlights ausgebaut.

Dann wurden die **Werte** in den Mittelpunkt gerückt, noch ging es um die Schönheit der Welt. Im Erleben suchten wir zunächst Grenzerfahrungen, dann auch Spiritualität (oben Mitte) und erweiterten so die Ästhetik zur Ethik, damit vollzogen wir einen **Paradigmenwechsel**, von der Freude als Antrieb zur Ethik als Verpflichtung. Der Reisesinn erweiterte sich im Reiseleben zu einem Sinnsystem aus allen acht Sinnkategorien, vom Staunen zur Selbstverantwortung. Vom Staunen über die Schönheit hatten sich die Werte zu einer ganzen Wertordnung erweitert.

Reisen zielt auf *Bereicherung*, das ganze Konzept nimmt seine *Gestalt* an, mit der man das erreicht, unsere **Reiseidentität**.

Drei Begriffe bilden das *Gerüst dieser Gestalt*:

Reiselust, ganze Welt, Effizienz. Mit den drei Sätzen dazu hatten wir das Buch begonnen und behauptet, dass diese drei Gedanken zum Erfolgskonzept führen.

Diese Behauptung wurde in diesem Band begründet, mit dem **Warum und Wozu**.
Die notwendige Bedingung für den Erfolg.

Im zweiten Band wird aus der Behauptung Klarheit, mit dem **Wohin und Wie**.
Die hinreichende Bedingung für den Erfolg.

Die **Konsistenz** aller Elemente bewirkt den *Zusammenhang der Gestalt* (in Abb. 37 die breiten Pfeile):
Die Reiseidentität.

Das Unverwechselbare dieser Gestalt sind die **Freude als Antrieb** und die **Ethik als Verpflichtung**. Sie machen aus unserem Reisekonzept ein **nachhaltiges Erfolgskonzept**.

Abbildungsverzeichnis

Bildnachweis

Abb. 8 Dalai Lama. Lizenzgeber: F1online Bildagentur, Frankfurt, Copyright shutterstock / Cyril Hou, Lizenznr. 19933274, Re-Nr R7479124016

Abb. 10 Verhüllter Reichstag, Lizenzgeber: laif Agentur, Köln, Copyright laif / Wolfgang Volz / Christo and Jeanne-Claude, Lizenznr. 00806418, Re-Nr 2024R0226135

Alle anderen Abbildungen sind persönliche Arbeiten (Grafiken, Tabellen) oder Fotos vom Autor.

Personenverzeichnis

Literaturverzeichnis

An dieser Stelle eine Erläuterung unserer *Zitierweise* im voranstehenden Text: Alle unsere Zitate sind Teil des Textes und haben nicht lediglich formelle oder ergänzende, sondern inhaltliche Bedeutung. Sie sollten mitgelesen werden, weil sich unser Text mit ihnen auseinandersetzt. Daher verwenden wir keine Nummern oder Fußnoten, sondern eine *Kurzform mit drei Begriffen*: (1) *Abkürzung des Verfassernamens*, der voranstehend im Text mit vollem Namen genannt ist; (2) dann ein *Stichwort des Quellentitels*, das im Literaturverzeichnis eine eindeutige Zuordnung ermöglicht, falls mehr als ein Werk vom Verfasser verwendet wird; schließlich (3) die *Seitenzahl.*

Alexander von Humboldt, Kosmos – Entwurf einer physischen Weltbeschreibung, in: Die Andere Bibliothek, hrsg. von Hans Magnus Enzensberger, Eichborn, Frankfurt a.M.

A.E. Johann, Farbige Weltreise – Die hundert schönsten Stätten und Landschaften, Herbig, München – Berlin 1976

Andrea Wulf, Alexander von Humboldt und die Erfindung der Natur, Bertelsmann, 5. Auflage, München 2015

Dalai Lama, Der Sinn des Lebens - die Botschaft des Buddhismus, Herder, Freiburg-Basel-Wien, Neuausgabe 2019

David Lama – Sein Leben für die Berge – Von ihm selbst erzählt, Penguin München 2020

Dietmar Hübner, youtube, Vorlesung an der Leibniz Universität Hannover, Praktische Philosophie 5a, Tugendethik - Aristoteles, 6.6.2014

Gangerl Clemens, Der Paradiesjäger, Bd. 1, styx media 2019

Guinness World Records 2021, Ravensburger Verlag, Ravensburg o.J. (2020)

Hamed Abdel-Samad, Aus Liebe zu Deutschland, dtv, 4. Aufl., München 2020

Hans Küng, Projekt Weltethos, piper, 9. Aufl., München 2004

Hans Saler, Zwischen Licht und Schatten, A 1 Verlag, 4. Aufl., München 2009

Henry Miller, Zitat vom 24. Januar 1973, aus: Materialien zu Hesses Siddhartha, Bd. 2, S. 302.

Hermann Hesse, Siddhartha, Suhrkamp, 71. Aufl., Frankfurt a.M. 2019

Jerome Blösser, Freiheit unterm Wüstenhimmel, Frederking & Thaler, München 2018

Klaus Kufeld, youtube, Konferenz Ethik und Reisen, 13.6.2013

Klaus Mees (Hrsg.), Grenzerfahrungen in der Todeszone, Bruckmann, München 2009

Lonely Planet (Hrsg,), The Place To Be, deutsche Ausgabe bei Mairdumont, Ostfildern 2018

Niklas Maak, Klimakiller Internet, in: Atlas der Globalisierung, S. 40f., 2. Aufl, taz-Verlags- und Vertriebs GmbH, Berlin 2019

Ottmar Ette, Alexander von Humboldt und die Globalisierung – Das Mobile des Wissens, Insel Verlag, Frankfurt am Main und Leipzig 2009

Philipp Gut, Jahrhundertzeuge Ben Ferencz, 2. Aufl., Piper, München 2020

Reinhold Messner, Die Grenzen der Seele wirst du nicht finden, topos plus, Kevelaer 2017

Reinhold Messner, Mein Weg – Bilanz eines Grenzgängers, Malik National Geographic, Piper, 2. Aufl., München/Berlin 2018

Rolf Lange, Weltenreise – Mit dem Motorrad ins Abenteuer und zurück, National Geographic, Buchverlag München, 2. Aufl. 2019

Steven Pinker, Gewalt – Eine neue Geschichte der Menschheit, 3. Aufl., Fischer Frankfurt a.M. 2018

Tim Mutrie, The Everest Climber Whose Traffic Jam Photo Went Viral, in: The New York Times, Sept. 18, 2019, zitiert nach Darstellung im Internet.

Tom Guise and Matt Ray, Nirmal Purja: Der schnellste Bergsteiger der Welt, in: www.redull.com>de-de>the redbulletin>3.3.2021, in: Nimsdai Newsletter, 3.3.2021, zitiert nach Darstellung im Internet.

Walter Wüllenweber, Gut Gemacht, stern, Nr. 3, 12.12.2020, S. 48-54

Webseite, www.frankgrosseworldlist.com, Konzept, Unsere Reisen, Themen, The Evolution of Mankind

Impressum

Bibliografische Information der Deutschen Nationalbibliothek: Die Deutsche Nationalbibliothek verzeichnet diese Publikation in der Deutschen Nationalbibliografie; detaillierte bibliografische Daten sind im Internet über dnb.dnb.de abrufbar.

Verlag: BoD · Books on Demand GmbH, Überseering 33, 22297 Hamburg, bod@bod.de.

Druck: Libri Plureos GmbH, Friedensallee 273, 22763 Hamburg

ISBN: 978-3-8192-1037-2